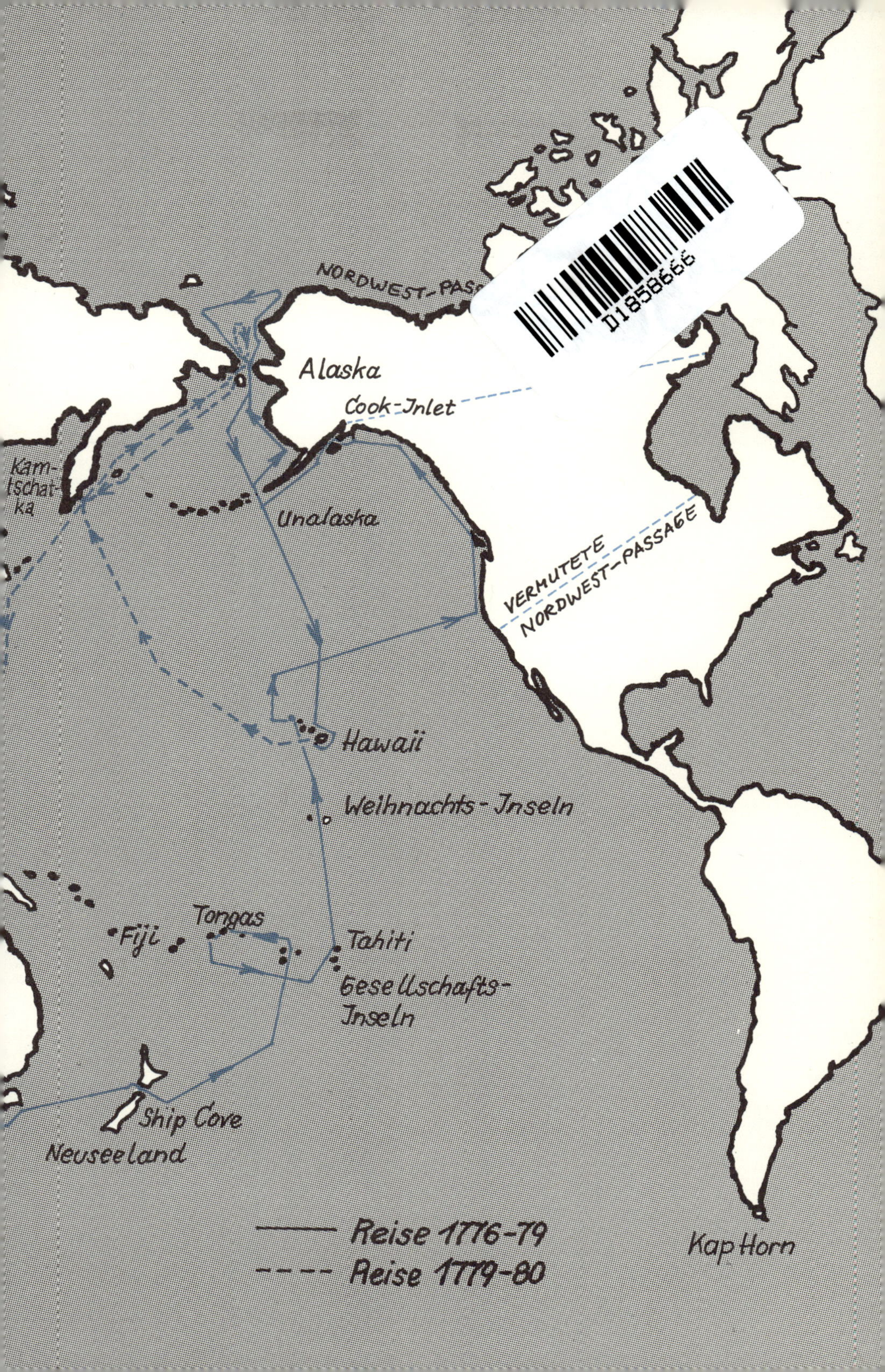
NORDWEST-PASS
Alaska
Cook-Jnlet
Kamtschatka
Unalaska
VERMUTETE
NORDWEST-PASSAGE
Hawaii
Weihnachts-Jnseln
Tongas
Fiji
Tahiti
Gesellschafts-
Jnseln
Ship Cove
Neuseeland
Kap Horn
Reise 1776-79
Reise 1779-80

Wolf-Ulrich Cropp

Gletscher und Glut

Wolf-Ulrich Cropp

Gletscher und Glut

Auf Cooks Spuren durch den Pazifik

Delius Klasing Verlag

Die Deutsche Bibliothek – CIP-Einheitsaufnahme

Cropp, Wolf-Ulrich:
Gletscher und Glut: auf Cooks Spuren durch den Pazifik /
Wolf-Ulrich Cropp. – Bielefeld: Delius Klasing, 1995
ISBN 3-7688-0908-0

ISBN 3-7688-0908-0

Schutzumschlaggestaltung: Ekkehard Schonart
Gesamtherstellung: Clausen & Bosse, Leck
Printed in Germany 1995

Inhalt

Prolog: Die Kealakekua-Bucht

Februar 1779

Das Unheil kündigte sich an.

»Bei Gott, Mr. Bligh, kommen wir nach Hause, werde ich dafür sorgen, daß die Verantwortlichen einer gewissen Werft vor Gericht gestellt werden!« tobte der Kommandant.

Was war geschehen? So außer sich hatte der Steuermann der RESOLUTION, William Bligh, den Alten noch nie erlebt. Kapitän Cook hatte einen hochroten Kopf und zitterte vor Wut. Die Besatzung hatte in der Nacht gegen einen Sturm angekämpft, und nun wurde gemeldet, daß der Fockmast geborsten war...

Hatte Cook nicht stets Kaltblütigkeit bewiesen? Seine Ruhe und Beherrschung selbst in ausweglosen Situationen, waren sie nicht legendär? Zumindest auf den Reisen vorher traf das zu. Seit einigen Monaten hatte Bligh so seine Zweifel, wenngleich die Erklärung auf der Hand lag: sein Kommandant war unzufrieden, verdrossen, niedergeschlagen. Der Arktische Ozean blieb unerforscht, die Nordwest-Passage ein Geheimnis, die Expedition erfolglos. James Cook ein Versager? Packeis, Kälte und die Jahreszeit hatten den unbeugsamen Mann zur Umkehr gezwungen, und das zerrte an seinen Nerven. Mißmutig nur war der Befehl zur Kursänderung gekommen und die Meldung, daß auf den Sandwich-Inseln zu überwintern sei. Das Weichenmüssen war ein har-

William Bligh, Steuermann unter Kapitän Cook auf der Resolution. Als »Breadfruit Bligh« und Kapitän der Bounty ging er in die Seegeschichte ein. Das Porträt von R. A. Russell zeigt den Seemann mit 33 Jahren.

ter Schlag, eine persönliche Niederlage. Kannte doch Cooks Drang nach Unerforschtem keine Grenzen. War seine Souveränität angeschlagen? Seine Urteilskraft geschwunden? Hatten Last und Alter den größten Seemann seiner Zeit niedergerungen?

Daß Resolution und Discovery schon seit Beginn der Expedition in einem erbärmlichen Zustand waren, hatte Cook mitzuverantworten. Bligh wußte es nur zu gut. Aber auch andere Vorkommnisse stimmten den Steuermann nachdenklich.

»Der Mast kann nur im ruhigen Wasser einer sicheren Bucht repariert werden«, entschied der Kommandant. Das bedeutete zurück in die Kealakekua-Bucht von Hawaii.

Eine verhängnisvolle Entscheidung. In düsterer Ahnung trug John Gore, Kapitänleutnant der Resolution, seine Bedenken vor: »Die Insulaner haben uns zu verstehen gegeben, wir sollen die Insel verlassen, Sir. König Terreeo-boo wird es nicht gefallen, wenn wir wiederkommen.«

Kapitän Charles Clerke kam mit seinem Leutnant Burney von der Discovery herübergerudert. Auch sie trugen ihre Befürchtungen vor. Schließlich meldete sich Bligh zu Wort: »Die Eingeborenen waren heilfroh, als wir sie verließen. Es ist nicht ratsam, in die Bucht zu segeln.«

Cook blieb fest und befahl unwirsch: »Sie können abtreten, meine Herren!«

»Aye, aye, Sir.«

Gespenstisch still lag die Bucht vor ihnen. Nichts erinnerte an den triumphalen Empfang, an den Enthusiasmus während ihres Aufenthalts und an das Volksfest bei ihrer Abreise vor sechs Tagen.

Mehrere Seeleute schleppten den geborstenen Mast ans Ufer und machten sich sogleich an die Arbeit. Unbehelligt und scheinbar unbeobachtet arbeiteten sie zwei Tage. Wo waren die Menschen, die Hochrufe, die Huldigungen? Niemand warf sich ehrerbietig vor ihnen in den Sand. Erst als man ein Zelt aufschlug, auch noch zerfetzte Segel reparierte und Frischwasser bunkerte, erschienen einige Insulaner, verhielten sich jedoch reserviert und abwartend – bisweilen war ihr Erscheinen sogar unfreundlich.

Hohe Priester näherten sich. Die Briten waren erleichtert, als sie den Zimmerleuten und Segelmachern eine Arbeitshütte anboten. Tags darauf ließ sich der König in Begleitung einer Kanuflotte zur Resolution rudern. Cook war mit dem Verlauf des Besuchs und der Gespräche zufrieden. Dennoch blieb die Atmosphäre in der Bucht eigentümlich gespannt.

Im Lauf des Tages inspizierte Cook mit einer Abteilung Seesoldaten die Arbeiten an Land. Es kam zu Zwischenfällen, Steine flogen durch die Luft. Eine Menschenansammlung empfing den noch vor wenigen Tagen als Gott verehrten James Cook mit höhnischem Gelächter. Was war geschehen? Es mußte doch Gründe für den Sinneswandel geben. Kapitän Cook war verunsichert und ordnete die Rückkehr zu den Schiffen an.

Wieder auf der Resolution, meinte John Gore: »Ich glaube, die Insulaner haben erkannt, daß wir Menschen sind wie sie. Ihre Verehrung ist in Wut umgeschlagen. Sie fühlen sich um ihre vielen Opfergaben und Geschenke betrogen, seit ihnen bewußt ist, daß Sie nicht Lono, ihr Gott, sind, Sir.«

»Von mir betrogen? Das ist doch Unsinn!« sagte Cook.

»Ich habe den Haß in den Augen der Menschen gesehen. Sie sinnen auf Rache.«

»Das bilden Sie sich nur ein. Noch drei Tage, dann werden wir wieder in See stechen.«

Es mußte noch etwas vorgefallen sein, das die Insulaner verstimmt hatte. Irgend etwas Tiefgreifendes, Unverzeihliches. Die Mannschaft war nicht fähig, die Situation zu deuten. Doch der südseeerfahrene Cook hätte es wissen müssen! Er hatte ein Tabu verletzt.

Vorsichtshalber wurden die Wachen verstärkt. Die Nacht verlief ruhig. Am nächsten Tag »mußte« ein Insulaner zu 40 Peitschenhieben verurteilt werden, als er des Diebstahls belangloser Dinge überführt wurde. Ein weiteres Ereignis führte zur Eskalation der Situation: Pareea, ein Häuptling, der Cook stets große Achtung bezeugt hatte, wurde gestellt und für einen Dieb gehalten. Im Verlauf des Streits schlug man Pareea am Ufer nieder. Seine Begleiter antworteten mit einem Steinhagel, der die Briten in die Flucht schlug.

Cook erfuhr von dem Vorfall und tobte: »Ich fürchte, die Insulaner nötigen mich zu gewaltsamen Maßnahmen. Es darf nicht der Eindruck entstehen, sie hätten einen Vorteil errungen.«

Wie an jedem Morgen, so stieg auch an diesem 14. Februar die Sonne wie eine flammende Orange aus dem Ozean, verfärbte das träge Wasser der Bucht zu einem roten Brei – wie Blut. Für Minuten nur, doch schaurig schön. Rasch stieg die Sonne, das Rot verblaßte zu gleißendem Licht. Licht, das vom schneebedeckten Thron, dem über 4000 Meter hohen Mauna Kea, herabflutete. Ein Schöpfungstag, überirdisch schön... Wie viele Tage von solcher Pracht hatte Cook erwachen sehen auf seinen weiten Fahrten durch die Weltmeere?

Doch dieser Tag war anders. Erstaunt beobachtete der Schiffsarzt Samuel Samwell, wie der Kommandant seine doppelläufige Flinte lud. Und an Bord bewaffneten sich die Seeleute. Was hatte das zu bedeuten? Kurz zuvor hatte Charles Clerke von der DISCOVERY gemeldet, daß sein Beiboot in der Nacht gestohlen worden war.

Cook geriet in Rage und handelte sofort. Ohne sich mit seinen Offizieren zu beraten, setzte er auf seine bewährte Methode der Geiselnahme. König Terreeo-boo sollte festgenommen werden und so lange auf der RESOLUTION bleiben, bis die Eingeborenen das Beiboot herausrückten.

William Bligh wurde mit einer Barkasse an eine bestimmte Stelle der Bucht beordert, die er abzuriegeln hatte. Kein Kanu dürfe zu Wasser gelassen werden, lautete der Befehl. John Gore erhielt das Kommando über die RESOLUTION und hatte die Kanonen zu laden.

Kurz nach sieben Uhr verließ Cook sein Schiff. Wie immer kümmerte er sich um heikle Angelegenheiten persönlich. Er stand in der Pinasse. Bei ihm waren Leutnant Molesworth Philips und neun bewaffnete Seesoldaten. In einem von zwei kleineren Booten befand sich der Zweite Offizier James King mit einigen Männern. Ihr Auftrag: die Insulaner in der Bay zu beruhigen.

Cook hielt auf das Dorf Kavarna zu, wo der König derzeit residierte. Als das Ufer erreicht war, marschierte er geradewegs ins Dorf. Ihm folgten Philips und die Soldaten. Verwundert bemerkte Cook, daß er mit Respekt empfangen wurde. Einige Bewohner warfen sich sogar nieder und machten Geschenkangebote. Der Kommandant wurde zum Haus des Königs geführt und unterrichtete Terreeo-boo über die Entwendung des Beiboots. Als das alte Oberhaupt erfuhr, daß es Cook auf die RESOLUTION zu folgen hatte, willigte es ein und begab sich in Richtung Strand. Alles deutete auf einen friedlichen Verlauf.

Plötzlich stürzte Kanee-kabareba, eine Lieblingsfrau des Königs, herbei und hielt ihren Mann unter Tränen und Schluchzen davon ab, mit den Weißen zu gehen. Zwei Häuptlinge unterstützten das Begehren der Frau und zwangen Terreeo-boo, sich niederzusetzen. Der alte Herrscher machte einen verstörten Eindruck. Er war ratlos. Cook nötigte ihn aufgebracht, weiterzugehen.

Von der Bay her dröhnte Kanonendonner. Im Nu erfaßte Feindseligkeit das Dorf und die ganze Bucht. Zu Hunderten, ja Tausenden drängten sich erregte Eingeborene um Cook, den König und die Soldaten. Der Kommandant befahl Leutnant Philips, mit seinen Männern am Uferfelsen Stellung zu beziehen. Cook blieb allein zurück, während die Menschentraube eine Gasse bildete, durch die die Soldaten unbehelligt ans Ufer gelangten...

Am Wasser krachten jetzt Musketenschüsse. William Bligh hatte als erster geschossen, als sich jemand unerlaubt vom Ufer entfernen wollte. Der Dritte Offizier, John Williamson, feuerte kurz darauf. Rasch verbreitete sich die Nachricht, daß ein einflußreicher Häuptling getötet worden war. Der Zorn der Bewohner geriet just in dem Moment außer Kontrolle, als Cook vom König abließ, um sich dem Strand zuzuwenden. Er hatte erkannt, daß der König ohne großes Blutvergießen nicht abzuführen war.

Wie auf einer Drehbühne hatte sich die Kulisse gewandelt. Cook war von bewaffneten Männern in Kriegskleidung umringt, Frauen und Kinder waren abgedrängt worden. Aus dem Zorn war tödlicher Ernst geworden. Ein Krieger mit einem Dolch, von den Insulanern PAHOOA genannt – ein Geschenk der Briten –, näherte sich Cook mit Drohgebärde. Der Krieger wich nicht, als Kapitän Cook ihn aufforderte, zur Seite zu treten. Cook schoß eine Ladung Schrot auf seinen Schild ab. Der Insulaner blieb unverletzt. Der Effekt war, daß nun ein hitziger Kampf tobte. Steine flogen durch die Luft. Vom Ufer und von den Booten her krachten Gewehrsalven. Ein wüstes Handgemenge hob an. Leutnant Philips wurde angegriffen, der EREES (Krieger) jedoch von einem Gewehrkolben niedergeschmettert... Cook, immer noch allein im Getümmel, feuerte seinen zweiten Lauf, mit einer Kugel geladen, ab und tötete einen Eingeborenen.

Bajonette und Musketenkolben schlugen im Nahkampf auf Keulen und PAHOOAS. Dazwischen krachten immer wieder Salven, denen die Krieger aber furchtlos standhielten. Während nachgeladen wurde, fielen die Polynesier über die Soldaten her. Briten wie Insulaner sanken tot oder verwundet in den Sand, und das Blut ihrer Wunden färbte die Bucht rot.

Philips bellte Befehle. Blindlings wurde in die Menge geschossen. Einige Soldaten rannten ins Wasser. Von Panik erfaßt, versuchten sie sich in ihre Ruderboote zu retten. Jetzt wurde Philips verwundet, und Sergeant Gibson wälzte sich mit zwei Kriegern im roten Wasser. Vom Ruderboot aus zerrten Matrosen Verwundete an Bord. Wo war Captain Cook?

Er stand am Ufer, der tobenden, schreienden Masse Mensch zugewandt. Noch empfanden die Eingeborenen ehrfürchtige Scheu vor dem Weißen. Niemand wagte ihn zu berühren, solange er vor ihnen stand. Dann aber drehte sich Cook zu seinen Männern um. Winkte ein Boot heran und brüllte Befehle ins Chaos...

1. Entdeckungen besonderer Art

London, im Foyls 1992

Die erste Entdeckung war eine persönliche. Mehr eine besondere Erfahrung. Ich machte sie an einem sonnigen Februartag in London. An der Themse spazierengehen wäre angebrachter, als sich in die muffig-staubigen Obergeschosse des Foyls zu begeben, dachte ich auf dem Weg durch die Charing Cross Road. Aber ich war nicht nur zum Vergnügen in der City. Für »Mit der BOUNTY durch die Südsee«* recherchierte ich über William Bligh und mußte unbedingt an Gavin Kennedys Biographie über den BOUNTY-Captain gelangen. Im Foyls Ltd., dem wohl größten Buchgeschäft der Welt, standen die Chancen dafür gut. Ich stieg die knarrenden Treppen hoch und suchte die Regale ab. »Bligh« von Kennedy fand ich nicht. Aber etwas anderes, das mich fesselte und Bligh samt der BOUNTY für Stunden vergessen ließ: ein vergilbtes, mittelstarkes Buch, etwas ramponiert schon. »Zimmerman's Account of the Third Voyage of Captain Cook« hieß es, verfaßt von U. Tewsley, Ausgabe 1926. Zimmerman? Ein deutscher Seemann, der bei Cook vor dem Mast gefahren war? Auf der dritten, der Schicksalsfahrt? Das mußten ja geheime Auf-

---

* Cropp: »Mit der BOUNTY durch die Südsee – Eine Seereise auf den Spuren Käpt'n Blighs«, Stuttgart, 1993.

Die einzige Porträtskizze des deutschen Wandervogels Heinrich Zimmermann, angefertigt von Friedrich Nicolai. Zimmermann fuhr während Cooks dritter Reise als Matrose auf der DISCOVERY.

zeichnungen gewesen sein! Der Mannschaft war es streng verboten gewesen, Tagebücher zu führen oder Erlebnisse festzuhalten. Die Admiralität hatte selbst mündliche Erzählungen untersagt. Lediglich Mitglieder des wissenschaftlichen Stabes waren autorisiert, Unterlagen zu erstellen.

Nun bestanden die Crews damaliger Kriegsschiffe zu 90 Prozent aus Strauchdieben, aus lichtscheuem Gesindel, aber auch aus Unglücklichen und armen Schluckern aus den Slums oder aus gewaltsam Gepreßten. Mit anderen Worten, unter den Matrosen war kaum einer des Lesens und Schreibens kundig. Somit existierten so gut wie keine verbotenen Schriftstücke.

Cooks Reisen in die Südsee übten allerdings eine gewisse Attraktivität aus, seit in den Hafenkneipen von hinreißenden Insulanerinnen und der freien Liebe geschwärmt wurde. Bougainvilles Buch »Voyage autour du monde« hatte keiner der Salzbuckel und Teernacken gelesen, dennoch war sein Inhalt in Seemannskreisen bekannt und führte dazu, daß Cook auf ein Kontingent freiwilliger Fahrensleute zurückgreifen konnte. War Zimmermann darunter gewesen? Wer war er überhaupt? Ich setzte mich auf den Fußboden, lehnte mich ans Regal und las. Ab und zu stieg jemand über meine ausgestreckten Beine. Ich merkte es nicht. Cooks dritte Reise hatte mich gefesselt, der Autor vereinnahmt...

Er war tatsächlich ein Landsmann, hieß Heinrich Zimmermann und stammte aus der Pfalz. Das Buch war eine Überarbeitung seines Werks »Reise um die Welt mit Captain Cook«, erschienen 1781. Die Originalausgabe mußte ich finden! Ob ich wollte oder nicht, ab jetzt begegnete ich Cook und Zimmermann überall. Sie hatten sich in mein Bewußtsein gegraben, waren allgegenwärtig, begleiteten mich wie stumme Beobachter. Schließlich nahmen sie Konturen an, begannen zu leben und zu handeln. Sie sprachen mit mir wie wirkliche Personen. Zimmermann spielte Cooks geheimen Beobachter. Wie ein Spion, der Geschehnisse festhielt, um sie irgendwann irgendwem zu melden.

Aber da war noch ein Dritter. Ein junger, energischer Mann, ungehobelt, vorlaut. Von oberster Stelle als hervorragender Seemann empfohlen: William Bligh. Cook war sein Idol, seine Vaterfigur. Doch zwischen den beiden gab es auch Spannung. Der Altmeister der Navigation mußte erkennen, daß da ein besserer heranwuchs, ein Konkurrent mit krankhaftem Ehrgeiz, ein Chaot, der ihm zum Verhängnis werden konnte.

In dieser Gesellschaft befand ich mich, und die Figuren lebten mit unheimlicher Intensität. So war ich, ohne es zu wollen, in den Strudel einer abenteuerlichen Reise geraten, einer letzten großen Entdeckungsreise in unbekannte Welten- und Seelenweiten. Wahnsinnige Unrast trieb mich auf einmal an Schauplätze rund um den Globus, auf der Jagd nach meinen Helden...

London, Admiralität 1992

Ich hetzte über Charing Cross unter dem Admiralty Arch hindurch in die Mall. Da stand er, überlebensgroß, in schwarzer Bronze auf hohem Sockel. Ich mußte einfach verweilen, hinaufsehen. In der Pose des Entdeckers, des Eroberers, thronte er über dem Volk, den Dreispitz auf dem Schädel, mit harter, willensstarker Miene, den Mantel lässig geöffnet. In der einen Hand hielt er Seekarten, in der anderen sein Fernglas. Das linke Bein machte einen Schritt nach vorn, als gelte es, die nächste Insel für Britannien, für König George III, zu besetzen: Kapitän James Cook. Unendlich entrückt war er, den Blick weit weg, auf ferne Horizonte geheftet. Und doch war mir, als spräche er zu mir über die kleine Welt seiner Herkunft und über die große, die er sich eroberte: »Hier stehe ich, der ich den Ehrgeiz hatte, nicht nur weiter zu kommen als irgendein Mensch vor mir, sondern auch so weit, wie es einem Menschen nur möglich war…« Wie gelang es ihm, dem Sohn eines Tagelöhners, sich auf diesen Sockel zu schwingen?

Am 27. Oktober 1728 wurde er als zweiter Sohn eines schottischen Landarbeiters geboren. Die Verhältnisse waren ärmlich: James wuchs in einer zweiräumigen, strohgedeckten Kate, in einem Kaff namens Marton-in-Cleveland, auf. Dies liegt im Nordwesten der englischen Grafschaft Yorkshire. Acht Jahre später wurde Vater Cook Vorarbeiter auf einer Farm in Ayton. James konnte elementares Lesen, Schreiben und Rechnen lernen, aber wir wissen nicht, wie lange das Schulgeld reichte. Sicher mußte der Sohn auch zum Unterhalt der Familie beitragen und beim Bauern arbeiten.

Lehrzeit zur See

Mit 17 Jahren nehmen wir seine Spur in Staithes auf, wo er jetzt als Helfer in einem Kolonialwarenladen arbeitete. Staithes, damals ein quirliger Fischereihafen, schlug den jungen Cook in den Bann. Er entdeckte seine Liebe zu Schiffen, zu Häfen, zum Meer. Schließlich heuerte er als Schiffsjunge bei der Reederei John & Henry Walker an. Die Reederei war im Kohlenhandel tätig, mit Whitby als Heimathafen.

Nichts Aufregendes passierte im Leben von James Cook… Es folgten Törns als Vollmatrose zwischen England, Norwegen und den Niederlanden. 1752 wurde er Steuermann auf der FRIENDSHIP, und bald darauf bot ihm der Reeder das Kommando über diesen Kohlenpott an. Cook war mittlerweile 27 Jahre alt, und jeder vernünftige Mensch hätte das Angebot angenommen, schließlich gab es jüngere Kapitäne. Für einen Kleinbürger handelte Cook außergewöhnlich: Er lehnte das Kommando ab, kündigte und musterte im Juni 1755 in Wapping bei der königlichen Marine an.

Niemand vermochte den Entschluß des wortkargen, verschlossenen Mannes nachzuvollziehen. Zur Kriegsmarine ging keiner seines Standes freiwillig. Warum tat es Cook? Es gibt nur Spekulationen. Er selbst hat, wie viele seiner Entscheidungen, auch diese niemals kommentiert. Ungestilltes Fernweh, patriotische Motive – der Krieg gegen Frankreich stand bevor –, die Handelsmarine als Sackgasse für ein schlummerndes Talent? Alles Hypothesen.

Sicher war, daß Cook mit den bauchigen Schüttgut-Seglern, den Cats, gut umgehen konnte und mit Hilfe der drei Ls (Lead, Latitude, Lookout = Lot, Breite, Ausguck) an Europas gefährlichen Küsten sicher zu navigieren verstand. Wahrscheinlich erhoffte er sich von der Kriegsmarine eine Entwicklung seiner Fähigkeiten. Für die große Fahrt auf großen Schiffen blieb nur die Royal Navy.

Aber dies bedeutete unmenschlich harte Arbeit und tierische Behandlung. Cook fing von vorne an und »fuhr vor dem Mast«. So durchlebte er, was Admiral Vernon in Worte faßte: »Die Schiffe ihrer Majestät: bemannt mit Gewalt, geführt durch Grausamkeit.« In den Hafenstädten lauerten die Werber und machten regelrecht Treibjagden auf maritimes Kanonenfutter. Besatzungsdefizite wurden sogar durch Zuchthäusler ausgeglichen. Der Bedarf an Seeleuten für die Kriegsmarine war ungeheuer. Dabei starben die meisten Opfer nicht infolge von Kriegshandlungen, sondern an Typhus und Skorbut. Diese Krankheiten fanden ideale Nährböden: Ratten, Dreck, Gestank, Enge, Nässe, Kälte oder tropische Hitze. Das Essen war ein Fraß: Salzfleisch von minderwertigem Vieh, schimmeliger Käse, ranziges Fett, fauliges Wasser, steinhartes Brot voller Käfer, Schaben und Würmer.

Dazu gab's drakonische Strafen. Schon bei Nichtigkeiten tanzte die Neunschwänzige Katze – eine Neunfach-Peitsche, mit vielen Knoten besonders scharf gemacht – auf den nackten Seemannsrücken. Ein Dutzend galt als Mindestmaß. Nach zwei Dutzend Schlägen platzte der Rücken, die Rippen wurden freigelegt, das Fleisch zerfiel in Streifen. Wer Offiziere tätlich angriff, wurde »durch die Flotte gepeitscht«. Das überlebte kein Salzbuckel. Andere Endstationen waren Kielholen oder der Strang an der Fockmastrah.

Das einzige, was das Seemannsleben »vor dem Mast« erträglich machte, waren Bier und Rum- oder Branntweinrationen. Beides mischte man zu einem Getränk, das »Flip« hieß. Auch Kautabak gab's genug, er diente zur Überwindung des Ekels vor der miserablen Kost.

Das war also das Szenario auf dem Linienschiff EAGLE, dem sich James Cook im Sommer 1755 freiwillig unterzog. Aber die EAGLE war imposant: viermal so groß wie die FRIENDSHIP, mit hellgrauem Rumpf und darin eingelassenen blutroten Stückpforten, riesigen Masten und Rahen und sechzig Kanonen. Man kreuzte vor der irischen Küste auf Patrouille.

Cook stieg rasch zum Segelmeistergehilfen auf und kritzelte von nun an Tagebücher mit Wetterverhältnissen, Dienstabläufen und astronomischen Symbolen voll. Weder persönliche Gedanken, noch Gefühle oder Erlebnisse sind seinen Aufzeichnungen zu entnehmen. Der ungewöhnliche, fast rätselhafte Mensch Cook trat erst aus dem Verborgenen, als ein gewisser Hugh Palliser das Kommando auf der EAGLE übernahm. Der adelige Palliser war ein talentierter Marineoffizier, schon mit zwölf Jahren zur See gegangen und mit 18 Leutnant geworden. Als Gouverneur von Neufundland, Generalinspekteur der Marine und Lord der Admiralität nahm er in einigen Jahren wichtigen Einfluß auf Cooks Lebensweg.

Unter ihm wurde Cook zunächst Bootsmann und bestritt sein erstes Seegefecht gegen die 1500 Tonnen große DUC D'AQUITAINE, ein Ostindienschiff auf Kaperfahrt unter französischer Flagge. Cook brachte Palliers EAGLE in eine so günstige Schußposition, daß der Gegner nach einstündigem Kanonenfeuer die Flagge streichen mußte.

Cook nutzte die Liegezeit der Eagle und erschien im Trinity House, dem Sitz der Admiralität in Deptford. Dort bestand er eine Prüfung, wonach ihm bescheinigt wurde, daß er »als Segelmeister auf jedem Schiff Seiner Majestät« fahren durfte.

Nun fuhr der Yorkshire-Mann auf der Fregatte Solebay. In jeder freien Minute setzte er seine Studien der Navigation, Mathematik und Astronomie fort. Und rasch erreichten seine Kenntnisse als Navigator und Kartograph ein außergewöhnliches Niveau. Cook verlangte nach größeren Aufgaben, strebte ferneren Zielen zu. Am 27. Oktober 1757, seinem 29. Geburtstag, kam er als Steuermann auf das 64-Kanonen-Schiff Pembroke. Vier Monate später verließ die Pembroke England mit Kurs auf Kanada. In Nordamerika gestaltete sich die Kriegslage für die Briten düster. In der Auseinandersetzung mit den Franzosen sollte Cook seine erste große Aufgabe bekommen und mit Bravour lösen. General Braddock war hart bedrängt worden. Nun galt es, Franzosen und Indianer von Norden her anzugreifen. Die Einnahme Quebecs, des Zentrums des Feindes, stellte das Ziel der Operation dar.

Zunächst jedoch mußte Fort Louisburg erobert werden. Von hier aus wurde nämlich die Einfahrt in den Sankt-Lorenz-Strom kontrolliert. Nach erbitterten Kämpfen und langer Belagerung kapitulierte Louisburgs Gouverneur, und das Fort fiel General Wolfe in die Hände. Nun bereiteten sich die Briten auf die Eroberung Quebecs vor. Das nahm Zeit in Anspruch. Da Wolfes Armee den Vorstoß mit großen Verlusten bezahlt hatte, mußte auf Verstärkung aus dem Mutterland gewartet werden. Inzwischen leckte die Navy ihre Wunden in Halifax und nutzte die Wintermonate für Schiffsreparaturen.

Die Pembroke hatte in der Auseinandersetzung als Truppen- und Artillerie-Transporter gedient und wartete auf weitere Befehle. Also Muße für Cook. Ein Mann mit Winkelmeßgeräten hantierte in der Bucht. Das machte neugierig. James nahm Kontakt mit ihm auf und erfuhr, daß es sich um einen Mr. Samuel

Ein astronomischer Quadrant von 1768, wie er von Cook auf seinen Reisen – besonders der ersten – verwendet wurde. Hersteller des Gerätes war John Bird.

Holland handelte, der als Landvermesser im Dienst der Royal Army arbeitete. Der wissensdurstige Cook ließ sich im Gebrauch der Geräte unterweisen. Dazu Holland: »Unter den Augen Kapitän Simcoes stellten Cook und ich Material für eine Karte des Sankt-Lorenz-Stroms zusammen.«

James war von der Arbeit fasziniert und bald zu selbständigen Vermessungsarbeiten fähig. Simcoe, auf Cooks Fortschritte aufmerksam geworden, empfahl dem Segelmeister, sich mit sphärischer Trigonometrie und Astronomie zu beschäftigen. Dazu stellte der Kapitän seine umfangreiche Bibliothek zur Verfügung.

Die »Operation Quebec« war im Frühjahr 1759 in vollem Gange. Dazu mußte die Marine 400 Meilen des Sankt-Lorenz-Stroms hinaufsegeln: ein riskantes Unternehmen. Überall lauerten Untiefen, Sandbänke, Felskuppen und kaum wahrnehmbare Inselchen, ganz abgesehen von dem Labyrinth gefährlicher Schären und tückischer Strudel. Die Generalität war besorgt, denn bereits 1711 war auf dem Fluß eine Flotte mit 5000 Soldaten kläglich gescheitert.

Durch das Entfernen aller Landmarken und Tonnen hatten die Franzosen den Strom für größere Segelschiffe unpassierbar gemacht. Heute wissen wir, daß es bezüglich Gefahren der Flußnavigation auf der Welt kaum etwas Schwierigeres gibt als den Sankt-Lorenz-Strom. Für die Schiffsführer war die sogenannte Traverse ein wahrer Alptraum. Bevor man sich dem Becken von Quebec nähern konnte, verlief die Fahrrinne vom nördlichen traversal ans südliche Ufer. Und das war durchsetzt mit allerlei Schikanen!

Cook und die Steuerleute von zwei anderen Schiffen erhielten den Auftrag, die Fahrrinne neu zu vermessen, auszuloten und zu betonnen. Ihre Arbeit wurde dadurch erschwert, daß der Vermessungstrupp in Reichweite der französischen Kanonen lag und häufig nachts arbeiten mußte. Feindliche Aufklärer, meist Indianer, pirschten sich heran und beseitigten die tags zuvor ausgelegten Markierungen. Eine Quelle berichtet: »Cook vermochte in solchen Situationen Skalp und Leben nur durch einen kühnen Sprung aus dem Boot zu retten.«

Im Juni war das Werk vollbracht. Die britische Flotteneinheit, 220 Schiffe, passierte den Strom und die gefürchtete Traverse ohne Unfall. Offizielle Depeschen sprachen von Cook als einem »Meister der Vermessung«.

Quebec wurde belagert und eingenommen, die PEMBROKE zurück nach England kommandiert. Cook versah nun auf Wunsch von Lord Colville seinen Dienst auf dessen Flaggschiff NORTHUMBERLAND. Der Yorkshire-Mann galt nach dem »Fluß-Einsatz« als bester Steuermann des Flottenverbandes.

Admiral Colville setzte Cook als Kartographen ein. Der Sankt-Lorenz-Strom und die neufundländische Küste wurden aufgenommen und das Kartenmaterial danach mit einem Kommentar des Admirals an die Admiralität nach London geschickt: »Nach meiner Erfahrung mit dem Genie und dem Können Mr. Cooks glaube ich, daß er für die Arbeit, die er geleistet hat und für größere Unternehmen ähnlicher Art sehr wohl befähigt ist.« Cooks Seekarten erschienen 1775 im »North American Pilot« und bildeten über 100 Jahre lang das navigatorische Standardwerk jener Gebiete.

Wieder in England, heiratete Cook 1772 die 21 Jahre alte Elizabeth Batts, wahrscheinlich eine Jugendbekanntschaft. Dem jungen Paar blieb wenig Zeit für Flitterwochen. Im folgenden April befand sich Cook wieder auf See und unterwegs nach Neufundland, als Landvermesser.

So pendelte er in den folgenden Jahren zwischen England und Kanada, fertigte Karten an und ließ diese veröffentlichen. Es ereignete sich nichts Besonderes. Cook, jetzt Ende Dreißig, war mit seinem Leben bei der Navy nicht unzufrieden. Er war zum geachteten Spezialisten geworden, das mußte reichen. Zum Offizier würde er es kaum bringen. Nach Ansicht der Lords der Admiralität »wurden Gentlemen und Offiziere nicht ernannt, sondern geboren«. Der Name Cook war im Adelsregister nicht zu finden.

Die Admiralität drängte auf weitere Vermessungsarbeiten in der Neuen Welt. Cook erhielt das Kommando über den Schoner GRENVILLE, aber kein Offizierspatent. Das Schiff war zuvor von ihm ausgesucht worden und sollte seine Arbeit erleichtern. Er hatte den Ehrgeiz, mit der Vermessung Neufundlands etwas zu leisten, was an Genauigkeit der Kartographie alle Maßstäbe sprengte. Im Gepäck Cooks befanden sich ein Theodolit und ein Oktant. Damit wollte er die geographischen Breiten bestimmen. Die Breiten dienten als Basislinien, von denen aus mit der Anfertigung eines Netzes von Dreiecken (Triangulation) mit der Landvermessung begonnen werden konnte.

Noch an Land würden die Positionen für markante Peilobjekte bestimmt werden. Von See her sollte der zweite Teil der Arbeit abgewickelt werden: Die vorher eingemessenen Landmarken waren in genaue Beziehung zu den jeweiligen Küstenabschnitten zu bringen.

Cook wußte um eine wichtige Schwachstelle: Da es noch keine zuverlässigen Chronometer gab, war die exakte Ermittlung der geographischen Länge nicht möglich. Dennoch konnte er, nicht ohne Stolz, unter den Titel seiner letzten großen Neufundlandkarte setzen: »Eine präzise trigonometrische Vermessung.«

Auf der GRENVILLE erlebte Cook gefährliche Situationen. Der Schoner geriet in einen Orkan, hatte Grundberührung und wäre ums Haar gekentert. So sammelte der Kartograph und Navigator auch Erfahrungen als Schiffsführer.

Die Geißel der Fahrensleute war der Skorbut. Cook beschäftigte sich mit der Krankheit und entwickelte Konzepte zu ihrer Bekämpfung durch Gemüse und Kräuter. Und er dachte über die Peitsche als Mittel zur Führung einer Mannschaft nach. Immer wieder analysierte er Mißgeschicke wie das versehentliche Rammen eines jener tückischen Felsriffe am Eingang von Long Harbour, Neufundland. Aller Ballast mußte außenbords geworfen und das Trinkwasser abgepumpt werden. Nur so konnte der Schoner mit der nächsten Flut wieder flottgemacht werden... Erfahrungen, die vielleicht einmal von unschätzbarem Wert waren.

Im August 1766 beobachtete Cook eine Sonnenfinsternis. Die Ergebnisse zur Ermittlung der geographischen Länge seines Standorts, umfangreiche und komplizierte Berechnungen, wurden in den »Philosophical Transactions« der Königlichen Gesellschaft veröffentlicht. Daraufhin stellte die Admiralität Cook ein Spiegelteleskop zur Verfügung.

Ende September 1766 verließ er Neufundland für immer. Nach einer stürmischen Überfahrt, die den 39jährigen Master der GRENVILLE fast das Leben gekostet hätte, erreichte er England. Dort freute er sich über sein drittes Kind: Tochter Elizabeth war geboren worden.

Der Landaufenthalt wurde mit Druckvorbereitungen für seine Karten und die Überwachung der Reparaturarbeiten an der vom Nordseeorkan geschundenen GRENVILLE ausgefüllt. Außerdem bereitete er den nächsten Nordamerika-Törn mit der GRENVILLE vor und bat darum, einen Arzt mitführen zu können. Cooks Vermessungsreisen waren von Wichtigkeit, deshalb wurde trotz der kleinen Besatzung seinem Antrag auf einen Mediziner entsprochen. Der nächsten Routinefahrt über den Nordatlantik stand also nichts im Wege... Doch da beschäftigte sich im Frühjahr 1768 die Britische Admiralität mit dem Seemann, über den Admiral Colville einst berichtet hatte: »Daß er für die Arbeit, die er geleistet hat, und für größere Unternehmungen... sehr wohl befähigt ist.« So kam es, daß die GRENVILLE diesmal ohne Cook auslief...

Ein letzter Blick hinauf zu ihm. Das also war das Fundament, auf dem der schlichte Mann aus Yorkshire stand, um nun Stufe um Stufe die Treppe zum Ruhm zu erklimmen.

Aber ich mußte weiter, hinauf nach South Kensington ins Science Museum, und dann nach Bloomsbury, wo die Bibliothek und das Britische Museum stehen.

London, Britisches Museum, 1992

Eine andere Entdeckung machte ich in der viktorianischen Kathedrale wissenschaftlicher Sammlerleidenschaft und weltumspannender Kolonialforschung: im Britischen Museum, wo unendlich viel aus dem Weltreich zusammengetragen und archiviert wurde.

Die entomologische Abteilung mit einer halben Million aufgespießter Insekten mußte durchschritten werden, dann ging's an langen Regalen vorbei, in denen grausige Reptilien in mit Alkohol gefüllten Gläsern lagerten. Schließlich kam der botanische Bereich mit Pflanzen, Blüten, Blättern, Skizzen und Gemälden, zusammengetragen im 18. Jahrhundert. Ein Metallkasten mit der No. XML 23 S bewahrte Blätter des Brotfruchtbaums auf, Artocarpus altilis, aus der Familie der Maulbeergewächse: 223 Jahre alt, gepreßt, staubtrocken, aber von einst großer Bedeutung, mit dem Vermerk: »James Cook, 1769.« Der Mann aus Yorkshire mußte die Frucht auf einer seiner Südseereisen entdeckt und sie als nahrhaft, anspruchslos und ergiebig beschrieben haben: »Brot, das auf Bäumen wächst.« Die ideale Billignahrung für die Sklavenarbeiter auf den Plantagen der Karibik, frohlockten die Kolonialherren. Ihre Lobby veranlaßte König George III., die Bounty 1787 auf die sogenannte »Brotfruchtexpedition« zu senden, mit William Bligh als Kommandant.

Nachdenklich verließ ich das Museum. Cook als Entdecker der Brotfruchtpflanze schon 1769? Ein Jahr nachdem sich die Admiralität für ihn interessierte? Am nächsten Tag erfuhr ich mehr.

Deptford, 1992

Wo waren die Schiffe, wo die Masten? Was mich hier ansprang, waren irrer Verkehrslärm, Staub und häßliche Häuser. Ich überquerte den Deptford Creek, suchte Schiffe und Werften, aber was ich fand, waren Betonmischanlagen, Schüttguthalden, ein paar Baukräne. Das immer noch schöne Wetter war das einzig Versöhnliche in Deptford.

Eine Eckkneipe erregte meine Aufmerksamkeit. »The Hoy Inn No. 193« hieß sie und war schwarz-rot gestrichen. Ich stieß die schwere Holztür auf. Das Haus mochte gut 200 Jahre auf dem Buckel haben. An gußeisernen Tischen und Stühlen vorbei strebte ich der Bar zu. Sie bestand aus einem massiven, hufeisenförmigen Mahagonitresen. Rechts befand sich eine weinrote Plüschecke. An der Wand darüber Segelschiffbilder, die sich um ein großes Porträt gruppierten. Das Séparée war schummrig, so konnte ich nicht erkennen, wer darauf abgebildet war.

Ich schaute mir die Gäste an: verwegene Gestalten, ziemlich heruntergekommen. Trotz der frühen Tageszeit bereits angetrunken. Die einzig passablen Typen waren der Wirt in weißem Hemd mit Krawatte und drei bürgerliche Gäste, die höchst deplaziert wirkten. Der Wirt hatte meine skeptischen Blicke bemerkt und meinte: »Das hier ist eine alte Hafen- und Seemannskneipe. Eine mit Tradition. Aber es gibt ja keine Seeleute mehr und erst recht keine Tradition. Und der Hafen ist tot.« Ich drehte den Kopf in Richtung eines Billardtisches, an dem einige Asiaten spielten. An Armen und Hals waren sie tätowiert. »Das sind keine echten Seadogs, sondern Stewards auf Container- oder Kreuzfahrtschiffen. Philippinos, die unsere Matrosen arbeitslos machen.«

Ich drehte mich jetzt zur anderen Ecke. Dort hingen Engländer an ihrem Bier, mit glasigen Augen, strähnigen Haaren, unrasiert und in verlausten Mänteln oder Pullovern. Ab und zu drang ein Rülpsen herüber.

»Das waren mal Teerjacken«, sagte der Wirt. »Aber es ist verdammt lange her. An ihre Törns erinnern sie sich kaum noch.«

Einer mit Schlapphut und schrundigen Lippen strafte ihn Lügen. Der Mann rückte dicht an meine Seite, roch nach faulem

Fleisch und wollte mir seine Geschichte erzählen, eine Geschichte von Großer Fahrt rund um den Globus. Seine Aussprache war wie eine Gießkanne. Im Panamakanal hielt ich es nicht mehr aus, stand auf und ging ins Séparée. Fast hatte ich es mir gedacht: An der Wand hing das wohl berühmteste Porträt von James Cook, ein schöner Druck nach dem Original von Nathaniel Dance. Cook saß darauf an einem kleinen Tisch, auf dem seine Landkarte mit der südlichen Erdhälfte ausgebreitet lag. Mit dem Finger zeigte er auf die Ostküste Australiens.

Die Schiffsbilder gaben die ENDEAVOUR, die RESOLUTION, dann RESOLUTION und DISCOVERY in der Kealakekua-Bucht wieder. Auf kleineren Porträts erkannte ich Sir Joseph Banks, Sir Hugh Palliser, Alexander Dalrymple, John Reinhold Forster mit Sohn George, John Webber und John Montagu, vierter Graf von Sandwich. Aber auch Admiral Nelson entdeckte ich in der kleinen Galerie.

Als ich wieder an den Tresen trat, sagte der Wirt augenzwinkernd: »Wir Briten leben von der Erinnerung an die großen Taten unserer Vorväter.«

»Ich beschäftige mich damit«, sagte ich.

Er blühte auf. »Cook ist der größte.«

»Nicht Nelson?«

»Nein, nein. Nelson war volkstümlich, man liebte ihn. Aber Cook war größer – für mich«, fügte der Wirt hinzu. »Lassen Sie sich eine Geschichte erzählen. Sie soll sich hier im Hoy Inn zugetragen haben. Allerdings kann ich nicht dafür bürgen. An einem Tag im Herbst des Jahres 1805 spazierte Jeremy Blyth, ein junger Kanonier der Royal Navy hier herein. Er stand vor seiner ersten großen Fahrt. Das Hoy Inn müssen Sie sich als Kaschemme mit schmutzigen, aufgerissenen Dielen vorstellen, mit verräucherten Decken und Wänden, einer Theke aus rohen Brettern, mit wackeligem Gestühl. Und die Gäste bestanden gewöhnlich aus saufenden, fluchenden Salzbuckeln der Kriegs- und Handelsmarine. Aus Männern, die auf Schiffsplanken durch die Hölle fuhren – und bisweilen wieder herauskamen. Ausgekocht waren sie, kaltblütig, weder Tod noch Teufel fürchtend. Aber was glauben Sie, was die Kerle an diesem Tag machten? Sie heulten und schluchzten wie die Schloßhunde. Auch der Wirt hatte den Kopf in den Armen vergraben, seinen Körper schüttelten Weinkrämpfe.

Blyth setzte sich zu einem Seebären mit Tränen in den Augen, stieß ihn an und fragte: ›Was ist denn los?‹

Der Alte blickte böse auf. ›Mensch, hast du's nicht mitgekriegt? Nelson ist tot!‹ Dabei rannen ihm Tränen in den Bart.«

Der Wirt hielt einen Moment inne. »Diese Szene hätte es 26 Jahre zuvor nicht gegeben, als die Nachricht von Cooks Tod England erreichte. Cook wurde ohne Tränen, ohne Verzweiflung betrauert. Der Grund lag im unterschiedlichen Charakter der beiden Männer. Nelson war die Identifikationsfigur, ein sympathischer Held mit menschlichen Zügen, dessen Gedanken, Privatleben, Stärken und Schwächen bekannt waren. Ihn mußte man gernhaben. Cook dagegen war zeitlebens wie ein verschlossenes Buch. Leider hatte auch Elizabeth Cook die spärlichen Gefühlsregungen ihres Mannes unzugänglich gemacht und alle Briefe verbrannt. So wissen wir nur, daß er ein geborener Führer war, zäh, duldsam, tapfer, klug, umsichtig, pflichtbewußt, ehrgeizig, ein Mann, dem Leistung alles bedeutete. Am Ende ein verschlossener, introvertierter Kapitän und Entdecker, unnahbar, reserviert. Wir kennen nur die unpersönliche Hälfte des Menschen Cook. Sein Wesen, seine Neigungen, Freuden und Schwächen sind und bleiben uns unbekannt.« Der Wirt machte ein Pause und nippte an seinem Bier. »Sie befassen sich mit Cook?«

»Nicht nur mit ihm. Auch mit Bligh und einem gewissen Zimmermann.«

»Dem deutschen Matrosen auf der Discovery? Da haben Sie aber viel vor! Gehen Sie nach Greenwich ins National Maritime Museum. Dort finden Sie vieles, aber nicht alles. Australien, Neuseeland, Tahiti, Hawaii, Alaska müssen Sie besuchen, sonst kapieren Sie nichts. Sie müssen tiefer vordringen. In Cooks Rolle schlüpfen, seine Gefühle und Motivationen freilegen. Seine Taten zu wiederholen, das ist billig und schon hundertfach geschehen. – Cheers!«

»Cheers!« Wir leerten die Gläser mit dem Yorkshire Bitter.

Greenwich Park, 1992

Der Weg von Deptford nach Greenwich war ein Katzensprung. Er führte die Creek Road entlang nach Osten. Unten am Pier lag die CUTTY SARK im Betontrockendock, einer der schnellsten und schönsten Klipper, die je gebaut wurden. Er hatte seinerzeit in Rekordzeit frisch geernteten Tee aus China nach England gebracht. Neben der CUTTY SARK befand sich die winzige Segelyacht GIPSY MOTH. Ihr Eigner war der 60jährige Francis Chichester. Von Greenwich aus war er 1966/67 mit ihr allein um die Erde gesegelt. Und als er sich in London zurückmeldete, begab sich Elizabeth II. vor ihren Palast am Themseufer und schlug Chichester zum Ritter. Für diesen Akt legte sie ihm dasselbe Schwert auf die Schulter, mit dem Königin Elisabeth I. den ersten Weltumsegler, Sir Francis Drake, 1581 in Greenwich geadelt hatte.

Von der Themse aus genoß ich einen imposanten Blick auf das Royal Naval College, das Seamen's Hospital, das National Maritime Museum mit The Queen's House und dem dahinter gelegenen Observatorium.

Mein Gott, das Naval College! Einst war darin das Royal Naval Hospital untergebracht. 1705 waren die ersten altgedienten Seeleute mit Seesack und Uniform in die monströsen Gebäudekomplexe gezogen, um hier ihren Lebensabend zu verbringen. Die »Blue Coats«, wie die Pensionäre genannt wurden, fühlten sich in der herrschaftlichen Umgebung nie recht wohl. Auch Cook nicht, dem nach der zweiten Reise die Ernennung zum Vierten Kapitän an jenem Königlichen Marinehospital zuteil wurde. Ihm kam es vor wie eine Versetzung in den Ruhestand. Kurz wohnte er auch hier, und hätte ihn sein ruheloser Geist nicht erneut in ferne Welten getrieben, er hätte auf dem Altenteil uralt und irgendwann Vizeadmiral werden können.

Das National Maritime Museum am Nordrand des Parks, ein weißes, schloßähnliches Anwesen mit Haupt- und Nebentrakten, ist das größte und schönste Marine- und Seefahrtsmuseum der Welt. Auf den Besucher wirkt die Cook-Galerie wie ein Magnet. Sie ist nicht nur ein museales Arrangement, sondern eher ein Vexierbild britischer Geschichte, das die Glorifizierung einzelner In-

Greenwich heute und damals: Das Foto oben zeigt das National Maritime Museum, und das Gemälde von Eward W. Cooke (unten) gibt Greenwich um 1770 wieder.

dividuen bis zur Verklärung betreibt. In die Cook-Galerie steigt man mit einer gewissen Andacht. Sie ist ein großer Raum, schummerig beleuchtet, damit die angestrahlten Exponate plastisch zur Geltung kommen. Ich studierte jede Auslage: die prächtigen Ölgemälde, die von Cook angefertigten Landkarten, das Modell der Bark ENDEAVOUR, das die Beladung und eine Liste der gesamten Besatzung zeigt. Auch das technische Instrumentarium: den Ramsden-Sextanten, den Kendall-Marine-Chronometer und das Teleskop von Peter Dolland, das beste damals verfügbare Fernglas. Cook verwendete es auf seinen Südseereisen. Dann der astronomische Quadrant, den der Entdecker auf seiner ersten Reise mitführte, um den Durchgang der Venus zwischen Sonne und Erde zu vermessen. Zu ihrer Beobachtung diente auch noch ein James-Gregory-Spiegelteleskop von 60 cm Länge.

Die Galerie war eine wahre Fundgrube, um Cooks Spuren aufzunehmen. Ich setzte mich auf eine Bank vor das Cook-Porträt von Nathaniel Dance. Es beherrschte die ganze Wand. Der Künstler hatte es in London nach der zweiten Reise Cooks gemalt. Sir Joseph Banks war der Auftraggeber gewesen, und es hing viele Jahre über dem Kamin der Bibliothek von Banks' Stadtwohnung am Soho Square 32. Ich saß da und ließ das Ganze auf mich wirken. Ungeheuer eindrucksvoll war das Umfeld Cooks hier zusammengetragen: die Persönlichkeiten seiner Zeit, die rauhe Seewelt, die verlockende Südsee mit all den vielen geheimnisvollfremden Stationen und großartigen Entdeckungen.

Dennoch saß ich vor einem unvollständigen Puzzle, vor einem Mosaik, dem eine Menge Steinchen fehlten. Cook hing vor mir an der Wand, leblos, seelenlos, kein Mensch aus Fleisch und Blut, eher als unbefleckter Heiliger, steril wie ein Votivgegenstand. Der Wirt hatte recht: Ich hatte mir viel vorgenommen, vielleicht zuviel, wenn ich Cook über seine Taten hinaus erkennen wollte. Erst wenn er für mich lebendig wurde, ich an seine Gefühle gelangte, konnte ich ihn auf seinen Reisen begleiten. Ich hatte in London einige Entdeckungen gemacht, kleine, persönliche, die für mich wichtig waren. Aber das reichte nicht, um mit dem Entdecker zu kommunizieren. Ich mußte näher an ihn herankommen, mich an die Schauplätze seiner Taten begeben. Dann konnte mir der Yorkshire-Mann vielleicht zugänglich werden.

Mit einem Ruck stand ich auf. Ich hatte genug von verstaubten, toten Exponaten. Die Galerie kam mir auf einmal wie eine muffige Grotte vor, die keine neuen Erkenntnisse barg.

Auf der Victoria tuckerte ich die Themse hinauf in Richtung City, direkt in die untergehende Sonne. Aber ich sah sie nicht, auch nicht den Tower, nicht das Somerset House, nicht das Nationaltheater. Londons Flußkulisse glitt unbeachtet an mir vorbei. Ich hatte den Kopf voll großer Pläne. Alles drehte sich um weit entfernte Regionen auf der anderen Seite der Erde.

Am Strand

Tahiti, Matavai-Bucht, im April 1992

Kanonendonner grollte in der Bucht. Kapitän Wallis sah sich mit seiner Dolphin Hunderten feindlicher Kriegskanus und Tausenden brüllender, Steine schleudernder Insulaner gegenüber. Das geschah am 19. Juni 1769 in der Matavai-Bucht. Schließlich unterwarfen sich die Eingeborenen der verheerenden Waffentechnik und zeigten sich zugänglich, besonders die Weiblichkeit, was die in Sachen Liebe ausgehungerten Seeleute entzückte. Samuel Wallis hißte die britische Flagge und nahm die Insel für König George III. in Besitz. Nach dem Namen der Insel gefragt, bekam er »O Tahiti« zur Antwort: »Sie heißt Tahiti.« Fast 100 Jahre hielt sich der Begriff »Otaheiti«. Die Dolphin entschwand...

Im folgenden Jahr erschien der französische Weltumsegler Louis de Bougainville. Nichtsahnend annektierte er die Insel im Namen Frankreichs und Ludwig des XV. Ebenfalls von den Inselschönen hingerissen, taufte er sie »Nouvelle Cythère« (Neu-Kythera), nach dem Geburtsort der Liebesgöttin Aphrodite.

Kaum ein Jahr später rasselte der Anker der Endeavour Kapitäns Cooks in die Matavai-Bucht. Fast vier Monate lang mußte er sich mit lüsternen Matrosen, diebischen Insulanern und Deserteuren herumärgern. Als ihm sein Auftrag, die Beobachtung der Venus durch den Ortsmeridian, mißlang, verließ er ziemlich deprimiert die Gesellschaftsinseln. So nannte er nämlich die polynesische Inselgruppe, der Tahiti angehört.

Unter der Fülle seiner botanischen Souvenirs befanden sich Blätter und eine kindskopfgroße Frucht,die mit einer grünen, pockennarbigen Lederhaut umgeben war. Cook und sein wissenschaftliches Team nannten sie »Breadfruit« (Brotfrucht, Artocarpus altilis). Diese Frucht war der Auslöser für das spätere Erscheinen der BOUNTY, die 23 Wochen in der Matavai-Bucht lag und mit über 1000 Setzlingen der Brotfrucht-Pflanze befrachtet wurde. Doch »Breadfruit-Bligh« konnte die Setzlinge nie ihrer Bestimmung übergeben – eine Meuterei vereitelte das…

Ich saß am heißen Lavastrand der Bucht und blickte über das gleißende Meer. Motorboote dümpelten in Ufernähe, Fischer zerrten ihre Schleppnetze mit mäßigem Fang an Land. Kinder lachten und planschten im seichten Wasser, Liebespaare lagen im Schatten hoher Palmen. Neben mir saß Tiaré. Ich schaute sie an und dachte an Cook. Ob er tatsächlich allen Südseeschönen widerstanden hatte, wie es die Berichte bekunden?

»Eine schöne Bucht«, sagte ich.

Sie schaute auf. »Ich habe Hunger«, sagte sie.

»Das türkisfarbene Meer, der schwarze Sand. Das dunkle Grün der Vulkane, davor der weiße Leuchtturm – herrlich!«

»Ich werde etwas essen.« Tiaré kramte in ihrer Plastiktüte herum und wickelte die Hälfte einer Frucht aus dem braunen Papier. Sie biß in die Frucht und fragte mit vollem Mund: »Auch ein Stück?«

»Ja.«

Sie brach etwas ab. Es sah hellbraun aus und fühlte sich fest und trocken an. Ich biß hinein. Die Frucht schmeckte wie Yams oder wie eine gekochte, trockene Kartoffel. Ich wußte, was ich da aß, und wunderte mich nicht, daß die Plantagenarbeiter der Karibik das Gemüse als »Saufraß« abgelehnt hatten.

»Es ist Brotfrucht, im Erdofen gekocht«, sagte sie.

»Ich weiß.«

Zum Glück hatte Tiaré auch Papaya dabei. Das Mädchen aus Arué war zuvor mit mir auf eine Hügelkuppe gestiegen, die Cook einst One Tree Hill nannte. Der Ausblick auf die Matavai-Bucht und die vorgelagerte Insel Moorea, auf die Hauptstadt Papeete mit dem betriebsamen Hafen war grandios. Wir sahen das Hyatt Regency, ein terrassenförmig in den Hang der Bucht gebautes Luxushotel. Sie sagte, sie würde dort gern einige Tage mit mir verbringen. Ich antwortete, daß ich mir das nicht leisten könne. Das erstaunte sie, und ich hatte das Gefühl, daß ihr Interesse an mir schwand.

Sie zeigte mir Pointe Venus, ein kleines Monument aus Stein. Hier hatte Cook ein Fort für seine astronomischen Beobachtungen gebaut. In unmittelbarer Nähe steht seit 125 Jahren ein imposanter Leuchtturm, der wie eh und je seine Lichtsignale über die Bucht schickt. Tiaré zeigte mir auch das »Gebäude der Entdeckungen« mit den Wachsfiguren der großen Seefahrer und allerlei Relikten aus den Tagen der frühen Seegeschichte. Am besten gefiel ihr der Hut, den Charles Laughton trug, als 1935 die »Meuterei auf der BOUNTY« zum erstenmal verfilmt wurde.

Ein kühler Windhauch wehte über den Strand. Hinter Moorea sank die Sonne ins Meer. Es wurde dämmrig.

»Ich bin müde«, sagte Tiaré auf einmal. Sie stand auf und schritt durch den Sand. Ich schaute ihr nach. Sie war schlank, trug ein schulterfreies, geblümtes Kleid. Ihr langes Haar fiel in schwarzen Wellen bis zum Rücken herab. Es wurde auf dem Kopf von einem Lei (Blütenkranz) zusammengehalten. Natürlich war sie jung und schön.

Ich war allein. Allein mit dem Meer, den Palmen und meinen Gedanken. Ich werde am Strand schlafen, dachte ich, wie damals vor einem Jahr, als ich die Bucht mit einem kleinen Auslegerboot erreicht hatte. Es war Mitternacht gewesen, als ich ankam. Ich war von Moorea herübergepaddelt, in die Bucht geglitten, dann an Land gegangen. Es war ein starkes Gefühl, sich so ausgelaugt ans Ufer zu schleppen.

Dunkelheit hüllte auch jetzt die Bucht ein. Ich lehnte mich an den Stamm einer Kokospalme, und es war, als bemerkte ich vor mir im Wasser die Konturen eines großen Rahseglers, scharf wie ein Scherenschnitt. Und den Segler umkreisten viele Kanus mit breiten Auslegern, von kupferfarbenen Männern gerudert. Auch Mädchen saßen in den Booten. Ich glaubte, helle Stimmen zu hören. Und vom großen Segelschiff her raunten Männerkehlen. In der Achterkajüte flackerte der Schein von Talglichtern. Ein großer Mann um die Vierzig saß da und hatte seinen Kopf in die Hände gestützt; er studierte eine Seekarte. Ein anderer, jüngerer und etwas schmächtig, mit spitzem Gesicht, führte einen Zeichenstift...

Der Maori

Königin-Charlotte-Sund, Neuseeland, im Mai 1992

Eine Fähre brachte mich in vier Stunden von Wellington über die Cook Strait nach Picton. Eine glatte Überfahrt geht rascher. Doch die See war rauh, und der Sturm peitschte die Regenflagen. Auch wenn der Magen rumorte, so blieb mir doch Zeit, mich auf die Südinsel einzustimmen. Der Süden Neuseelands ist rückständiger, was die wirtschaftliche Entwicklung angeht. Aber was die Großartigkeit der Landschaft betrifft, so wird der Norden noch übertroffen.

Einen ersten Einblick verschaffte ich mir vom Victoria Domain Lookout, etwas östlich von Picton. Von dort aus genoß ich einen unvergeßlichen Blick über den Queen Charlotte Sound, der sich wie ein Fjord 30 Kilometer tief ins Marlborough-Land hineingefressen hat.

Der gesamte Norden Marlboroughs kam mir vor wie ein Irrgarten ertrunkener Täler und umspülter Bergmassive. Ich wurde berauscht von dem komplizierten Puzzlespiel der Natur und begab

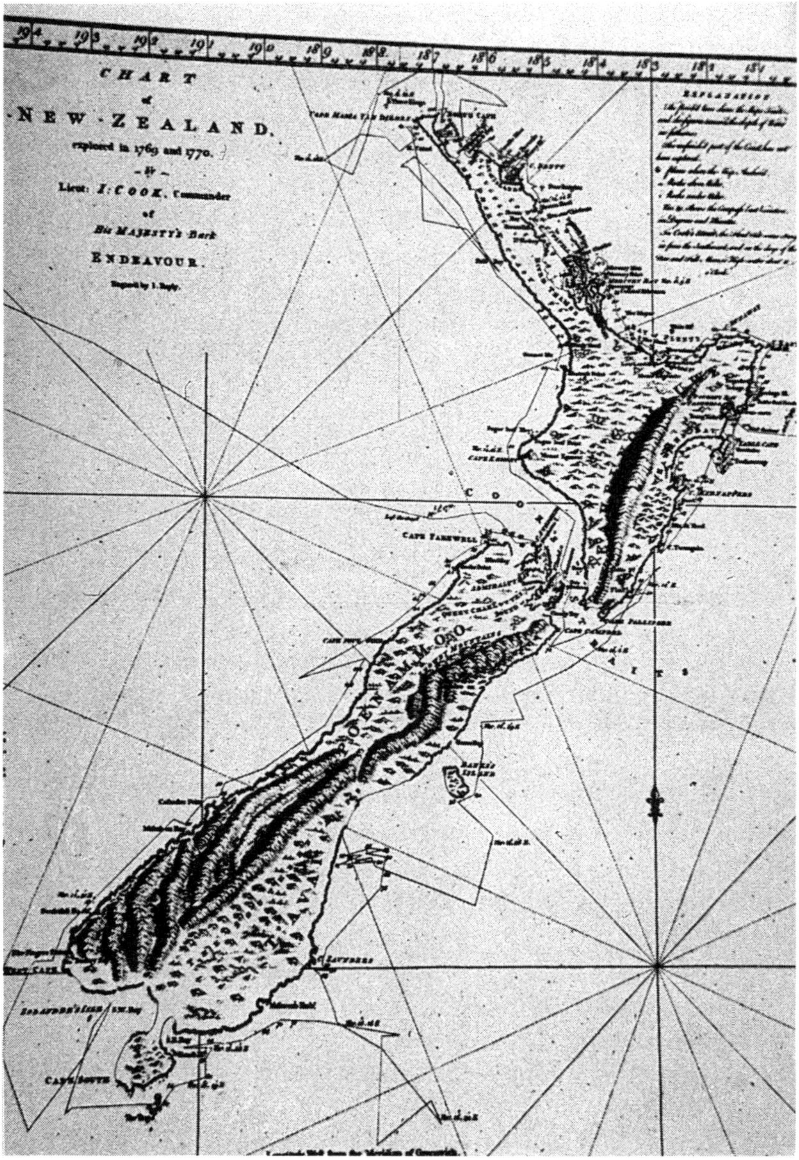

Eine Zeichnung Neuseelands von I. Bayly nach Vorlagen von James Cook. Sehr gut ist die Umsegelung der Insel auf der ersten Reise zu erkennen.

mich verwirrt hinab ins verschlafene Picton. Die Seele brauchte wieder festen Boden, gewohnte Bezugspunkte.

Als ich wieder an der Hafenmole stand, riß der Himmel auf. Wie scharfe Lanzen stachen die Strahlen der Sonne herab. Augen und Haut brauchten Schutz, denn unheimlich grell war das Licht in Neuseeland.

Neben dem Fähranleger war die EDWIN FOX endgültig vor Anker gegangen, eines der letzten Schiffe der legendären East India Company. Sie erinnerte mich an den Grund meiner Reise: Ship Cove zu besuchen, den Liegeplatz von Cooks ENDEAVOUR, ziemlich am Anfang des Sunds. Die »Schiffsbucht« ist einer der geschichtsträchtigsten Plätze Neuseelands, denn auf allen Reisen Cooks machten seine Schiffe hier Zwischenstation. Und wie die Matavai-Bucht Tahitis war ihm der Königin-Charlotte-Sund zum vertrauten Ankerplatz in der Südsee geworden. Auf der Arapawa-Insel ganz in der Nähe hißte Cook den Union Jack, hob ein Glas Punsch und trank auf die Gesundheit von König George III. und seiner Queen Charlotte.

Der Maori lachte schallend auf, als er mein erschrockenes Gesicht sah. Er hatte krause schwarze Haare und ein breites, dunkles Gesicht. Doch was mich erschrecken ließ, waren die abstoßenden, kreisförmigen Tätowierungen auf der Stirn, um Augen, Nase und Mund. Der ganze Schädel wirkte wie ein ornamentierter Kürbis mit zwei Löchern, aus denen Augen flackerten. Als Ruatoa dann noch die Zunge herausstreckte, war die Wildheit perfekt. Aber er war weder Kannibale noch wild. Er gehörte zum Ensemble einer Folkloregruppe, die altes Brauchtum aufleben ließ, zur eigenen Erbauung und für interessierte Touristen. Die Tätowierung war nicht in die Haut gestichelt, diesem Märtyrium setzten sich die Maori schon lange nicht mehr aus. Ruatoa hatte sich ein altes Muster mit Farbe aufgetragen, um für einen Kriegstanz echt zu wirken.

»Meine Urahnen hielten Cook die Schiffstaue. Um die alten Baumstämme dort am Ende des Strandes wurden sie geschlungen«, behauptete Ruatoa. Ich schaute skeptisch drein, doch er be-

Sydney Parkinson hielt einen Maori-Häuptling im Bild fest (links). Heute tätowieren sich die Maoris nicht mehr, und die Zunge strecken sie nur auf Volksfesten heraus.

stand darauf. Daß der Ort so mystisch und geheimnisvoll wirkte, mußte an den dichten, dunkelgrünen Wäldern ringsum liegen und besonders an den Riesenfarnen, die wie Boten aus der Saurierzeit aussahen. Es fiel mir schwer, mich in die Zeit vor 220 Jahren zurück zu versetzen.

Zuvor hatte es an der Ostküste der Insel feindliche Annäherungsversuche zwischen Weißen und Maoris gegeben. Schüsse streckten mehrere Insulaner nieder. Cook, der eigentlich in friedlicher Absicht gekommen war, zeigte sich über das Blutvergießen betroffen: »Ich bin mir darüber klar, daß die meisten human denkenden Menschen, welche Ereignisse solcher Art nicht erlebt haben, mein Verhalten verurteilen werden.«

Sydney Parkinson hielt Bootszenen im Bild fest, die die Maoris waffenschwingend, mit herausgestreckter Zunge – ihrer üblichen Kampfansage – zeigen. Doch die folgenden Kontaktaufnahmen verliefen bis auf einige Ausnahmen friedlich und galten dem Tausch von frischen Nahrungsmitteln, vor allem wildem Sellerie (Apium prostratum) und Skorbutgras (Lapidium oleracum), sowie dem Ergänzen von Cooks Süßwasservorrat.

Die ENDEAVOUR begann nach überstandenen Stürmen zu lekken. Aus den Fugen zwischen den Planken quoll Werg. Auch war am Schiffsrumpf der »Bart« aus Algenbewuchs und Seepocken so mächtig geworden, daß die Fahrt merklich gebremst wurde. Cook hielt nach einem geeigneten Liegeplatz Ausschau, wo der Segler auf den Strand gesetzt und kielgeholt werden konnte. So gelangte die Expedition Mitte Januar 1770 erstmals in die kleine Bucht am Sund, die Cook als schönsten Naturhafen der gesamten Südsee pries. Verständlich, daß er Ship Cove künftig zum Ausgangspunkt anderer Pazifikunternehmungen machte.

Ich konnte mir lebhaft vorstellen, wie die ENDEAVOUR bei Hochwasser auf den Strand gesetzt und ein Teil der Ladung vorübergehend gelöscht wurde. Mit Taljen, die man an den Marsen und an Land an Baumstämmen aufriggte, wurde der Schiffskörper gekrängt. So ließ sich der Bewuchs erst an der einen, dann an der anderen Seite entfernen und der Rumpf kalfatern. Ein hernach aufgebrachtes Gemenge aus Talg, Schwefel und anderen Bestandteilen sollte erneuten Bewuchs für einige Zeit verhindern.

Während die Matrosen am Strand die ENDEAVOUR reinigten, hielt es den ruhelosen Cook nicht mehr in der Bucht. Er unternahm eine Klettertour und machte wenig später eine erstaunliche Entdeckung...

Wenig entzückt war die Crew über die Verzehrgewohnheiten der Insulaner. Maoris erschienen an Bord und reichten den Briten einen Menschenknochen. Dazu Cook: »Um uns zu zeigen, daß sie das Fleisch davon gegessen hatten, bissen und nagten sie an dem Knochen und stopften ihn in einer Weise in den Mund, daß klar wurde, daß dieses Fleisch für sie ein schmackhafter Leckerbissen war.« Die Schiffsbesatzung hatte es mit Menschenfressern zu tun!

Ich wandte mich an Ruatoa und stellte ihm die wenig schmeichelhafte Frage: »Ist es wahr, daß eure Vorfahren Kannibalen waren?« Aber der Maori war nicht beleidigt. Wir hatten zuvor schon über dies und jenes gesprochen, und er wußte, daß ich ihn nicht provozieren wollte.

»In der Schlacht getötete Feinde wurden tatsächlich verspeist«, antwortete er. »Genau wie andernorts im pazifischen Raum bei kultischen Handlungen. Die Vorfahren glaubten, durch den Verzehr besonders tapferer, starker Gegner deren Tapferkeit und Stärke in sich aufnehmen zu können und selbst ebenso angesehen zu werden.«

Ich dachte an die Entdecker Neuseelands: Als erster Europäer hatte 1642 der holländische Seefahrer Abel Tasman die Südinsel gesichtet, sich aber nicht an Land getraut. Cook folgte ihm 127 Jahre später. Wer heute nach Neuseelands Entdecker fragt, bekommt rasch Cook zur Antwort. In Wirklichkeit liegt die Entdekkung der beiden Großinseln viel, viel länger zurück, ist allerdings von mystischem Nebel umwallt.

Neueste Untersuchungen gehen davon aus, daß schon vor 3000 Jahren Menschen auf Neuseeland lebten. Um 750 nach Christus wanderten die Moa-Jäger aus Polynesien ein. Ihre Jägerkultur wurde von den Maoris vernichtet, deren erste Einwanderungswelle um die Mitte des 14. Jahrhunderts in den »Sieben Booten der Großen Flotte« erfolgte. Nach den Mythen der Maoris fand die Besiedlung allerdings bereits um das Jahr 1000 statt, und zwar durch die Fahrten nach »Aotearoa«, dem »Land der langen, weißen Wolke«. Die Siedler kamen aller Wahrscheinlichkeit nach von Tahiti.

Ruatoa ließ mich an der Schöpfungsgeschichte der Maoris von Aotearoa teilnehmen: »Zu Beginn gab es Te Kore, das Nichts. Aus Te Kore wurde Te Poo, die Nacht, geboren. In der Düsternis befand sich Rangi, der Himmelsvater. Er lag in den Armen von Papa, der Mutter Erde. Ihre Kinder, viele Götter, befanden sich in der Enge zwischen ihnen. ›Wir brauchen Licht und Raum‹, sagten die Götterkinder, ›wir können uns nicht bewegen.‹

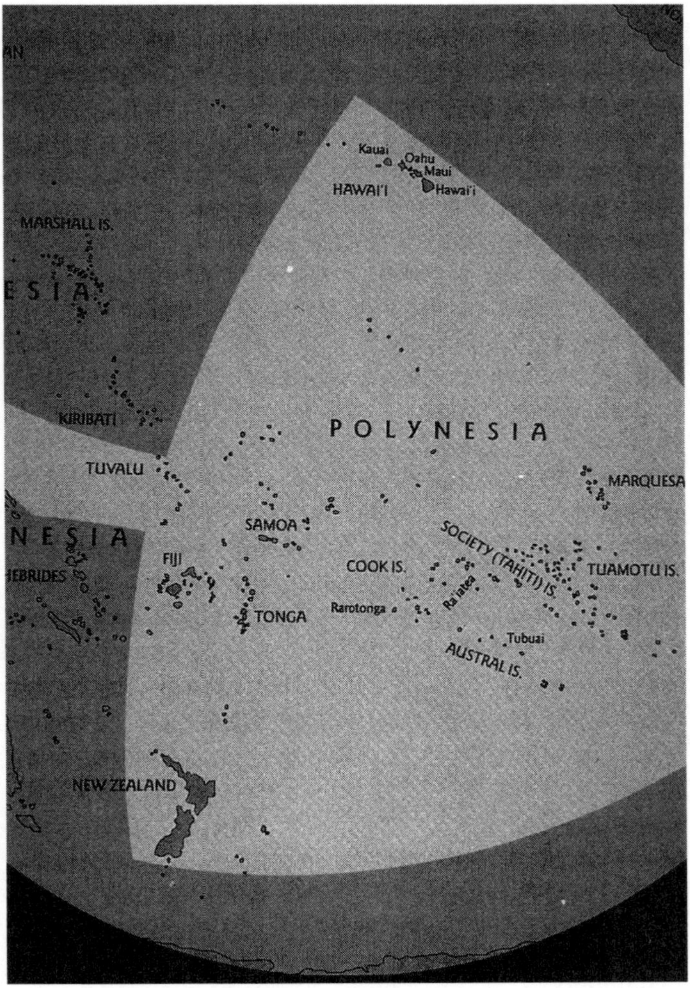

Der Kartenausschnitt von David Steffen zeigt die Besiedlungsrichtung des südlichen Pazifiks durch die Polynesier.

Da erschien Tane Mahuta, der Gott des Waldes und aller Lebewesen. Tane nahm all seine Kraft zusammen und stemmte sich zwischen das Elternpaar Rangi und Papa, das fest umschlungen dalag. Schließlich gelang es Tane, die gewaltigen Körper von Erde und Himmel zu trennen. Rangi, der Himmelsvater, wurde weit hinaus in die Luft geschleudert, während schlimme Stürme durch den Raum zwischen Himmel und Erde heulten. Aotearoa war geschaffen worden.«

Ich vernahm weiter: »Im Vergleich zur ursprünglichen Heimat unseres Volkes, den warmen Sonneninseln 2500 Meilen weiter nördlich, war das neue Land wilder, rauher und kälter. Ringsum brachen Vulkane aus. Die Erde dampfte, blubberte und spie heiße Eisenschwefeldämpfe – was sie an vielen Stellen noch heute tut. So änderte sich mit den vielen neuen, unfaßbaren Naturerscheinungen der Rang und die Bedeutung unserer Götter. Der Meeresgott Tangaroa verlor an Gewicht, während Tane Mahuta ins Unermeßliche emporstieg und zum Schöpfer aller Dinge wurde.«

»Und mit Cooks Erscheinen wurde dann das paradiesische Leben zerstört«, sagte ich wie im Selbstgespräch.

»Nein«, sagte Ruatoa, »im Paradies lebten wir nie. Ständig waren die Stämme in grausame Kriege verwickelt. Es gab stets schlimmes Leid. Aber mit Cook hörte unsere Selbstbestimmung auf. Seine Waffen und die der nachfolgenden Kaurihändler, Wal- und Robbenfänger, auch die Hinterlist der Missionare, haben uns zum Spielball fremder Mächte werden lassen.«

»Bis zum Vertrag von Waitangi«, warf ich ein.

»Zugegeben, der Vertrag garantierte uns Landbesitz und erklärte uns zu gleichberechtigten Untertanen der Krone.«

»Etwas Einmaliges in der britischen Kolonialgeschichte«, sagte ich.

Er grinste in sich hinein, dabei sah das bemalte Gesicht noch verwegener aus. Dann blickte er auf seine Swatch-Uhr und schlug sich auf die Knie. »Ich muß los – mein Auftritt. War nett, Sie kennengelernt zu haben.«

»Ganz meinerseits«, sagte ich.

Die Botany Bay

Australien 1991 und 1992

»Laaand Hooo!« erscholl es plötzlich aus dem Krähennest. Ich schaute am Mast hinauf, Norman oben wies gen Westen. Tatsächlich, durch die Nebelbank waren jetzt Konturen einer Küste sichtbar – fern an der Kimm. Ganz langsam fraß Sonnenlicht die Dunstschleier. Es versprach, ein schöner Tag zu werden.

Ron, unser Käpt'n, stand neben dem Rudergänger. »Backbord fünf!«

»Aye, aye, Sir – Backbord fünf«, wiederholte Bob. Er packte die Speichen fester und gab dem Rad eine Vierteldrehung.

Der Kapitän rief nach mittschiffs: »Kurs Westnordwest. Bramsegel und Besan setzen – höher an den Wind!« Schiffer Ed wiederholte, hielt die Hände wie einen Trichter vor den Mund und brüllte die Befehle nach achtern, wo sich die Wache aufhielt. Jetzt entstand Leben auf der BOUNTY, vorbei war das beschauliche Vor-dem-Wind-Segeln. Vier Mann enterten auf, hangelten sich auf die Rahen und lösten die Knoten. »Die Bramrah ist schwach besetzt, hilf ihnen beim Klarieren!« rief mir Ed zu. Ich machte mir oben zu schaffen, ließ das Tuch auswehen. Die Leinwand knatterte.

»An die Schoten, an die Brassen, zu-gleich, zu-gleich!« Langsam reagierten die Rahen. Die BOUNTY neigte sich und machte einen gemächlichen Satz. Laut rauschte die See am Rumpf vorbei. Wir pflügten durch den Morgen, die See war unsere Welt. Gab es etwas Schöneres? Das Schiff fuhr unter vollem Tuch. Der Wind blähte eine Fläche von 600 Quadratmetern, verteilt auf 14 Segel. Wie ein Kondor hatte der Rahsegler seine Flügel entfaltet und zog seine Bahn – schwerelos zwischen Wasser und Wind.

Es frischte auf, wir krängten um ein paar Grad mehr. Gischt wirbelte hoch und wurde seitlich weggerissen. Ich vernahm das Stöhnen der Masten, das Ächzen der Spanten und das schnelle Schlagen der Takelage. Die Segel knatterten wie toll. Auf dem Weg zum Niedergang mischte sich in den Geruch des Salzwas-

Die Bounty III unter vollen Segeln im Stillen Ozean. Eine steife Brise bläht 600 m^2 Tuch. Fürs Fernsehen segelte die »Bounty« als Cooks »Endeavour«.

sers der Duft nach dem warmen Teer der Wanten und Plankenfugen.

»Wir segeln dem Teufel ein Ohr ab«, rief Ed vergnügt.

»Oder dem Schiff die Masten«, sagte ich. »Wie schnell sind wir denn?«

»Sieben Knoten bei Windstärke acht. Keine schlechte Leistung.«

»Wann sind wir in der Bucht?« fragte ich.

»Vier Stunden wird's dauern. Cape Banks und Cape Solander kannst du schon ausmachen.«

»Auf die Stationen!« bellte Eds Stimme gegen den Wind. »Klar zum Groß brassen!«

Wir trabten an und packten die Taue, braßten mit aller Kraft. Ich war froh, daß meine Wache gefordert wurde, so brauchte ich das »Gebetbuch«, das verfluchte Scheuerholz, nicht unter dem Fuß zu haben.

Auf 34 Grad südlicher Breite glitten wir zwischen den beiden Kaps in die Botany Bay.

Ron teilte mich als Rudergänger ein. Am Steuerrad schaute ich über die anrollende See, spürte den Druck auf dem Ruder und die Kraft des Ozeans und der Wellen, die den wuchtigen, stumpfen Bug zum Zittern brachten – Schlag um Schlag.

Die Bounty arbeitete schwer. Doch unverdrossen pflügte sie Meile um Meile den blauen Acker, bis das Festland in greifbare Nähe rückte.

Gegen Mittag wurde die Ankerwache eingeteilt. An Deck stand die Hitze. Von Zeit zu Zeit wurden Eimer mit Meerwasser über die Planken geschüttet, denn sie durften nicht schrumpfen und das Pech nicht kleben. Zügig rauschte die Ankerkette über das Spill und donnerte durch die Klüse. Der Stockanker faßte, die Bounty lag bewegungslos im Wasser.

Bob und Ed machten das Beiboot klar und ließen es zu Wasser. Zu fünft ruderten wir Cooks Landeplatz zu und schoben das Boot auf den Strand. Dann schwärmten wir aus, um die Bucht zu erkunden. Strenggenommen gab es hier nichts zu entdecken. Die Bucht war längst erschlossen, ein Strand wie jeder andere: nicht weit weg eine Fähre, ein kleines Museum und auf Bare Island ein Fort. Bisweilen störte Motorenspektakel, weil im Norden der Bay Sydneys Flughafen Kingsford Smith liegt. Das einzig Romantische an der Bucht waren die Einfahrt mit der BOUNTY und jetzt der Blick zu ihr hinüber.

Das war vor zwei Jahren gewesen. Nie werde ich den Törn mit dem Tall Ship vergessen! Auch das Bild nicht, das der Großsegler in der Bucht bot. Wir waren hierher gesegelt wie einst Cook.

Der war von Neuseeland her auf der Suche nach einem ruhigen Ankerplatz die australische Ostküste heraufgekommen. Sogar sein Schiff glich dem unsrigen. Zwar hieß es ENDEAVOUR und nicht BOUNTY, auch war unser Dreimast-Vollschiff keine 200 Jahre alt. Aber immerhin, der BOUNTY-Nachbau sah Cooks mas-

Im Rigg des BOUNTY-Nachbaus auf dem Törn in die Botany Bay (Ostaustralien).

sigem Kohlenschiff so verblüffend ähnlich, daß er für den mehrteiligen Fernsehfilm »Wind und Sterne – Die Reisen des Kapitäns James Cook« eingesetzt wurde.

Ich war seit 1991 auf den Spuren Captain Blighs um die Welt gereist und hatte das Glück, mit der BOUNTY III – es gab noch einen Nachbau in Florida – den letzten Törn zu machen. Hätte Bligh diese BOUNTY in der Bucht entdeckt, er hätte sich verdutzt die Augen gerieben und gerufen: »Bei Gott – das ist mein Schiff!« Ein Dreimast-Vollschiff, der Besanmast rah- und gaffelgetakelt, 28 m lang, 7,5 m breit, mit einem Tiefgang von 3,50 m.

Nach dem Besuch in der historischen Botany Bay wieder in Sydney, wurde die BOUNTY an lange unbekannt gebliebene Bieter aus den USA versteigert und verschwand höchst mysteriös wenige Tage später. Mittlerweile ist sie wieder aufgetaucht, und im Dezember 1994 liefen der BOUNTY- und der ENDEAVOUR-Nachbau im Hafen von Sydney ein. Ron, dem Kapitän und Eigner, hatte der Deal einen herben Verlust gebracht. Für umgerechnet drei Millionen Mark hatte er die BOUNTY Anfang der achtziger Jahre erworben, für nur wenig mehr als eine Million kam sie im Juni unter den Hammer.

Diesmal war ich mit dem Wagen in die Bucht gekommen und machte Picknick am Strand. Mir war, als läge sie noch da, die ENDEAVOUR...

An Bord döste die Wache in der Sonne, am Strand fischten Eingeborene mit Speeren. Das große Schiff in ihrer Bucht beachteten sie nicht. Cook ließ sich mit Banks, Tupai und anderen im Beiboot ans Ufer bringen. Durchs Fernglas erkannte er, daß die Menschen nackt waren und ihre schwarzen Körper mit weißer Farbe bemalt hatten. Auch Speere und merkwürdig gebogene Holzstücke (Bumerangs) fielen ihm auf. Einige der Schwarzen flohen, andere verharrten. Die Gruppen standen sich gegenüber. Stille. Kein Windhauch minderte die Hitze. Tupai, der Dolmetscher, rief sie an. Keine Antwort. Endlich rauh klingende Laute, die niemand verstand. Plötzlich schwirrten Speere durch die Luft und verfehlten nur knapp die Weißen. Man starrte sich an. Banks wollte vermitteln und warf den Schwarzen Perlenketten zu. Sie hoben sie auf, untersuchten sie – und warfen sie in den Sand zurück. Dann verschwanden sie. Was für ein gespenstisches Land!

Dennoch, in der Bucht herrschte pralles Leben. Dr. Solander, Banks und Parkinson brachen durchs Unterholz und erforschten entzückt Flora und Fauna; stießen auf Kakadus, Dingos, Känguruhs und allerlei unbekannte Pflanzen. Cook nannte den Liegeplatz Stingray Harbour, taufte ihn aber in Botany Bay um, als er bemerkte, welche Mengen pflanzlicher Präparate Banks und Solander da zusammengetragen hatten.

Cook vermaß die Bucht und fertigte eine exakte Karte an. Die Mannschaft bunkerte Süßwasser, Holz und Nahrung. Im seichten Wasser machten die Matrosen überaus reiche Fischbeute.

Plötzlich waren die Eingeborenen wieder da. Lautlos, drohend rückten sie langsam heran, in den Fäusten lange Speere. Die Weißen packten ihre Musketen, und Cook befahl den Rückzug ins Beiboot. Ein Speer wirbelte durch die Luft und bohrte sich vor Sergeant Gibson in den Boden. Fast hätte Joseph Banks die Nerven verloren und auf die Schwarzen geschossen.

Schließlich hatten sich alle in die kleine Barkasse gerettet und ruderten aus Leibeskräften auf die Bay hinaus, der ENDEAVOUR zu. Man bedauerte, die vielen Fische am Strand lassen zu müssen. Cook war über den Vorfall nachdenklich geworden. Wahrscheinlich hatten er und seine Leute sich falsch verhalten. Es mußte mit der Menge der Fischnahrung zusammenhängen. Den Schwarzen schien es wichtig zu sein, daß nur gefischt wurde, was auch selbst gegessen werden konnte. »Die Eingeborenen hielten uns für gierig und unersättlich«, schrieb er. »Ein Verhalten, das bestraft werden mußte, weil es ihre Nahrungsgrundlage bedrohte.«

An Land war man nun zurückhaltender. Als die Wissenschaftler ihre Arbeit abgeschlossen hatten, wurde ein Schild angefertigt und der Union Jack gehißt. Die Männer grüßten die Flagge. Das Schild mit der Aufschrift: BOTANY BAY. LT. JAMES COOK, BARK ENDEAVOUR, 28. APRIL 1770 wurde in den Boden geschlagen.

Erleichterung erfüllte alle, als die Segel gesetzt wurden und das Schiff aus der Bucht glitt. Alle waren froh, das Land mit den stummen, bedrohlichen Bewohnern verlassen zu können. Doch man segelte nach Norden, einer neuen großen Gefahr entgegen. Niemand ahnte, daß das, was auf Schiff und Crew lauerte, ums Haar ein Friedhof für Cook und seine Crew geworden wäre.

Am Endeavour-Fluß

Cooktown, Australien, im Mai 1993

Charly Roberts lernte ich unter wenig erfreulichen Umständen kennen, und zwar in der Stehbierkneipe *Tropical Breeze* in Cooktown. Der malerische Hafen liegt an der Endeavour-Flußmündung, im Schutz der Korallenbänke des Great Barrier Reef. Roberts erschien mit einigen Kollegen und stellte sich zu mir an den Tisch. Wir redeten über dies und das. Er schüttete sich die Biere wie ein Kampftrinker in den Hals und zog plötzlich mächtig über die Weißen her. Seine tiefliegenden Augen flackerten wie glühende Kohlen. Er gestikulierte aufgebracht, wurde aber nicht handgreiflich. Vom Wirt und von den Nachbartischen erntete er böse Blicke, aber die brachten ihn erst richtig in Fahrt. Als er aus Versehen mein Glas umwarf, trat der Wirt dazwischen und expedierte Charly mit einem Fußtritt durch die Tür aufs Pflaster. Bei dem Gedanken, daß der Aborigine draußen im Rinnstein lag, schmeckte mir das Bier nicht mehr. Mit einem seiner weniger betrunkenen Kumpels kümmerte ich mich um ihn.

So kam es, daß wir tags darauf gemeinsam zum Grassy Hill Light House hinaufstiegen, von wo aus man einen guten Blick über Riff, Meer und den kleinen Hafen in der Flußmündung hatte.

Auf dem Weg zum Leuchtturm machte mir Charly pausenlos Vorwürfe. Ich hätte ihn liegenlassen sollen, von Weißen wolle er sich nicht helfen lassen. Die sollten über die besoffen herumliegenden Wracks der Schwarzen stürzen und sich den Hals brechen. Seine Wut auf Weiße saß tief. Und er fühlte sich von mir zum Fremdenführer »degradiert«. Als er sich endlich etwas beruhigt hatte, erfuhr ich, daß er eigentlich Tjakamarra hieß, Lehrer und später Lastwagenfahrer gewesen war. Das war, bevor er regelmäßig zu trinken begonnen hatte.

»Mit Cook fing unser aller Elend an!« sagte er oben auf dem Hügel. »Seine Entdeckungen haben die Menschen auf dieser Erdhälfte zerstört.«

»Wär's Cook nicht, wär's ein anderer gewesen«, antwortete ich.

»Die Briten waren teuflisch systematisch. Holländer und Franzosen wären anders vorgegangen, hätten nicht 200 000 Verbrecher bei uns abgeladen.«

»Für alle Naturvölker ist die Zivilisation der Untergang.«

»Schon 18 Jahre nach dem Kapitän kamen die ersten Kriminellen. Bald darauf erteilten die Behörden die Erlaubnis, ›Boongs‹ – so beschimpfte man uns – abzuschießen wie die Kanickel! Schau' mich an. Ich bin ein Zerrbild meiner Rasse. Bis ins Mark verkommen, ohne Halt und Bindung. Wir Älteren saufen, die Jugend ist dem Petrolsniffing verfallen! Der Teufel Brandy hindert uns am Schreien, am Hassen – er hilft uns beim Sterben.«

Ich war erschüttert und bedrückt von so viel Selbstmitleid. Und mir war, als habe ein Volk hier seine Kraft verloren und sich aufgegeben. An allem sollte Cook die Schuld tragen? In der Tat hat die Konfrontation mit den Weißen Australiens Ureinwohner in ihren Grundfesten erschüttert. Wo immer wir Aborigines begegneten, in den Slums der Städte oder in der Wüste, saßen sie meist auf dem Erdboden und träumten. »Erdhocker« wurden sie abfällig genannt, lebensuntüchtige Tagträumer. Aber was hat die Ureinwohner Australiens so an Leib und Seele gebrochen? Cook hatte es in der Botany Bay geahnt: der Konflikt mit einer Gesellschaftsordnung der Besitzlosen, denn sie waren Kommunisten im edelsten Sinne des Wortes gewesen. Und der Verlust ihres »Mutter-Erde-Mythos«. Das erfuhr ich an diesem Morgen über dem Endeavour-Fluß von Charly Roberts. Es fiel ihm schwer, darüber mit einem Weißen zu sprechen, sehr schwer sogar. Hernach weinte er. Ich hatte noch nie einen Schwarzen weinen gesehen.

»Wir entstammen der Traumzeit«, sagte er. »Die Traumzeitwesen Bugari und Palana schlüpften in der anfangslosen Urzeit Lalai aus dem Schoß der Erde und ließen alle Lebewesen entstehen. Die Traumzeitwesen wurden ihrer viele und ließen sich an verschiedenen Plätzen nieder: an Flüssen, Bäumen, in Höhlen. Überall auf der Erde haben sie ihre magischen Kräfte hinterlassen.«

Ich wußte, daß Erde und Land bei den Aborigines eine elementare Bedeutung hatten. Ihr mystisches Verhältnis zum Boden, und sei er noch so karg, ist für den Europäer unfaßbar.

»Die Erde steht im Mittelpunkt unseres Seins«, fuhr Charles fort. »Wir sind entwurzelt, der Sinn unserer Existenz ist dahin, wenn sie uns genommen wird. Der Aborigine ist von den Traumzeitwesen als Treuhänder eingesetzt worden, um die Erde vor Zerstörung und äußeren Veränderungen zu bewahren. Wie können wir glücklich sein, wenn wir tatenlos zusehen müssen, wie der Weiße die Erde für seinen Energiehunger aufreißt, schändet und durch Raubbau entweiht?«

Ich schaute über das Meer, es changierte in den Farben Dunkelblau bis Hellgrün. Ich erkannte, wo das Wasser tief war und wo die Korallenbänke bis fast an die Oberfläche wuchsen. Die Aborigines lebten seit 100 000 Jahren in Australien, waren die »Zuerst-Dagewesenen«.

Jetzt waren sie die letzten.

Tjakamarra folgte meinem Blick und sprach in Richtung Ozean: »Aber da gibt es noch etwas: die Songlines. Das sind Traumpfade – für euch labyrinthischer, unverständlicher Zauber, für uns wichtige Wege, an denen entlang die Ahnen der Traumzeit über den ganzen Kontinent wanderten und singend die Natur benannten, die ihren Weg kreuzte: Felsen, Wasserlöcher, Pflanzen und Tiere. So wurde die Traumwelt in die Wirklichkeit gesungen.« Bis heute dürfen die Traumpfade nur von Aborigines in Kenntnis bestimmter Liedstrophen überschritten werden. Damit war der Konflikt mit den Erdölfirmen und den Landvermessern der Eisenbahngesellschaften unausweichlich und unversöhnlich. »Wir mußten uns eurer Technik beugen. Hilflosigkeit macht so furchtbar traurig!«

Und mittels ihrer Technik gelangten die ruhelosen, auf Entdeckung und Eroberung programmierten Weißen an dieses Gestade. Angeschlagen zwar, aber immer noch fähig, Daten zu sammeln, zu ordnen, niederzuschreiben und anderen zu übermitteln. Andere und wieder andere folgten rasch, bevölkerten das Land auf der anderen Seite des Globus und machten sich die Erde untertan. Wohl wahr: Cook brachte den Beginn einer neuen Zeit.

Mit schwerer Schlagseite und mit einem großen Leck im Rumpf kam die Endeavour die Küste heraufgesegelt. Fast hätte das furchtbare, unglaublich lange Riff das Schiff mit Mann und Maus vernichtet. Doch kaltblütig, wie Cook in gefährlichen Situationen war, entkam er dem nassen Tod und segelte in die Mündung eines Flusses, den er Endeavour River nannte. Nach sieben Wochen war das Schiff repariert und wieder seetüchtig. Bevor sich der Kapitän erneut in den Korallenirrgarten begab, stand er oben auf

Die leckgeschlagene Endeavour wurde 1770 am Ufer der Endeavour-Flußmündung repariert (Zeichnung von W. Byrne nach einer Skizze von S. Parkinson).

dem Grassy Hill und blickte sorgenvoll über den Pazifik. Er suchte eine Durchfahrt zum offenen Ozean. Das Riff bezwang er schließlich, aber den Tod vieler Seeleute und mancher Offiziere konnte er nicht verhindern.

Dieser unfreiwillige Ankerplatz am Fluß wurde das spätere Cooktown. Es zählte um 1873, zu Goldrauschzeiten, 40 000 Einwohner. Heute leben kaum 600 Menschen in dem verschlafenen Nest, das von Touristen und der Erinnerung an Cook zehrt. Die Erinnerung hält das Cook Historical Museum in der Helen Street wach. Und einmal im Jahr, am 19. Juni, schlüpfen traditionsbewußte Bürger in alte Uniformen, stülpen sich den Dreispitz auf, ergreifen Museumsmusketen und rudern in einem Boot aufs Meer, drehen und vollziehen Cooks Landung nach.

Das Museum ist ein schöner weißer Bau. Keine geringere als Königin Elizabeth II. von England hat ihn 1970, zum 200. Jahrestag, persönlich eröffnet. Doch Tjakamarra weigerte sich strikt, mit mir das Gebäude zu betreten. Es käme einem Verrat »an seiner Sache« gleich. Eigentlich wollte auch ich kein Museum mehr besuchen, aber irgendeine Ahnung trieb mich dann doch hinein. Immerhin hatte ich vor zwei Jahren in diesem Haus schon einmal eine Entdeckung gemacht.

Damals hatte ich mich in einem schummrigen Raum im ersten Stockwerk über eine wackelige Vitrine gebeugt, die gefüllt war mit alten Karten, allerlei Schriftstücken und abgegriffenen Büchern. Was ich seit der Lesestunde im Foyles suchte, ob es hier zu finden war? Tatsächlich, da lugte sie hervor: Heinrich Zimmermanns, aus Wißloch in der Pfalz, »Reise um die Welt, mit Capitain Cook«, erschienen bei C. F. Schwan, Kuhrfürstliche Hofbuchhändler, Mannheim 1781. Die erste, die Originalausgabe! Mich hatte das Entdeckerfieber gepackt, und der Museumsdirektor konnte es mir nachfühlen, schloß die Vitrine auf und ließ mich in Zimmermanns Buch blättern und lesen. Die altdeutsche Druckschrift, die Orthographie, die ungeläufige Diktion – einfach köstlich: »Ich wollte, nach dem mir angebohrnen frischen Pfälzer muthe auch noch versuchen, wie es auf der See hergehe, und da in dem Jahre 1776 von dem Königreich Großbrittanien zwei Kriegsschaluppen, nemlich die alte RESOLUTION und DISCOVERY auf neue Entdeckungen ausgeschicket wurden, so gieng ich unterm 11 Merz nemlichen Jahres auf letzterer als Matros in Dienste.«

Rasch schlug mich in den Bann, was Zimmermann zu erzählen wußte. Der Handwerker und einfache Matrose war angesteckt vom aufklärerisch humanistischen Zeitgeist, der ja erst die wissenschaftlich-wirtschaftlichen Entdeckungsreisen nach Art Cooks ermöglichte, und berichtete in einer ungemein erfrischenden, persönlichen Art: »Auch habe ich mich, mit gutem Bedacht, aller Erzählungen des Schiff-Manövers enthalten, und nicht zu bestimmen gewagt, wie oft wir bey stürmischem Wetter die Seegel einrefften oder gar einbüßten, wie viel Wendungen wir machten, um eine Landspitze zu umfahren, und wie oft das Schiff unserm Palinurus zum Trotz ungehorsam ward.«

Ich erfuhr allerlei Bemerkenswertes über den Autor: seine Herkunft, seine Wanderjahre, sein trickreiches Anheuern (da er als Deutscher nicht genommen worden wäre). Auch seine Motivation, streng Verbotenes zu tun, nämlich einen Reisebericht zu verfassen: »Hatte ich denn mein Gedächtnis verkauft? Und wenn mir dieses von dem, was ich gesehen habe, eine Erinnerung bringet, warum dürfte ich das nicht auf meine Art erzählen?«

Auch über Cook erfuhr ich mehr und Intimes am Endeavour-Fluß. Das Museum hatte ich gegen Abend verlassen und war auf den Grassy Hill gestiegen. Cooks Reisen liefen vor meinem geistigen Auge ab, plastisch, nah, ungeordnet noch, doch irgendwie glaubte ich, dabei zu sein. In diesem Moment hob sich das Standbild Cooks schwarz und mächtig vor dem roten Feuerball der Sonne ab, die im Begriff war, im Fluß zu ertrinken. Es war, als flösse durch das letzte Licht Leben in Cooks Monument. Er bewegte sich, setzte das Glas ans Auge und blickte in die Ferne, ganz ruhig, ganz gelassen. Ich wußte, endlich war es soweit: Ich vermochte zurück ins Jahr 1769 zu sehen, konnte mit ihm auf die erste große Reise gehen. Endlich schien mir alles klar, wohlgeordnet und reif, durchlebt zu werden. So ließ ich mich am Ufer des träge fließenden Endeavour auf Cook ein.

2. Fiktion »Südland« oder Die erste Reise

Plymouth, im August 1768
Von dort um die Welt bis Juli 1771

Am Nachmittag des 25. August 1768 schob sich ein schwerbefrachteter Rahsegler aus dem Hafen von Plymouth, Südengland. Es war die HMS ENDEAVOUR, ein 366-t-Kohlenpott, in Fachkreisen Whitby-Cat genannt und fürwahr kein Renommierschiff der britischen Admiralität: bauchig, plump, höchstens sechs Knoten schnell. An Bord befand sich eine bemerkenswerte Crew von 100 Personen im Alter zwischen zwölf und 49 Jahren: fünf Offiziere, 88 Seeleute, Naturwissenschaftler und Kunstmaler, Diener und Assistenten. Der Kommandant des Schiffs war James Cook, der Landarbeitersohn aus Marton. Die ENDEAVOUR trat eine Expedition an, die bedeutendste, die Großbritannien in dieser Zeit entsandte, und Cook war neben seiner Eigenschaft als Schiffsführer auch Expeditionsleiter.

Der Expeditionsauftrag war in einen offiziellen und einen geheimen unterteilt. Den offiziellen hatte Cook bei Übernahme von Kanonen und Munition in Galleon's Reach knapp einen Monat zuvor erhalten. Darin wurde nach Rücksprache mit der Königlichen Naturwissenschaftlichen Gesellschaft angeordnet, daß die ENDEAVOUR über das Kap Horn nach der König-George-III.-Insel (Tahiti) segeln sollte, um im Juni 1769 den Gang der Venus über die Sonnenscheibe (Transit of Venus) zu beobachten. Aus den ermittelten Daten erhofften sich die Wissenschaftler wichtige navigatorische Erkenntnisse.

Mit dem Geheimauftrag verfolgte die Admiralität strategisch-koloniale Ziele. Das jedenfalls konnte sich Cook zusammenreimen. Er hatte bereits von der fixen Idee eines Wissenschaftlers namens Dalrymple gehört, daß ein grüner Südkontinent existiere. Das war aber auch alles, denn die Anweisung war so geheim, daß selbst der Kapitän das Siegel der Schatulle erst brechen durfte, wenn er den ersten, offiziellen Auftrag ausgeführt hatte.

Cook stand auf dem Achterdeck. Der günstige Wind briste auf. Die Bark hob und senkte sich in der schweren Dünung des nahen Ozeans. Cook beobachtete das Treiben seiner Leute. Da war Zachariah Hicks als Zweiter und John Gore als Dritter Offizier. Master der ENDEAVOUR war Robert Molineux, dem Charles Clerke

Der junge Botaniker Joseph Banks, zahlender Gast auf Cooks ENDEAVOUR (Gemälde von Benjamin West).

als Gehilfe und John Gathray als Bootsmann unterstanden – alles Fahrensleute wie er, die er einzuschätzen verstand. Doch wie würde sich das Zusammenleben mit Joseph Banks gestalten, dem jungen, arroganten Sohn reicher Eltern und vielversprechenden Botaniker, von dem es hieß, er habe ein Vermögen von 12000 Pfund gezahlt, um mit seinem Gefolge dabei zu sein? Hinzu kam, daß seine Familie in den höchsten Kreisen verkehrte und Joseph selbst Kontakt mit einflußreichen Leuten pflegte.

Dann war da der pausbackige Dr. Daniel Solander, ein anerkannter Wissenschaftler. Wie würde sich dieser Individualist im engen Schiffsrumpf, in Wochen zermürbender Eintönigkeit bei harter See und schlimmem Wetter verhalten? Mit dem schmächtigen Kunstmaler Sydney Parkinson würde Cook schon fertigwerden. Aber auch mit Charles Green, dem königlichen Astronom, mit dem zweiten Botaniker Buchan, dem Sekretär Hermann Sporing, zwei Lakaien und den zwei schwarzen Dienern Banks'? Das reinste Zirkusschiff! Cook schüttelte den Kopf, verließ das Deck und stieg in seine enge Kajüte hinab. Eng war alles auf der ENDEAVOUR, eng und bis zum Bersten vollgestopft. Allein der Proviant und das Trinkwasser für 18 Monate verschlangen immensen Stauraum. Die große Kapitänskajüte beanspruchten die Wissenschaftler für Bücher, allerlei Geräte, Karten für zu sammelnde Präparate und vieles mehr. Cook selbst bewohnte deshalb eine kleine Seitenkabine mit geringer Stehhöhe.

Er ließ sich auf einem Stuhl nieder, zog aus dem Regal eine Rolle mit Schriftstücken und überflog noch einmal seine Anweisungen. Wog die versiegelte Schatulle in Händen und schob dann alles ins Regal zurück. Er hörte auf die vertrauten Schiffsgeräusche und dachte an die vergangenen Monate.

Vieles war geschehen, seit sich die Admiralität im Frühjahr 1768 mit ihm beschäftigt hatte, und alles begann mit den Plänen der Royal Society, Anfang November 1767, den seltenen Venustransit zu beobachten. Dazu mußte, der günstigen Wetterbedingungen wegen, in die ferne Südsee gesegelt werden. Ein Komitee der Gesellschaft schlug außer dem Astronomen Green den Kartographen Alexander Dalrymple für die Expedition vor. Dalrymple war in mancherlei Hinsicht eine merkwürdige Persönlichkeit: Einerseits galt er als hervorragender Wissenschaftler, andererseits litt er an Großmannssucht bei totaler Selbstüberschätzung und bestand darauf – bar jeder seemännischen Erfahrung –, das Kommando über Schiff und Expedition zu erhalten. Die Gesellschaft akzeptierte, konnte sie die nautischen Qualitäten des anmaßenden Sonderlings doch nicht beurteilen, und wandte sich an König George III. um ein geeignetes Schiff. Der König forderte einen Großsegler von der zuständigen Admiralität, und somit waren die Seelords auch für die Personalfrage verantwortlich. Man rieb sich die Hände. Die Pläne der Königlichen Gesellschaft bildeten eine willkommene Tarnung für die geheimen Absichten des Marineoberkommandos, das legendäre Südland in Besitz zu nehmen. Alexander Dalrymple war ein leidenschaftlicher Verfechter der Existenz eines riesigen Kontinents auf der südlichen Hemisphäre, hielt Vorträge darüber und ließ entsprechende Karten anfertigen. Der Admiralität gefiel der Gedanke, einen neuen, »wohltemperierten« Erdteil – keine Antarktis – zu entdecken und für Großbritannien zu annektieren.

Aber auf gar keinen Fall wollte sie das Kommando über eine derart wichtige Expedition einem obskuren Zivilisten übertragen. Admiral Hawke, der Erste Lord, wetterte: »Eher opfere ich meine rechte Hand, als einem Mann, der nicht zur Navy gehört, das Kommando über ein königliches Schiff zu geben!« Man brauchte einen Fachmann, der gleichzeitig Schiffsführer, Hydrograph und Geometer war. Die beiden Weltumsegler Admiral Byron und Kapitän Wallis wurden diskutiert, aber sie hatten sich nicht gerade mit Ruhm bekleckert: Byron, der sagenhafte Schlechtwetter-Jack, hatte sich im Pazifik hoffnungslos verirrt und war nur durch Zufall wieder nach Hause gekommen. Und Wallis hatte zwar Tahiti gefunden, war aber nicht in der Lage gewesen, die Insel zu vermessen.

Doch Hugh Palliser, einst Kapitän der EAGLE, kannte einen Mann, den er guten Gewissens vorschlagen konnte: den Segelmeister James Cook. Nur eine Voraussetzung fehlte ihm: Er war seiner Herkunft wegen immer noch kein Offizier. Aber Leistung ging vor Dünkel, und die Admiralität beförderte den Segelmeister im Mai des folgenden Jahres zum Kapitänleutnant; gleichzeitig bestätigte sie ihn als Kommandant der Expedition. Alexander Dalrymple war aufs tiefste verletzt.

Auf Cooks Vorschlag hin erwarb die Navy ein Kohlenschiff für die Expedition, eine Wahl, die einiges Aufsehen, Erstaunen und Kopfschütteln verursachte. »Eine der hervorstechendsten Eigenschaften einer Cat (Kohlenschiff) ist ihre Häßlichkeit«, wurde gespottet. War ein solcher Pott der Seemacht Britannien würdig? Die EARL OF PEMBROKE, wie die ENDEAVOUR beim Kauf noch hieß, war lächerlich klein, besaß eine breite, plumpe Back, eine hochgezogene Achterkajüte und ein quadratisches Heck. Bei besten Bedingungen schaffte sie unter vollem Tuch höchstens sieben Knoten. Cook aber sah in ihr ganz andere Eigenschaften, und die überzeugten schließlich auch die auf schnelle und rassige Segler versessenen Lords: großer Stauraum, einfach zu bedienende Takelage, geringer Tiefgang, garantierte Manövrierfähigkeit in flachen Küstengewässern. Cook schwor eben auf die ihm vertrauten Whitby-Cats.

Die ENDEAVOUR verholte in die Docks von Deptford und wurde dort umfangreichen Überholungsarbeiten unterzogen: Sie bekam neue Segel und einen Loskiel, der den Rumpf vor Schiffsbohrwürmern schützen sollte. Ein neues Achterdeck wurde eingezogen, dazu ein Zwischendeck und Niedergänge, denn das 32 Meter lange und 9 Meter breite Schiff hatte 80 Personen zusätzlich aufzunehmen.

An Deck wurden Pallungen für ein Großboot, eine Pinasse und eine Jolle errichtet, mit den zugehörigen Taljen. Cook ließ nachträglich Kombüse, Segelkoje und Schmiede einbauen. Er war auf größte Sorgfalt der Arbeiten bedacht und kümmerte sich unermüdlich von früh bis spät um sein Schiff. Für die Wehrhaftigkeit der ENDEAVOUR sorgten ein Dutzend Seesoldaten, Munition für Gewehre und zwölf Drehbassen.

Viel wichtiger waren in Cooks Augen die wissenschaftlichen Geräte für eine genaue Beobachtung des Venusdurchgangs, Waren zum Tausch und als Geschenke für die Eingeborenen, die

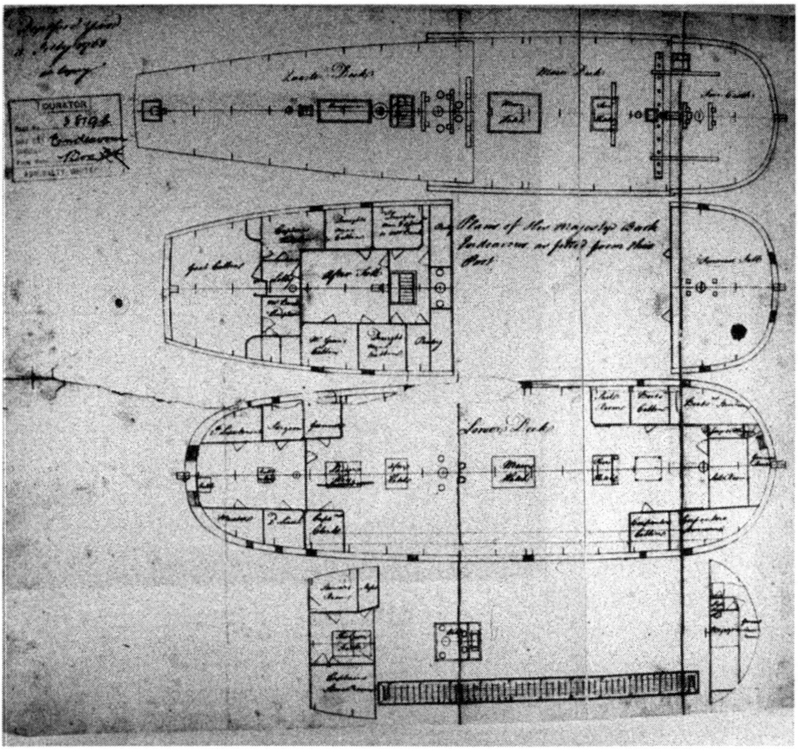

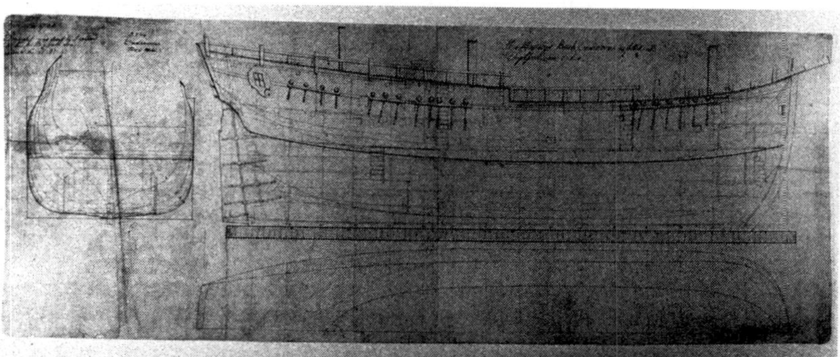

Die Originalpläne der 1768 in Deptford umgerüsteten Bark ENDEAVOUR. Oben Deckspläne, unten Schnitte.

medizinische Ausrüstung und geeignete Verpflegung. Die Geißel der Hochseefahrt, Skorbut, war eine Folge falscher Ernährung durch verwurmtes Pökelfleisch und alten Schiffszwieback.

Cook grinste in sich hinein, als er an die verdutzten Gesichter Gores und Dr. Monkhouses dachte. Sein Befehl lautete: »Über Bord mit dem Saufraß. Frischfleisch, Sauerkraut, Zitronensaft und Malz bunkern!« Natürlich wußte der Kommandant, daß kein englischer Seemann freiwillig deutsches Sauerkraut essen würde – selbst dann nicht, wenn es ihn gesund erhielt. Aber Cook war entschlossen, den sturen Teerjacken das Sauerkraut in den Leib zu prügeln – pro Mann und Tag zwei Pfund, dazu einen Schluck Zitronensaft: »Auf meinem Schiff stirbt keiner an Skorbut!«

Allein in seiner Kajüte, dachte Cook auch an seine Frau Elizabeth. Sie war mit ihrem vierten Kind schwanger. Es würde zur Welt kommen, wenn er Kap Horn umrundete. Er hoffte auf einen Jungen...

In der zweiten Septemberwoche erreichte die Expedition Madeira und nahm dort einen lebenden Ochsen, Frischgemüse – besonders Zwiebeln – und 14000 Liter Wein an Bord. Schließlich gab es noch allerlei Selbstgebrautes aus Borddestillen, zusammen rund 300 Liter pro Gurgel. Das reichte für anständige Besäufnisse.

Auf der Reede von Funchal ereignete sich ein tragischer Zwischenfall: Der Hauptmaat verfing sich im Ankertau und wurde auf den Meeresgrund gerissen. Bis das Tau hochgehievt werden konnte, war der Mann tot. Aber für Seeleute auf großer Fahrt gehörte der Tod damals zum täglichen Leben. Kapitäne, die 70 Prozent ihrer ursprünglichen Mannschaft lebend heimbrachten, konnten stolz sein. Wenige Tage später spürten ein Matrose und ein Seesoldat die neunschwänzige Katze auf ihrem Rücken tanzen. Sie hatten sich der Anweisung, Frischfleisch zu essen, widersetzt. Unglaublich, wie starrsinnig die Fahrensleute ihrem alten Pökelfleisch anhingen!

Der Äquator wurde überquert, und die rauhe Taufprozedur mit Einseifen und Wurf von der Großrah in die See bildete eine lustige Abwechslung. Man befand sich in den Mallungen, im Kalmengürtel also. Zwanzig außenbords planschende Täuflinge, meist Nichtschwimmer, ließen sich in der windstillen Zone ohne Mühe an Bord zurückholen.

Cook erkannte die gesund erhaltende Wirkung von Schlaf und stellte die Wache auf einen Dreierrhythmus um. So kam die Mannschaft in den Genuß von acht Stunden Schlaf statt bisher nur vier.

An Weihnachten kreuzte die ENDEAVOUR zwischen Rio de Janeiro und dem Kap Horn. Die Schiffsführung bewilligte die Ausgabe von Alkohol, und die Männer feierten auf ihre Weise. Joseph Banks hielt entsetzt fest: »Alle Leute betranken sich abscheulich, während der Nacht gab es kaum einen nüchternen Mann auf dem Schiff. Gott sei Dank ist der Wind mäßig – sonst weiß der Himmel, was aus uns geworden wäre.« Cook kommentierte trocken, fast verständnisvoll: »Da gestern Weihnachten gefeiert wurde, waren die Leute nicht gerade nüchtern.«

Die Südspitze Amerikas rückte näher, das Wetter wurde schlechter, und die Temperaturen sanken. Cook entschloß sich, ums Kap Horn zu gehen. Der weniger groben See wegen wurde bisweilen die Magellanstraße bevorzugt, die allerdings barg den Nachteil eingeschränkten Manövrierraums.

Was es für die Männer vor dem Mast hieß, mit einem Großsegler das Kap zu runden, beschrieb Heinrich Hauser, der dort 1930 mit der PAMIR unterwegs war: »Jetzt ist, infolge der Strapazen, in den letzten Wochen eine Flut von Entzündungen, Salzwasserbeulen und Furunkeln ausgebrochen. Ölzeug und Salz hat die Haut kaputt gescheuert. Teer, Rost, Holzsplitter und jede Art von Dreck haben sich eingefressen. Die alte Seemannstradition macht die Sache noch schlimmer: Am Kap Horn, von fünfzig bis zu fünfzig Grad, wäscht man sich nicht, und wenn es sechs Wochen dauert... Ich operiere jetzt täglich zwei bis drei Mann. Manchmal sind das kaum mehr Hände, die da zu uns kommen: Hornhautklumpen mit tiefen Schrunden voll schwarzem Dreck, rohes, aufgerissenes Fleisch, dick geschwollene Gelenke voll Eiter unter der Haut. Unser Verbandszeug geht zu Ende, auch die große Flasche Kreosot.«

Als Feuerland am 11. Januar 1769 in Sicht kam, wurden die Wissenschaftler, allen voran Banks, von großer Unruhe gepackt. Sie wollten unbedingt an Land gehen, um ihre Sammlung südamerikanischer Pflanzen zu ergänzen. Cook gestattete Banks, Solander, Monkhouse, Green und den Dienern den Landgang. Am zweiten Tag schlug das Wetter um. Höllischer Sturm peitschte den Männern waagerecht Schnee ins Gesicht. Der Ausflug wurde zum Überlebenskampf, der für die beiden schwarzen Diener Banks' tödlich endete. Die übrigen der Gruppe rettete nur ein Wunder. Cook war erleichtert, die Vermißten wieder an Bord zu haben. Ohne Banks hätte England ihn sicher nicht willkommen geheißen.

Nun wurde dicht unter Land weitergesegelt, so daß der Kommandant neben dem Navigieren Zeit fand, Meerestiefe und Küste zu vermessen, außerdem eine genaue Uferbeschreibung zu verfassen. Das unterschied Cook von anderen Kapitänen, die sich um ihr Schiff, aber um sonst nichts kümmerten. Die ENDEAVOUR drang in den folgenden Wochen weiter und weiter in den Stillen Ozean vor. Das Wetter war zwar freundlich, doch bisweilen schlugen Brecher wie mächtige Vorschlaghammer nieder, und einer zertrümmerte sogar den Klüverbaum.

Die Bestimmung des eigenen Standorts machte Cook zur stetigen Übung. Einen Arm in die Webeleinen gesteckt, packte er den Sextanten und maß Winkelhöhen von Sonne, Mond und Fixsternen: keine einfache Prozedur auf hoher See, aber eine lohnende. Mit Cook erschien erstmals ein Seemann in den Weiten des Pazifiks, der wußte, wo er war, präzise seinen Weg fand und nichts dem Zufall überließ. Seine Vorgänger Drake, Quieros, Bougainville, Tasman, Byron oder Wallis hatten sich da anders verhalten.

Acht Monate nach dem Auslaufen erreichte die ENDEAVOUR Tahiti. Voller Stolz trug Cook ins Logbuch ein: »Kein Mann auf der Krankenliste und an Bord kein einziger Fall von Skorbut.« Aus der Musterrolle waren dennoch fünf Namen gestrichen worden: Vier Mann hatten ihr Leben durch Unfälle verloren, einer hatte Selbstmord begangen.

In der Matavai-Bucht ging die ENDEAVOUR vor Anker. Von der Schönheit Tahitis und seiner Menschen hatte schon Bougainville in seinem Buch »Voyage autour du monde« geschwärmt, da blieb dem nüchternen Briten nichts hinzuzufügen. Wer Tahiti paradiesisch fand, mußte aber auch wissen, daß die liebreizenden, goldbraunen Menschen Kindestötungen und Ritualmorde begingen und die grausamsten Stammeskämpfe Polynesiens austrugen. Außerdem beherrschten sie Raub und Diebstahl so perfekt, daß sie Cook damit schier zur Verzweiflung trieben.

Gore, der Zweite Offizier, hatte die Tahitianer unter Wallis auf der DOLPHIN erlebt und warnte Cook vor ihrer Unberechenbarkeit. Hunderte von Kanus, in denen heitere Menschen fröhlich mit Palmwedeln winkten, hatten die ENDEAVOUR eingekreist. Dennoch wurde sicherheitshalber ein Vierpfünder feuerbereit gemacht und ausgerannt. »Taio – taio«, riefen die Menschen. Gore übersetzte: »Freund – Freund. Und die grünen Zweige sind Friedenszeichen.«

Gore wurde vom Dorfhäuptling Owhaa wiedererkannt, das sicherte der Expedition Gastfreundschaft. Cook warnte seine Mannschaft, die Sitten und Gebräuche der Tahitianer zu respektieren, und verbot jede Form von Gewalt. Danach trat man den Landgang an.

Cook, Banks und weitere Wissenschaftler durchstreiften das Hinterland und knüpften Kontakte mit Leuten, die auf der König-George-Insel (Tahiti) etwas zu sagen hatten. Die Mannschaft frönte dem Tauschhandel mit dem Ziel, sich Zuneigung und Gunst der im Liebesgeschäft unkomplizierten Mädchen zu sichern. »Eisennägel gegen Liebesdienste«, dieses Prinzip hatte schon Kapitän Wallis mit seinen Offizieren an den Rand des Wahnsinns gebracht, denn der Rahsegler wurde zusehends demontiert.

Eines Nachmittags wohnte Cook mit seinem Gefolge einer jener Tanzveranstaltungen bei, bei denen Frauen und Mädchen das aufreizende Hüftkreisen demonstrierten. Die Männer waren so hingerissen, daß die emsigen Taschendiebe unbemerkt blieben. Je später der Abend, desto mehr Pärchen verdrückten sich ins

1

1 Kaŭai, Waimea: Wo heute Touristen den Sonnenuntergang genießen, befand sich einst Cooks Landeplatz.

2 Hugh Palliser spielte im Leben des James Cook eine wichtige Rolle. (Ölgemälde von Nathaniel Dance)

3 Ein weniger bekanntes Porträt von Cook. (Ölgemälde von William Hodges)

4 Weltkarte von John Speed. So stellte man sich die Kontinente und Meere im 17. Jahrhundert vor.

3

2

4

5

6

7

5 Die Docks von Deptford um 1770. Der Maler John Cleveley the Elder hielt den Stapellauf der St. Albans in Öl fest.

6 John Montagu, 4. Graf von Sandwich, war ein Förderer der dritten Reise unter Cooks Kommando. (Gemälde von Thomas Gainsborough)

7 Das Modell der Bark Endeavour – des ersten Expeditionsschiffes – gestattet einen Blick in den großen Laderaum.

8

8 Kapitän Cook „blickt“ über den Endeavour-Fluß in die Abendsonne. (Standbild in Cooktown, Ostaustralien)

9 Botany Bay: Aborigines feiern ein Volksfest, wo vor 225 Jahren Cook anlegte und den Küstenstreifen erkundete.

9

Dunkel eines Palmenhains. Nun war die Reihe an Cook, er sollte mit der drallen Königin Oberea verkuppelt werden. Aber der Kapitän verstand es, sich dieser Pflicht zu entziehen, ohne die Regentin zu brüskieren.

Leutnant Hicks war der erste, der merkte, daß die Briten nicht nur ins Paradies der Liebe, sondern auch in eines der Diebe geraten waren. Er meldete Cook: »Dr. Solander vermißt seine Schnupftabaksdose, Mr. Parkinson ein Brillenfutteral, Mr. Green ein Taschentuch, Dr. Monkhouse eine Schnalle am Schuh.«

In einer der folgenden Nächte saß Cook in der großen Kajüte und studierte eine Seekarte, den Kopf in die Hände gestützt. Doch er konnte sich nicht konzentrieren, Sorgen fraßen an ihm. Er ahnte, daß es früher oder später zu Disziplinlosigkeit, Unruhe und Gewalt kommen würde. Die Tahitianer stahlen wie die Raben. Seine Männer erkauften sich die Liebesdienste oder wurden selbst zu Dieben, um den Forderungen der Mädchen nachzukommen. Wenn er in die Nacht horchte, vernahm er helle und rauhe Stimmen, dazu das Plätschern der vielen Kanus, die um die ENDEAVOUR kreisten. Und in den Kojen wurden seinen schmachtenden Matrosen die Kleider vom Leibe gestohlen.

Disziplin mußte gewahrt bleiben, notfalls mit drakonischen Strafen. Schließlich hatte er einen Auftrag zu erfüllen: die Beobachtung des Venustransits und eine möglichst exakte Vermessung von Tahiti. Cook ahnte in jener Nacht, daß sein Aufenthalt von allerlei Konflikten erschüttert werden würde.

Erst einmal wurde der Vollmatrose Jeffs einer Frau gegenüber handgreiflich und prügelte sich mit einem zu Hilfe eilenden Insulaner. Zur Rede gestellt, kam heraus, daß Jeffs der Frau gewaltsam eine Axt hatte entwenden wollen. Cook ließ den Matrosen auspeitschen.

Für das geplante Behelfsobservatorium war ein Platz gefunden worden. Aus Sicherheitsgründen baute man für die optischen Geräte eine Hütte und Zelte, wo Küche, Schmiede und Feldbetten Platz fanden. Alles wurde von Gräben, Erdwällen und Palisaden umgeben. »Fort Venus« hieß die Anlage. Die Tahitianer halfen bereitwillig. Cook war von der guten Zusammenarbeit begeistert und ging mit Banks auf Entenjagd. Vor dem Fort hatte ein Marinesoldat Posten bezogen. An einer hohen Stange flatterte weithin sichtbar der Union Jack...

Plötzlich zerriß ein Schuß die Stille des Vormittags. Er kam aus Richtung Observatorium. Die beiden Männer rannten zurück und fanden am Fort einen toten Insulaner. Nach langwierigen Verhören stellte sich heraus, daß ein Tahitianer den Wachtposten weggestoßen, dessen Muskete ergriffen hatte und damit davongerannt war. Bootsmannsgehilfe Wilkinson eilte herbei, zielte auf den Dieb und erschoß ihn. Cook fällte am nächsten Tag das Urteil in seiner Kajüte: Gibson, der Seesoldat, erhielt zwei Wochen Arrest, sein Sold wurde bis auf weiteres gestrichen. Der Grund: Er hätte besser auf seine Waffe aufpassen müssen. Wilkinson traf keine Strafe, er hatte zwar übereilt, aber richtig gehandelt. Er konnte abtreten.

Der Vorfall wurde rasch vergessen. Das normale Leben ging weiter, begleitet von häufigen Diebstählen, wechselnden Liebschaften, dem unermüdlichen Entdeckerdrang Cooks und der Sammelleidenschaft der Wissenschaftler, allen voran Banks. Bis am 2. Mai etwas passierte, was das unbeschwerte Inseldasein auf eine harte Probe stellte.

An jenem Tag nämlich wurden die astronomischen Instrumente zum Fort transportiert. Das entscheidende Gerät war ein Quadrant, der verpackt in einer soliden Holzkiste ruhte. Bei einem Inspektionsgang entdeckte Cook, daß die Kiste leer war. Die Aufregung war immens und Cooks Wut übermächtig. Ohne das Instrument hätte die Expedition genausogut zu Hause bleiben können. Wie es die Insulaner fertiggebracht hatten, das schwere Gerät aus seiner soliden Kiste und aus dem bewachten Fort zu stehlen, blieb ein Geheimnis. Cook ließ die Bucht abriegeln, beschlagnahmte sämtliche Boote und setzte hohe tahitianische Würdenträger als Geiseln fest. Es war die erste vieler folgenden Geiselnahmen, mit denen Cook sich gewaltsam durchsetzte – bis zu jener verhängnisvollen Aktion auf Hawaii, die er nicht mehr unter Kontrolle hatte.

Im Fall des gestohlenen Quadranten wählte Banks den Weg diplomatischen Verhandelns mit der Königin. Ihm wurde das Versteck der Diebe in den Bergen genannt. Und er erhielt das Gerät tatsächlich unversehrt zurück. Tags darauf erfolgte die Beobachtung des Venusdurchgangs bei strahlendem Wetter. Als die Venus über die Sonnenscheibe gewandert war, brach der Nachmittag an – und Cook fühlte sich als Versager. Über Kontrollrechnungen hatte er festgestellt, daß die ermittelten Daten nahezu wertlos waren, wenngleich nicht ihn oder Mr. Green die Schuld traf, sondern die mangelnde Präzision und das schlechte Auflösungsvermögen der Instrumente. Trotzdem machte er sich arge Vorwürfe.

Nach einer gründlichen Überholung der ENDEAVOUR blieb Cook wenigstens, den zweiten Teil seiner Aufgabe befriedigend zu lösen: Er mußte das große Südland finden! Allein in der Kajüte, las er die bislang versiegelten Instruktionen der Admiralität.

»Geheim: Im Auftrag des Hohen Admirals von Großbritannien. Zusätzliche Instruktionen für Lt. James Cook, betraut mit dem Kommando seiner Majestät Schiff ENDEAVOUR... Alldieweil gewisse Gründe zu der Annahme berechtigen, ein Kontinent oder ein Land großen Ausmaßes sei im Süden jener Zone zu finden, welche Kapitän Wallis bereiste...

Nachdem Ihr die Beobachtung des Durchgangs der Venus abgeschlossen habt, sind die folgenden Instruktionen zu beachten: Ihr sollt gen Süden fahren, um den genannten Kontinent zu entdecken, bis Ihr bei der Breite von 40° angelangt seid, so Ihr ihn nicht zu einem früheren Zeitpunkt antrefft. Doch falls Ihr weder diesen Kontinent noch irgendein Anzeichen seines Vorhandenseins gefunden habt, sollt Ihr die Suche in westlicher Richtung fortsetzen, zwischen der oben erwähnten Breite und der Breite von 35°, bis Ihr ans Ziel gelangt oder auf die östliche Seite des Landes trefft, welches, von Tasman entdeckt, jetzt den Namen Neuseeland trägt.

So Ihr den oben genannten Kontinent entdeckt...« Nun folgten Verhaltensmaßnahmen zur Inbesitznahme, Untersuchung und Vermessung der neuen Landmasse. Die Instruktionen endeten: »... auch sollt Ihr Eure gesamte Mannschaft verpflichten, keinem gegenüber Angaben über die Reise zu machen, ehe die Erlaubnis dazu erteilt wird.«

Unterzeichnet am 30. Juli 1768 Ed. Hawke

Auf Befehl Ihrer Lordschaften: Percy Brett – Ph. Stephens – C. Spencer.

Da bis zum Verlassen Tahitis noch mehrere Wochen verstrichen, ist anzunehmen, daß sich auch Cook nur ungern von den Trauminseln trennte. Überhaupt nicht mehr trennen wollten sich die beiden Matrosen Webb und Gibson; sie desertierten und flüchteten am Tag der Abreise mit ihren Freundinnen in die Berge. Cook reagierte sofort und zwang die Insulaner, Webb und Gibson herbeizuschaffen, indem er wieder einmal ein halbes Dutzend Häuptlinge und sogar die Königin Oberea als Geiseln festsetzte. Banks protestierte gegen diese rüde Maßnahme. Es sei eine Verletzung ihrer *tapu*, ihrer geheiligten Person. Doch Cook blieb unbeugsam, denn für ihn stand die Disziplin der Mannschaft auf dem Spiel. Tatsächlich gaben die Tahitianer das Versteck der Deserteure preis. Gegen Abend verhaftete Fähnrich Clerk die Flüchtigen mit entsicherter Muskete. Bei der nächsten Flut lief die ENDEAVOUR aus. Banks konnte nicht begreifen, daß den Briten nach alledem ein herzlicher Abschied zuteil wurde: »Ein Volk mit einem großen Herzen, das rasch vergibt!«

Aufs Desertieren stand die Todesstrafe, aber Cook ließ Milde walten. Webb und Gibson erhielten je 24 Peitschenhiebe und nahmen alsbald ihren Dienst wieder auf. An Bord befanden sich jetzt zwei neue Passagiere, der Dorfhäuptling Tupia und sein Diener Tiata. Banks hatte sich für ihre Mitnahme eingesetzt, als er merkte, daß der sprachbegabte Tupia an Bord bleiben wollte. Er stellte sich die Attraktion vor, die die Tahitianer in den Londoner Klubs sein würden. Cook, anfangs gegen die exotischen Gäste, willigte schließlich ein, da er Tupia für einen nützlichen Lotsen und Dolmetscher hielt.

Die ENDEAVOUR steuerte auf Nordwestkurs zunächst mehrere Inseln an, auf die als Zeichen der Inbesitznahme der Union Jack aufgepflanzt wurde. Dann befahl Cook Südkurs, und das Wetter wurde täglich rauher. Im September kämpfte sich die Endeavour durch die »Brüllenden Vierziger«. Längst war der Abschnitt erreicht, in dem sich das sagenhafte Südland befinden sollte. Die lange, schwere Dünung war ein klarer Beweis dafür, daß sich hier kein Land befinden, auch auf den nächsten Meilen nicht erwartet werden konnte. Bis 40° 22′ Süd – Cook war seinem Befehl entsprechend vorgedrungen – ohne Resultat. Jetzt ließ er westlichen Kurs segeln. Banks, ein Verfechter der Dalrymple-Theorie vom großen Südland, glaubte an die Landmasse, während Cook wenig Optimismus zeigte.

Als der zwölfjährige Nicholas Young am 6. Oktober 1769 »Land in Sicht!« aus dem Krähennest rief, schrieb Banks in sein Tagebuch: »Sicherlich der Kontinent, nach dem wir suchen.« Doch Cook wußte, wo er sich befand, nämlich vor der Ostküste Neuseelands, einer Insel, die von Tasman entdeckt worden war.

Die Endeavour ankerte nahe des heutigen Gisborne, in der Mitte der Ostküste der Nordinsel. Sogleich begann Kapitän Cook mit der Erforschung der Insel, und das war ungleich schwerer, als sie zu entdecken. Als Ergebnis der Küstenfahrt entstand eine erstaunlich genaue Karte. Die kriegerischen Maoris wurden beobachtet und von Sydney Parkins auf vielen Zeichenblättern porträtiert. Der wissenschaftliche Stab war mit der Sammlung von Pflanzen und Kleintieren beschäftigt.

Der Zustand der Endeavour machte Cook Sorgen. Ihr Rumpf begann zu faulen, war über und über mit Algen bewachsen, außerdem strömte durch ein Leck bedrohlich viel Wasser ein. Das Schiff mußte schleunigst auf einen Sandstrand gesetzt und repariert werden. Durch Zufall entdeckte man nahe der Tasman-Bucht einen seichten, geschützten Uferabschnitt. Hier ließ sich die Endeavour gut krängen. Cook war von dem Naturhafen begeistert und gab ihm den Namen Queen Charlotte Sound. In den kommenden Jahren sollte der Sund noch häufig und gern von ihm besucht werden.

Während die Endeavour in Schräglage überholt wurde, stellte Cook seine hellseherischen Fähigkeiten unter Beweis. Schon häufig hatte er damit Offiziere und Mannschaften verblüfft. Diesmal unternahm er eine Klettertour über Land, da er irgendwie fühlte, daß die Wasserstraße keinen Arm oder Fjord darstellte, sondern eine Durchfahrt sein mußte, die die Nord- von der Südinsel trennte. Tatsächlich vermochte Cook von einem Bergrücken aus festzustellen, daß dem so war.

Wieder flott, segelte die Endeavour durch diese Meerenge nach Osten. Banks bestand darauf, daß die Passage den Namen Cook-Straße bekam, und sie heißt noch heute so. An Bord hielt sich hartnäckig das Gerücht, daß Neuseeland vielleicht doch nur die Halbinsel einer riesigen Landmasse wäre, nämlich des Südlands. Um dem ein Ende zu bereiten, umsegelte Cook das Eiland völlig, und seine Karte von Neuseeland bewies später auch den Skeptikern der Royal Society, daß es sich um zwei getrennte Inseln handelte, die nichts mit einem Südkontinent zu tun hatten.

Nach dieser Erkenntnis stand die Heimreise an. Cook besprach drei mögliche Routen mit seinen Offizieren und den Wissenschaftlern: um Kap Horn, ums Kap der Guten Hoffnung – oder eine unbekannte Route an der Ostküste Australiens entlang in Richtung Südostasien. Der Kommandant wählte die dritte Variante und damit das Abenteuer im Großen Barriere-Riff sowie den Fiebertod vieler seiner Bordgenossen.

Auf seiner Reise in westlicher und schließlich nördlicher Richtung wußte er nicht, daß er sich in die Fänge des längsten Riffs der Erde begab. Nach einer bedrückenden Bekanntschaft mit den Ureinwohnern Australiens in der Botany Bay segelten sie voller Hoffnung und bei sonnigem Wetter die Küste hinauf. Fünf Wochen lang lavierte Cook durch das gefährliche Kalkgebirge, das bisweilen an die Meeresoberfläche und darüber hinaus reicht. An jenem verhängnisvollen Abend des 11. Juni machte die Endeavour in der glasigen See wenig Fahrt. Es war 23 Uhr. Ein erschöpfter Lotgast ruderte im Boot vor der Endeavour her und meldete ständig wechselnde Wassertiefen: »Vierzehn Faden, acht Faden, elf Faden!« Cook ließ die Segel reffen. »Wind aus Südsüdost. Das Festland in Nord, ein halb West, Sir«, meldete Gore. Alles schien in Ordnung zu sein. Auch Cook war erschöpft und wollte sich ausruhen...

Ein irres Krachen durchfuhr den Schiffskörper, sämtliche Planken zitterten. Die ENDEAVOUR war gegen ein Korallenriff gelaufen und saß fest. Gore stürzte hinunter in den Laderaum und sah, wie sich Wassermassen in den Schiffsraum ergossen. Messerscharfe Korallen hatten sich in den weichen Holzrumpf gebohrt und diesen aufgeschlitzt. Die Cat befand sich in einer bedrohlichen Lage. Glücklicherweise brach keine Panik aus, was an Cooks Gelassenheit lag, die auf die Mannschaft ungemein beruhigend wirkte.

Die Flut kam. Die ENDEAVOUR saß wie festbetoniert auf dem Riff. Aber sie mußte herunter, wenngleich jeder wußte, daß dadurch das Leck noch gefährlicher wurde und der Segler im Nu absaufen konnte. Unten wurde aus Leibeskräften gepumpt. In den Kajüten räumten die Wissenschaftler die wichtigsten Funde in wasserdichte Behälter. Auch Cook rechnete jetzt mit dem Schlimmsten und dankte seinen Leuten für den großartigen Einsatz. Eine neue Flut erreichte ihren Höhepunkt. Man versuchte, den Rumpf mittels Anker und Tauen über die Korallen zu warpen, und die Männer stemmten sich mit allen Kräften gegen das Gangspill. Tatsächlich bewegte sich der Schiffskoloß. Man vernahm einen ächzenden Ruck, ein grauenhaftes Knacken, und – die ENDEAVOUR schwamm. Aus unbegreiflichen Gründen drang nicht mehr Wasser ein als bisher. Rasch »fütterten« die Männer das Leck, indem Werg und Wolle in ein Segel gewickelt wurden und dieses Paket von außen vor das Leck gezogen wurde. Damit war das Loch erst einmal notdürftig verstopft. Vorsichtig ließ Cook sein schwer angeschlagenes Schiff in eine nahe Flußmündung segeln. Dort konnte es trockenfallen und der Schaden begutachtet werden: Der Loskiel war weggerissen, Planken am Kiel waren regelrecht durchschnitten worden. Cook hielt ein armdikkes Stück Koralle in Händen. Es hatte die ENDEAVOUR vor dem sicheren Untergang bewahrt, denn es war abgebrochen im Leck steckengeblieben.

Cook taufte den Fluß, an dessen Gestaden sein Schiff wieder flott wurde, »Endeavour« (Anstrengung). Und an jener Stelle befindet sich heute das besagte Cooktown.

Nach sechs Wochen endlich war die Bark bedingt seeklar. Nur in den Docks von Batavia auf Java ließ sich reparieren, was noch im argen lag. Behutsam manövrierte man das Schiff durch das Große Barriere-Riff, dann auf unbekanntem Meer durch die heutige Torres-Straße zwischen Australien und Neu-Guinea. Anfang Oktober ließ Cook vor Batavia (Djakarta) Anker werfen: einem in Dreck und Kloake erstickenden Pfuhl, der die Weltumsegler mit Malaria und Ruhr empfing.

Der Tod betrat die Planken. Die ENDEAVOUR lag im Trockendock am Hafen, die Reparaturarbeiten kosteten die horrende Summe von 5000 Reichstalern. Dennoch wurde das Schiff nur schleppend instand gesetzt. Cook erfuhr, daß in Batavia vor einem Jahr 50000 Menschen an Malaria und Cholera gestorben waren. Die Hauptstadt Holländisch-Ostindiens war der reinste Friedhof. Die Briten mußten weg, bevor sie sich infizierten. Aber die ENDEAVOUR wurde einfach nicht fertig! Sieben Mann starben und über vierzig waren schwer erkrankt, als der Segler endlich als schwimmendes Lazarett auslief.

Die Totenscheine trugen Namen wie Dr. Monkhouse; den des Tahitianers Tupai und Sporings, Banks' Sekretär; den des Malers Sydney Parkinson und des Astronomen Charles Green. Unter den Kranken befanden sich Leutnant Hicks und Dr. Solander, auch Banks selbst ging es sehr schlecht.

Zu allem Übel unterlief Cook vor der südafrikanischen Küste ein schwerer Navigationsfehler, durch den er die ENDEAVOUR fast auf Grund gesetzt hätte. Banks erfuhr davon und konnte dem Navigationsgenie den Vorfall nie ganz verzeihen. Mitte März rückte Kapstadt näher, wo die ENDEAVOUR einen Monat verweilte, um die Kranken zu Kräften kommen zu lassen.

Cook sorgte sich um das Ergebnis seiner Expedition: unpräzise Daten vom Venusdurchgang, den Südkontinent nicht entdeckt, 38 Mann seiner Crew verloren, und das trotz seiner strengen Gesundheitsvorschriften... Wer konnte mit dieser Bilanz zufrieden sein? In seinem Schreiben an die Admiralität bemerkte er entschuldigend: »Auf dieser Fahrt wurden keine großen Entdeckungen gemacht.« Eine merkwürdige Zusammenfassung für einen

Kapitän, der Neuseeland und Australien für die Britische Krone annektiert hatte. Wollte er einer Kritik vorbeugen oder einfach seine Erfolge, bescheiden wie er stets war, für sich wirken lassen? Tatsächlich entsprach es seinem Charakter, Verdienste zu verringern und Fehlschläge hervorzuheben. Zeit seines Lebens litt der Perfektionist Cook unter der Vorstellung, daß seine Taten seinem Anspruch und Ehrgeiz nicht standhielten.

Am 12. Juli 1771 war die ENDEAVOUR wieder zu Hause und ging in der Themsemündung vor Anker. Zwei Jahre und elf Monate war sie auf den Weltmeeren unterwegs gewesen.

3. Ein Traum zerrinnt oder Die zweite Reise

London, 1771

Cook bescherten die Julitage nichts sommerlich Heiteres. Auf ihn warteten nur Trauer und Ärger. Der Held für die englische Presse und Gesellschaft war Joseph Banks, allenfalls noch Dr. Solander. Sie hielten vor staunendem Publikum Vorträge und ließen sich und ihre Exponate bewundern. In der Royal Society wurde Banks ein gefeierter Star. Er hatte unter extremen Bedingungen wissenschaftlich gearbeitet und Material zusammengetragen, das dem von Charles Darwin gleichkam. Während der junge Botaniker die Ehrungen genoß, konnte man meinen, Expeditionsleiter Cook sei nichts weiter als sein Chauffeur gewesen.

Den Kapitän scherte die öffentliche Meinung wenig. In nüchternen Worten erstattete er dem Admiralitätssekretär seinen Reisebericht. Die knappen, anerkennenden Worte der Seelords waren ihm Ehre genug. Danach zog er sich rasch in sein Heim an der Mile End Road zurück. Dort wurde die Wiedersehensfreude mit der Familie von Trauer überschattet, denn sein Söhnlein Joseph – geboren, als der Vater Feuerland umsegelte – war nur wenige Wochen alt geworden und Tochter Elizabeth drei Monate vor seiner Rückkehr gestorben. Den pflichtbewußten Seemann plagten Schuldgefühle. Warum hatte er seine Frau in der schweren Zeit allein gelassen? Warum konnte er nicht wie andere Männer seß-

Keine einfachen Passagiere: der deutsche Wissenschaftler Johann Reinhold Forster (stehend) und Sohn Georg als Zeichner.

haft und zufrieden sein? Statt dessen trieb es ihn in unerforschte Weiten des Ozeans. Kaum zu Hause, wußte er, daß die nächste Gelegenheit ihn wieder in die Ferne locken würde, so sehr es ihn auch nach Frau und Kindern verlangte. In ihm kämpften zwei Seelen, und es war sein Los, unter diesem Zwiespalt zu leiden.

Ein kleiner Trost war Cooks Beförderung zum Fregattenkapitän. Man übertrug ihm das Proforma-Kommando über die H. M. S. Scorpio. (Ein so wertvoller Mann der Königlichen Marine konnte unmöglich mit alltäglichen Aufgaben betraut werden, das hieß bei der Kriegsmarine »versauern«.) Die Lords der Admiralität sannen bereits über eine zweite Expedition nach. Der Südkontinent spukte immer noch in den Köpfen der Politiker, Militärs und Wissenschaftler.

Cook wurde zu einer Besprechung ins Büro des Ersten Seelords John Montagu, des vierten Grafen von Sandwich, befohlen. (Sein Vorgänger Sir Edward Hawke war inzwischen pensioniert.) Mit in der Runde befand sich Cooks alter Bekannter Sir Hugh Palliser. Es ging um das leidige Thema »Südland« und eine zweite Expedition. Delikat wurde die Angelegenheit, als Cook erfuhr, daß Banks wieder mitwollte und daß der Botaniker und Graf Sandwich Nachbarn, außerdem gute Bekannte waren.

Das Gespräch endete mit der Zusage, daß Cook auch diese zweite Expedition leiten und aus Gründen der Sicherheit zwei Kohlenschiffe, ähnlich der ENDEAVOUR, umbauen lassen sollte. Ende November fiel die Wahl auf die Whitby Cats MARQUIS OF GRANBY mit 462 Tonnen und 118 Mann Besatzung und auf die MARQUIS OF ROCKINGHAM, 350 Tonnen und 83 Mann. Die Schiffe taufte man auf die Namen RESOLUTION und ADVENTURE um. Cooks Kapitänleutnant wurde ein gewisser Cooker, und der Kapitän der ADVENTURE hieß Tobias Furneaux.

In die Umbauarbeiten mischte sich naßforsch der junge Joseph Banks ein und bestand darauf, aus den zweckmäßigen Frachtseglern ungeeignete Komfortschiffe zu machen. Der Admiralität wurden diese Extravaganzen schließlich zu bunt, und es kam zum Eklat: Cook setzte seine Umbauvorstellungen durch, Banks zog sein Geld aus dem Unternehmen und verschwand mit seinen Wissenschaftlern wutschäumend nach Island.

Am 13. Juli 1772 lagen RESOLUTION und ADVENTURE in Plymouth zum Auslaufen bereit. An Bord befanden sich der Deutsche Johann Reinhold Forster, ein Botaniker, und sein Sohn Georg als naturwissenschaftlicher Zeichner. Zusammen mit dem Landschaftsmaler William Hodges, den Astronomen William Wales und William Bayly bildeten sie den neuen wissenschaftlichen Stab der Expedition.

Cooks Instruktionen von der Admiralität deckten sich mit seinen Vorschlägen, die er zuvor dem Earl of Sandwich unterbreitet hatte. In großen Zügen sahen sie vor: Anlaufen von Kapstadt, dann Vorstoß bis zum 54. Breitengrad, das »Kap der Beschneidung« suchen und feststellen, ob es sich um einen Teil des legendären Südlands handelte, auf östlichem Kurs weitersegeln und abermals tief in den Süden vorstoßen. Auf der zweiten Hälfte der Forschungsreise sollte Cook unbekannte Inseln im Südpazifik ausfindig machen. Wie immer war strenge Geheimhaltung befohlen.

Antarktis und Polynesien

Gemeinsam stachen die beiden Schiffe in See und erreichten am letzten Oktobertag das Kap der Guten Hoffnung. Die Fahrt war recht glatt verlaufen, wenngleich Cook einen Mann durch Unfall verlor und Furneaux auf der ADVENTURE den Tod zweier Kadetten beklagte, die zuvor auf den Kapverden an Fieber erkrankt waren.

Forster senior entwickelte sich bald zum streitsüchtigen Querulanten, der sich über alles beschwerte. An Bord hatte er sich rasch unbeliebt gemacht, und Cook mußte häufig und bisweilen wehmütig an den jungen Banks denken. Sicher, der war schwierig, schnell erregbar, arrogant und egozentrisch gewesen, aber immer ungemein charmant, ein guter Gesellschafter und nie nachtragend. Damals auf der ENDEAVOUR hatte man ihn gemocht.

Auf der Suche nach dem merkwürdigen »Kap der Beschneidung«, das er übrigens nicht fand, durchfurchte Cook den eisigen Sturmgürtel rings um die Antarktis. Mühsam bahnte man sich unter ungeheuren Strapazen Furten durchs dichte Packeis.

Mitte Januar 1773 schrieb Kapitän Cook nicht ohne Stolz: »Wir passierten die anarktische Grenze, und ohne Zweifel sind wir das erste und einzige Schiff, das jemals diese Linie überschritten hat.« Im Nebel und Unwetter verloren sich die Schiffe aus den Augen und fanden sich erst fünf Monate später im Königin-Charlotte-Sund wieder. Für alle Fälle hatte sich Cook mit Furneaux an diesem Ort Neuseelands verabredet. Auf der ADVENTURE hatte man unterdessen die Takelage entfernt und sich auf eine längere Winterpause eingestellt. Deshalb war Furneaux von dem Befehl, aufzutakeln und sein Schiff sofort wieder seeklar zu machen, gar nicht angetan. Aber es half nichts, Cook, den unermüdlichen Entdecker, drängte es weiter zu jungfräulichen Küsten im Norden und Osten Neuseelands. Großen Unwillen zog sich Furneaux zu, als Cook die ADVENTURE inspizierte und feststellte, daß der Gesundheitszustand der Mannschaft miserabel war. Rund ein Viertel litt an Skorbut. Auf Cooks RESOLUTION gab es dagegen keinen einzigen Kranken. Der Kommandant war außer sich und kanzelte Furneaux ab: »Ihre Schiffsführung ist nachlässig. Ihnen fehlt es an Durchsetzungsvermögen!«

Als die Schiffe schließlich Tahiti erreichten, war die Wiedersehensfreude dort groß. Während sich Forster senior über das freizügige und »abstoßende« Liebesleben ereiferte, errichteten die Matrosen auf dem einstigen Fort-Venus-Gelände Zelte für die Kranken der ADVENTURE. Deren Verköstigung mit Gemüse und Früchten überwachte Cook persönlich.

Die Rast auf Tahiti war von kurzer Dauer. Cook ließ nach Südwesten steuern und erkundete die Tongas (Freundschaftsinseln). Hernach auf dem Weg nach Neuseeland gerieten die Schiffe wieder einmal in ein schlimmes Unwetter. Brecher krachten aufs

RESOLUTION und ADVENTURE in der Matavai-Bucht von Tahiti (Gemälde von William Hodges).

Deck, die Käfige für den lebenden Proviant wurden zerschlagen, Segel zerfetzt und losgerissen, und das Rad war nur von zwei der stärksten Rudergänger zu bändigen. Als sich der Sturm nach Tagen legte, war die RESOLUTION allein. Sie blieb es auch am alten Anker- und Rendezvousplatz im Königin-Charlotte-Sund.

Cook wartete drei Wochen, aber die ADVENTURE war spurlos verschwunden. Cook mußte weiter vorstoßen in die unerforschten Weiten des Südpazifiks und hinterließ Furneaux eine Flaschen-Nachricht: »Ich sehe mich verpflichtet, ohne weitere Verzögerung unter Segel zu gehen... Ich werde Kurs auf das Polargebiet im Süden nehmen... Fahren Sie nach England zurück, und haben Sie die Freundlichkeit, meiner Frau von meiner guten Gesundheit Mitteilung zu machen.«

Der Kapitän hatte geflunkert, seine Gesundheit war seit einigen Wochen angeschlagen. Die Strapazen der Reise waren auch für einen so robusten Seemann wie Cook nicht folgenlos geblieben. Und es sollte die Zeit kommen, in der die Crew ihren verehrten Kommandanten dem Tode näher als dem Leben wähnte. Auf der Fahrt entlang der unwirtlichen Südwestküste Neuseelands entstand die Karte »Dusky Sound and Pickersgill Harbour«. Sie ist die letzte nach Vermessungen von James Cook gefertigte kartographische Darstellung in einer bis vor kurzem noch offiziell in Gebrauch befindlichen Seekarte.

Die RESOLUTION stieß in die unbekannten Regionen zwischen Neuseeland und Kap Horn vor und geriet auf dem 66. Breitengrad in das erste Treibeis. Wieder wurde es bitterkalt, am 71. Breitengrad maß man minus 37 °Celsius. Auf Schiff und Segeln lag ein dicker Eispanzer. Die RESOLUTION war erstarrt und kaum zu manövrieren...

Und der ADVENTURE, wie war es ihr ergangen? Sie war im Orkan weit nach Osten abgetrieben und hatte zwei Wochen gebraucht, um zur Nordinsel Neuseelands zu gelangen. In der Tolaga-Bucht ankerte Furneaux, um Wasser und Holz zu bunkern, doch auf der Fahrt zum Rendezvous im Sund trieben ihn widrige Winde immer wieder ab. Als er endlich in die Cook-Straße segeln konnte, war die RESOLUTION gerade fünf Tage vorher ausgelaufen.

Furneaux fand Cooks Nachricht, ließ sein Schiff reparieren und rüstete sich für die Heimreise nach England. Am 16. Dezember 1774 befahl er einer Gruppe von zwei Offizieren und acht Matrosen, im Landesinneren Obst und Gemüse zu beschaffen. Die Gruppe blieb verschollen. Ein Suchtrupp fand heraus, daß alle zehn Weißen von Maoris hinterrücks ermordet und verspeist worden waren. Von der Wildheit der Eingeborenen schockiert, ließ Furneaux schleunigst Segel setzen und steuerte auf direktem Weg England an.

Wenn es einen Südkontinent gab, so mußte Cook ihn finden. Er kämpfte mit eiskalter Entschlossenheit, Dalrymples Theorie zu bestätigen oder endgültig zu widerlegen. Crew und Schiff waren am Rande des Zusammenbruchs, aber noch einmal konnte die RESOLUTION vorsichtig aus der tödlichen Umklammerung des Eises nach Norden entkommen. Kaum hatte sich die Mannschaft leidlich erholt, setzte der Entdecker die Suche im Eis fort – zum Entsetzen der Matrosen, zum Wehklagen der Wissenschaftler. Am lautesten lamentierte Forster senior.

Cook schrieb in sein Tagebuch einen Satz, der gleichzeitig als Triebfeder für sein strapaziöses Kreuzen im Eis gewertet werden kann: »Ich, der ich den Ehrgeiz habe, nicht nur weiter zu kommen als irgendein Mensch vor mir, sondern auch so weit, wie es einem Menschen nur möglich ist…«

Das antarktische Festland verfehlte er um knapp 300 Kilometer. Welch ein Triumph, hätte er auch den sechsten Erdteil entdeckt! Immerhin stand jetzt fest, daß es Dalrymples grünes Südland weder im Pazifischen noch im Indischen Ozean gab. Also konnte Cook ruhigen Gewissens nach Norden segeln, wo die RESOLUTION die Osterinsel, die Marquesas, die Insel Tahuata und schließlich wieder Tahiti anlief. Zwischendurch wurde Cook jedoch sterbenskrank. Seine Magenkrämpfe und das Fieber waren so heftig, daß er zeitweise das Bewußtsein verlor. Dr. Patten hatte wenig Hoffnung. Buchstäblich in letzter Minute, so wird berichtet, rettete eine frische Fleischbrühe Cook das Leben. Ausgerechnet der alte Forster hatte sein geliebtes Hündchen für diese Kraftbrühe geopfert.

In der Bucht, wo heute die Stadt Papeete liegt, planten die Tahitianer gerade eine Invasion auf der Nachbarinsel Moorea. Eine Armada von 160 großen doppelrümpfigen Kriegskanus, jeweils mit 80 Kriegern besetzt, und rund 400 kleineren Auslegerbooten stand unmittelbar vor dem Angriff. Cook war von dem Aufmarsch beeindruckt, zog es aber vor, sich weder einzumischen noch der Schlacht beizuwohnen.

Er befahl neue Kurse: Neue Hebriden, Neu-Kaledonien (beide Inselgruppen wurden kartographiert), Neuseeland – das waren gewaltige Schläge durch den Stillen Ozean. Offiziere und Mannschaften, auch Cook selbst, waren erschöpft und von Heimweh zermürbt; aber in dumpfer Entschlossenheit kämpfte sich die RESOLUTION wieder einmal in den Königin-Charlotte-Sund. Die Flaschenpost war entfernt worden, und Maoris berichteten, daß die ADVENTURE in der Zwischenzeit eingetroffen war.

Nach einer kleineren Reparatur ging die RESOLUTION wieder in See und durch die Magellanstraße in den Südatlantik. Der besessene Cook suchte auch hier nach dem geheimnisvollen Kontinent und drang wieder nach Süden vor, bis Kälte, Nebel und Eis ihn gewaltsam stoppten. Eindrucksvolle Szenen spielten sich in der weißen Welt ab: Während die RESOLUTION, umrahmt von Eisgiganten, wartete, schwärmte die Crew in Booten aus, um aus den Eisbergen Brocken zu schlagen. Durch Auftauen wurde daraus Trinkwasser gewonnen. Cook war übrigens der erste britische Kapitän, der in die Regionen des ewigen Eises vorstieß. Er entdeckte die Felseneilande Süd-Georgiens, vermaß und annektierte sie. Nachdem nun auch der Südatlantik durchkreuzt war, stand fest: Die Theorie von der »Terra australis incognita« war ein Hirngespinst.

Ende März liefen eine ausgelaugte Crew und ein von Muscheln, Seepocken und Seetang ramponiertes Schiff mit brüchigem Tauwerk, angeschlagenem Ruder und zerschlissenen Segeln Kapstadt an. Endlich festen Boden unter den Füßen, endlich Land, leuchtende Farben, andere Menschen und gesundes Essen! In der Stadt erfuhr Cook von dem Kannibalismus im Königin-Charlotte-Sund, dem Furneaux' Gruppe zum Opfer gefallen war. Fünf Wochen dauerte die Instandsetzung der RESOLUTION, dann wurde Heimatkurs angesagt: St. Helena – Ascension – Azoren – und am Morgen des 30. Juli 1775 endete auf der Reede von Spithead eine Entdeckungsreise, deren Länge dem dreifachen Erdumfang entsprach. Als das Fallreep der RESOLUTION fiel und Cook nach drei Jahren und achtzehn Tagen erstmals wieder englischen Boden betrat, nahm sein Name als Entdecker den Rang eines Kolumbus, Magellan oder da Gama ein.

4. Gletscher und Glut oder Die dritte Reise

London, im August 1775

Die ersten beiden Reisen Cooks zeigten uns den Kapitän als Könner seines Fachs, als interessierten Naturkundler, als kühle, autoritäre, dennoch sorgende Respektsperson, voll Ehrgeiz und durchdrungen von der Besessenheit, als der größte britische Entdecker in die Geschichte einzugehen. Im fernen Australien, in dem Städtchen, das seinen Namen trägt, habe ich die Stationen seiner fast sechs Jahre währenden Forschungsreisen nachgezeichnet. Knapp 220 Jahre nach seiner Ankunft bin ich wieder in London, um nachzuvollziehen, wie es weiterging.

Blieb Cook seinem Versprechen treu, Heimat und Familie nun nicht mehr zu verlassen? Wie verkraftete er seinen Erfolg? Welche Rollen spielten Bligh und Zimmermann, zwei Charaktere, die mich, seit ich auf Cook stieß, verfolgten? Nähern wir uns den Ereignissen behutsam.

James Cook war ein Held der Nation geworden: ernannt zum Mitglied der Royal Society, ausgestattet mit der Copley-Goldmedaille für seine Förderung der Gesundheit auf See, Empfang beim König, Ernennung zum kommandierenden Kapitän der H.M.S. KENT, eines 74-Kanonen-Linienschiffs. Die Admiralität verschaffte ihm die Ehrenstellung eines »Vierten Kapitäns« am Hospital für Seeleute zu Greenwich. Damit sollte zum Ausdruck gebracht werden, daß Cook genug für die Nation geleistet hatte und einen ehrenhaften, gutbezahlten Ruhestand genießen möge.

Eine weitere Ehre erwies ihm Sir Joseph Banks. Der mittlerweile zu hohem internationalem Ansehen gelangte Botaniker besuchte Cook und gestand seine falsche und törichte Reaktion vor Beginn der zweiten Expedition. Damit festigte sich die Freundschaft der so unterschiedlichen Männer aufs neue.

Cook war jetzt 47 Jahre alt. Seiner Frau Elizabeth war aufgefallen, daß die Strapazen nicht spurlos an ihm vorübergegangen waren. Seine Schläfen waren ergraut, tiefe Falten hatten sich in sein Gesicht und besonders um die Mundwinkel gegraben. Die Augen lagen in tiefen Höhlen. Hängende Mundwinkel verliehen seinem Gesicht eine steinerne Härte. Elizabeth begrüßte es sehr, daß ihr Mann nun im Hospital etwas kürzertreten und einigen gesellschaftlichen Verpflichtungen nachgehen konnte. Cook ließ allerdings verlauten: »Mein Schicksal treibt mich von einem Extrem zum anderen. Vor wenigen Monaten war die gesamte südliche Halbkugel kaum groß genug für mich, und nun soll ich mich auf das Gelände des Hospitals zu Greenwich beschränken, das für einen rastlosen Geist wie mich viel zu klein ist...«

Auf einem Spaziergang mit Banks wurde Cook daran erinnert, daß es an der Zeit war, sich der Familie zu widmen. Seine beiden heranwachsenden Söhne brauchten den Vater. Freund und Lord der Admiralität Hugh Palliser zeigte Familie Cook die großen Räume im ehrwürdigen Komplex des Spitals von Greenwich. Elizabeth war begeistert, James jedoch fühlte sich abgeschoben, fern des aktiven Dienstes.

»In nächster Zeit bedeutet aktiver Dienst den Kampf gegen die Kolonisten in Amerika«, sagte Palliser.

»Das meine ich nicht«, entgegnete Cook vieldeutig, als habe er von neuen, großen Vorhaben gehört.

Zur großen Freude und Erleichterung Elizabeths nahm Cook die Stelle in Greenwich an, zog es aber vor, im gemütlichen Mile End zu bleiben und nur Dienstzimmer im Hospital zu belegen, wo er in Ruhe an der Veröffentlichung seines Tagebuchs über die zweite Reise arbeiten wollte. Elizabeth blieb ebenfalls im ländlichen Örtchen Mile End. Wenn es ihr behagte, wenn sie etwas Abwechslung suchte, fuhr sie zu ihrem Mann nach Greenwich. Die Wochenenden gehörten der Familie. Überglücklich nahm sie ihrem Mann das Versprechen ab, daß nun die Entdeckungsreisen ein für allemal ein Ende hätten. Immerhin war die 32jährige Elizabeth nun 14 Jahre mit James verheiratet, doch in der langen Zeit nur wenige Monate mit ihm zusammengewesen. Die vielen schlaflosen Nächte in Angst um ihren Mann – endlich waren sie zu Ende! All die Sorgen der Vergangenheit waren ihr gottlob genommen – James blieb daheim.

In seinem Arbeitszimmer kämpfte Cook mit Orthographie und Grammatik. Zäh reihten sich die Sätze seines Reiseberichts aneinander. Zur Entspannung machte er Spaziergänge zum Hafen hinunter. Dort gingen Gerüchte von einer neuen Expedition um. In einem Seitenarm der Themse lag die RESOLUTION. An Bord schob Korporal Gibson Wache. Als er Cook erkannte, entwickelte sich ein Gespräch: »Die Nordwest-Passage soll gesucht werden.«

Cook: »Habe davon gehört.«

Gibson: »Gibt's die überhaupt?«

Cook: »Weiß nicht. Der nördliche Seeweg um Amerika nach China und weiter ist eines der letzten großen Geheimnisse.«

Gibson: »Wer wird die Expedition leiten? Sie, Sir?«

Cook lachte: »Das ist was für Jüngere. Ich bin zu alt.«

Natürlich war Cook von einer möglicherweise eisfreien Nordwest-Passage fasziniert und hatte manches darüber gelesen. Viele ergebnislose Versuche waren in den vergangenen Jahrzehnten unternommen worden. Namen wie Cabot, Frobisher, Hudson, Baffin verbanden sich damit. Auch die Russen suchten vergeblich. Eisbarrieren zwangen alle zur Aufgabe. Der Italiener Cabot war 1497 der erste gewesen, ihm folgten 50 weitere Forscher. Einer davon, Baffin, stieß sogar bis zur Breite von 77 Grad 45 Minuten nach Norden vor – dennoch, die Passage blieb unentdeckt.

In der Admiralität war das Gerücht längst zu einem wichtigen Geheimauftrag gereift. Die britische Regierung wollte die Passage finden und erhoffte sich davon strategische und logistische Vorteile von allergrößter Bedeutung.

Der Erste Seelord, Graf Sandwich, hatte die Aufgabe, den Leiter für den wichtigsten Expeditionsabschnitt, nämlich die pazifische Annäherung, zu suchen. Die Passage sollte in einer Zangenaktion ausfindig gemacht werden. Den atlantischen Vorstoß befehligte, das stand schon fest, Richard Pickersgrill mit der Fregatte LION. Doch wer sollte und konnte die auf Cooks Rat gekauften Whitby-Kohlenschiffe RESOLUTION und DISCOVERY im Pazifik kommandieren?

Für das kleinere Schiff, die 298-Tonnen-Brigg DISCOVERY, wurde der Name Charles Clerke gehandelt. Doch ihm beide Schiffe und die Expeditionsleitung anvertrauen? Graf Sandwich konnte sich mit dem Gedanken nicht abfinden. Er suchte den Fähigsten. Dazu brauchte er einen Verbündeten.

In ihrem Londoner Klub besprach er die Angelegenheit mit Joseph Banks, den er als Vermittler gewinnen wollte, um Cook die Expedition schmackhaft zu machen. Als besonderen Anreiz ließ der Lord verlauten, daß dem Entdecker der Passage eine Belohnung von 20 000 Pfund winke. Doch Banks lehnte die Vermittlerrolle kategorisch ab, aus mehreren Gründen: Ihm fiel Cooks schwerer Navigationsfehler vor der Küste Südafrikas ein. Er kannte die Sorgen, die sich Cook um Elizabeth und um der Söhne Zukunft machte. Schließlich hatte Banks von seiner Krankheit gehört. Er wußte um sein Alter, auch kam ihm Cook irgendwie erschöpft vor. Die vielen Strapazen, das ungesunde Leben an Bord und das gesalzene Pökelfleisch hatten ihn verschlissen. Dem Seelord aber gab er nur zu bedenken, daß der Kapitän im wohlverdienten Ruhestand sei und auf der letzten Reise schwer erkrankt war. »Sie müssen ihn in Ruhe lassen, John«, sagte Banks.

»Ich brauche den Mann, er ist der Beste, und Sie, Joseph, bereiten ihn offiziell darauf vor«, beharrte der Graf.

»Kommt nicht in Frage. Cook hat seiner Frau versprochen, daß er nicht mehr zur See fährt.«

Man trennte sich.

Der Graf sann auf eine andere List. Er wußte schon, wie Leute von niederer Herkunft und mit großem Ehrgeiz zu gewinnen waren.

Anfang Februar 1776 lud der Erste Lord Cook zu einem exklusiven Abendessen ein. Wie zufällig waren auch Palliser, Aufseher der Navy, und Stephens, Sekretär der Admiralität, zugegen. Alles war abgesprochen und arrangiert: die erlesenen Speisen, die schmeichelnden Worte über Cooks Verdienste und die beiläufigen Gespräche über die Nordwest-Passage, auch die Frage, wen Cook denn als Expeditionsleiter vorschlagen würde. Bei dem Gedanken an das letzte große Abenteuer, bei der Vorstellung, seinem Leben als Entdecker mit der Nordwest-Passage die Krone aufzusetzen, zerrannen alle Schwüre und Beteuerungen des angeblich seßhaften Ehemanns, alle Träume vom Familienglück. Das Fernweh wirkte wie eine Droge. Cook hatte Feuer gefangen, und als die Dinnertafel aufgehoben wurde, übernahm er das Kommando über die Expedition. Der Erste Lord erhob das Glas und sagte: »Gentlemen, auf Kapitän James Cook! Seine Majestät wird sehr erfreut sein.«

Cook bat sich Geheimhaltung aus, bis er es übers Herz gebracht hatte, Elizabeth sein neues Abenteuer zu beichten.

Tage vergingen, und die Neuigkeit von Cooks dritter Entdekkungsreise machte längst in London und darüber hinaus die Runde, doch der Kapitän hatte immer noch nicht den Mut, seine Frau zu informieren. Unbehaglich schob er die Entscheidung vor sich her und lenkte sich mit anderen Pflichten ab: Er inspizierte die RESOLUTION im Trockendock von Deptford und wies seinen Kapitänleutnant an, allmählich die Mannschaft für die beiden Schiffe zu rekrutieren.

Ansonsten hatte Cook wenig Zeit, sich um den Umbau und die künftige Besatzung zu kümmern. Seine Berühmtheit brachte es mit sich, daß er dem bekannten Maler Nathaniel Dance für ein Ölgemälde Porträt sitzen oder sich um die Veröffentlichung seiner Tagebücher kümmern mußte.

Eines Tages erschien Elizabeth in seinem Arbeitszimmer. Der Kapitän erschrak und stand auf. Ihre Gestalt war in einen weiten Mantel gehüllt, so daß ihre fortgeschrittene Schwangerschaft kaum zu bemerken war. Sie sah traurig und niedergeschlagen aus. Unendliche Enttäuschung sprach aus ihrem Gesicht. Ihre

Augen waren starr auf ihren Mann gerichtet. Jetzt lösten sich Tränen. Die Situation und das schlechte Gewissen machten James verlegen...

Unten an den Docks

Im Hafen von Deptford: Nieselregen machte die Hafenszenerie noch trister, als sie in jenen Tagen ohnehin war. John Gore, Erster Offizier der RESOLUTION, stand vor dem Mustertisch und schaute sich die Kandidaten kritisch an. Er hatte das seltene Glück, die Crew aus einem reichlichen Kontingent Freiwilliger zusammenstellen zu können, denn mit dem berühmten Cook fahren zu dürfen war eine Ehre. Wer mit ihm unterwegs gewesen war, galt als etwas Besonderes, das hatte sich in Europa herumgesprochen. So geschah es, daß zur Musterung auch Ausländer erschienen, die in aller Regel jedoch abgelehnt wurden. An geheimen Forschungsreisen von nationaler Bedeutung sollten nur britische Seeleute teilnehmen. Kapitänleutnant Gore selbst bildete eine Ausnahme. Der 48jährige war Amerikaner, aber auch einer der besten Südseekenner. Mit Wallis war er auf der DOLPHIN gesegelt, und Cook hatte er auf der ENDEAVOUR begleitet. Er war stolz, wieder dabeizusein. Natürlich brauchten die Offiziere nicht vor dem Musterungstisch zu stehen. Sie wurden abkommandiert oder von höherer Stelle beurteilt und Cook empfohlen.

So auch James King, der Zweite Offizier der RESOLUTION. Nebenher war er ein guter Astronom, hatte in Paris Naturwissenschaften studiert und galt mit seinen 25 Jahren als Karrieresoldat. Aus dem Büro des Ersten Lords wurde der Dritte Offizier, Leutnant John Williamson, empfohlen; wie sich bald herausstellen sollte, war das ein Mann von zweifelhaftem Charakter. Leutnant Henry Roberts war Cook von der zweiten Reise her bekannt. John Ledyard sollte als Korporal der Seesoldaten auf der RESOLUTION dienen und Samwell als Zweiter Schiffsarzt mit linguistischen

Ambitionen. Als Passagier der Resolution stand auch Omai fest, ein Tahitianer, den Furneaux nach England mitgebracht hatte und der nun in seine Heimat zurückreisen wollte – zum Bedauern der Londoner Klubs und der High-Society, wo er sich mit seinem aufgeweckten Wesen große Beliebtheit erworben hatte.

Als Erster Schiffsarzt fuhr Dr. William Anderson mit, dessen Hobby die Botanik und das Sammeln naturkundlicher Objekte war. Die Seesoldaten kommandierte der 23jährige Leutnant Molesworth Phillips, ein Intimus Banks'. John Webber sollte als Maler dabeisein, und die Herren George Gilbert und James Trevenen standen als Midshipmen fest. Dem Quartermaster William Wattman war vom Schicksal eine besondere Rolle zugedacht worden: Auf Hawaii sollte sein Tod Cook in eine gefährliche Situation bringen.

Ein wichtiger Mann auf der Resolution bleibt noch zu erwähnen: der 21jährige Erste Steuermann William Bligh, empfohlen von höchster Stelle. Der mit 1,70 Meter eher kleine, etwas zur Körperfülle neigende Mann war bereits fünf Jahre zur See gefahren und der Admiralität als exzellenter Navigator und Zeichner von Landkarten aufgefallen. Ein Talent mit ungeheurem Ehrgeiz war dieser Sohn eines Zollbeamten aus Plymouth. Fast war man geneigt, einen jungen James Cook in ihm zu entdecken, hätte sich sein Wesen nicht so stark von dem seines Idols Cook unterschieden. Fachlich, das sollte sich bald herausstellen, konnte Bligh dem Altmeister das Wasser reichen. Ob daraus Konflikte erwuchsen, blieb abzuwarten.

Und die Besatzung der Discovery – wer stand auf ihr fest? Erst einmal der 31jährige Kommandant, Kapitän Charles Clerke, ein guter Freund Cooks und erfahrener Weltumsegler, der mit Byron und zweimal mit Cook selbst unterwegs gewesen war. Wie sich bald herausstellen sollte, hatte er ein Problem: seinen Bruder Sir John Clerke, der gewaltige Schulden hatte, für die der gutmütige Charles gebürgt hatte.

James Burney, ein Kapitänleutnant mit viel Charme, Witz und musikalischem Talent, war schon auf der Adventure unter Furneaux als Zweiter Offizier gefahren. Er sollte sich später bis zum

Admiral hochdienen. John Rickman war der Zweite Offizier und George Vancouver ein Leutnant zur See, der später selbst ein bekannter Entdecker werden sollte. Ein anderer vertrauter Name war Sergeant Samuel Gibson, der auf Tahiti desertiert und dafür ausgepeitscht worden war; offensichtlich war Cook nicht nachtragend.

Der Midshipman Edward Rion diente nach der Expedition unter Admiral Nelson, und auch vom Gehilfen des Masters, Nathaniel Portlock, war Jahre später noch zu hören; er segelte als Kapitänleutnant auf Blighs zweiter Brotfrucht-Fahrt in die Karibik. Dann gab es auf der DISCOVERY noch den Arzt Dr. Lane und den Assistenzarzt William Ellis. Der Gärtner David Nelson reiste auf Banks' Kosten mit, um für ihn Material zu sammeln. Dieser Gärtner sollte dann mit dem späteren Kapitän Bligh auf der BOUNTY mitfahren und auf Timor an Sumpffieber sterben. Der einzige Wissenschaftler auf Cooks dritter Reise war William Bayly, ein Astronom. Zur Erprobung wurden ihm die damals modernsten Navigationsinstrumente überlassen. Und schließlich waren da noch Midshipman Moith und Kanonier Thomas Shaw. Sie sollten Cook keine große Freude bereiten – beide desertierten auf Ulietea im Stillen Ozean.

Für die unteren Chargen, die »Männer vor dem Mast«, lief die Musterung über mehrere Tage von früh bis spät. Neben dem Mustertisch hatte sich jetzt William Bligh plaziert. Gerade war ein gewisser Henry Summerman an der Reihe. Bligh schaute dem Mann ins Gesicht, dann auf seine Hände und Kleidung. Skeptisch faltete er den Musterzettel ein zweites Mal auseinander und las wieder: »Summerman, 25 Jahre alt, Geburtsort Speir, Holland.« Irgendwie kam Bligh der Mann merkwürdig vor. Er sah nicht wie 25 aus, eher älter, und britisch wirkte er schon gar nicht. Summerman wiederholte seinen Spruch: Name, Alter, Geburtsort, Routen und Schiffe, die er gefahren war. Bligh wollte gerade den Kopf schütteln und abwinken, da schob James King dem Bewerber die Musterrolle hin und zeigte mit dem Zeigefinger auf die Stelle, wo er unterschreiben sollte. Mit der anderen Hand reichte ihm der Zweite Offizier einen in Tinte getauchten Federhalter. Summerman kritzelte seinen Namen hin, und schon stand der nächste vor dem Tisch. Damit hatte Summerman auf der DISCOVERY angeheuert.

Was William Bligh geahnt hatte, traf tatsächlich zu: Die Papiere des Henry Summerman waren gefälscht. Es hatte soeben der Deutsche Heinrich Zimmermann, 35 Jahre alt, aus Wiesloch in der Pfalz angemustert. Der Sohn eines »Chirurgus« hatte Wanderblut in den Adern. Nach abgeschlossener Lehre als Gürtler – er verstand sich auf das Herstellen von Sattel- und Zaumzeug – zog es ihn nach Genf, dann nach Lyon, wo er als Glockengießer arbeitete. In Paris verdingte er sich als »Schwerdtfeger«. 1776 trieb es den Gesellen nach London, wo er das große Abenteuer witterte. Im Hafen von Deptford bekam er mit, daß zwei Schiffe für eine dritte Forschungsreise unter Kapitän Cook umgebaut und ausgerüstet wurden: für Zimmermann die Chance, sich als Seemann zu verdingen. »Ich wollte, nach dem mir angebohrenen frischen Pfälzermuthe auch noch versuchen, wie es auf der See hergehe. So ging ich unterm 11 Merz nemlichen Jahres als Matros in Dienste.«

Hatte der junge Bligh auch wenig Erfahrung mit dem Erfassungsprozedere, so sagte ihm sein Gefühl, daß da einiges nicht stimmte. Auch war er insgeheim befremdet über Cooks permanente Abwesenheit. War es nicht ureigene Kapitänssache, wenigstens einen Teil der Mannschaft persönlich in Augenschein zu nehmen? So heuerten in den nächsten Tagen weitere deutsche Abenteurer an: Bartholomäus (Barthold) Lohmann aus Kassel, ebenfalls auf der DISCOVERY, und Jan Arno de Beeker aus Bremen auf der RESOLUTION. Lohmann arbeitete sich vom Matrosen zum Quartermaster hoch. Zimmermann versah an Bord alle möglichen Tätigkeiten. Er hatte keinen Ehrgeiz, aufzusteigen, wohl aber den, verbotene Aufzeichnungen zu machen. Mit Hilfe seines »Schreibtäfleins« gedachte er, heimlich seine Beobachtungen festzuhalten. Erwischte man Zimmermann, so konnte ihn die Spionage Kopf und Kragen kosten.

Im großen und ganzen standen jetzt die Crews für beide Schiffe fest: Die RESOLUTION würde mit Cook, acht Offizieren, dem

Kunstmaler Webber und 102 Mann auslaufen, die DISCOVERY mit Charles Clerke, fünf Offizieren, Bayly als Astronom und 61 Seeleuten.

Bligh weilte täglich in den Docks und war empört, mit welcher Schlampigkeit die Werft Reparaturen an der RESOLUTION ausführte. Eine Schande, wie Zimmerer und Maler pfuschten! In den Docks verdienten gute Schiffbauer eine Menge Geld an den Fregatten für den Krieg in Amerika, aber für das Expeditionsschiff stellte die Werftleitung nur Handlanger ab. Wo blieb Cook? Warum machte er nicht seinen ganzen Einfuß geltend? Die Expedition war doch von größter Bedeutung. Wütend schnauzte Bligh die Werftarbeiter an, und fast wäre es zu Handgreiflichkeiten gekommen.

Wie konnte Kapitän Cook die praktische Vorbereitung der Reise nur so sträflich vernachlässigen? Ging es doch um sein Schiff, das die Admiralität vor dem Umbau 4151 Pfund Sterling gekostet hatte und für ein Kohlenschiff doch recht stattlich wirkte mit seinen 462 Tonnen, seiner Länge von 34 und seiner Breite von 11 Metern, bei einem Tiefgang von nur knapp 4 Metern. Die RESOLUTION führte zwölf Vierpfünder-Kanonen und zehn Drehbrassen mit, war aber für 16 Geschütze ausgelegt. Ihr größtes Beiboot war eine 30-t-Schaluppe. Später würde der Schiffsleib wieder mit vielen Tonnen Sauerkraut, Weizen, Melasse, Butter und Käse, Pökelfleisch, Schiffszwieback, Zitronensaft und Trockensuppen befrachtet werden. Von besonderem Wert würden moderne astronomische Geräte und Uhren für die Standortbestimmung sein.

Auseinandersetzungen

Elizabeth und James bestiegen eine Kutsche und ließen sich nach Hause bringen. Auf der Fahrt herrschte betretenes Schweigen. Es gab kein lautes Wort, keine Szenen. Elizabeth weinte still, und Cook wünschte sich weit weg auf große Fahrt. Zu Hause in Mile

End hatte Elizabeth sich wieder gefaßt und setzte sich in ihren Lehnstuhl am Fenster.

»Mußte ich wirklich die Letzte in ganz London sein, die erfuhr, daß du wieder auf See gehst?«

»Ich verstehe, daß du böse bist. Ich wollte es dir immer sagen, aber es fiel mir mit jedem Tag schwerer«, antwortete Cook verlegen.

»Kapitän Cook, der Held und Entdecker der Nation, ist zu feige, seine Frau zu informieren? Was für ein Spaß für die Admiralität und die anderen hohen Herren!«

»Es tut mir leid, Elizabeth. Wirklich!«

»Du versprachst, daß zwei Reisen genug sind. Kann ich dir nun nichts mehr glauben? Du hast mich betrogen und lächerlich gemacht.«

»Verzeih«, sagte James.

»Warum verläßt du alles, was du dir gewünscht hast – deine Frau, deine Kinder, dein Zuhause? Ich fühle, daß dir die Kraft für diese Reise fehlt. Es wird etwas Schlimmes passieren. Und was wird dann aus den Kindern, aus dem Ungeborenen, aus mir? Bedeuten wir dir gar nichts?«

James wußte, warum er gehen mußte, aber konnte er es seiner Frau begreiflich machen? Für sie mochte es so scheinen, als sei er vom Ehrgeiz zerfressen und der Admiralität blind ergeben. Er unternahm einen verzweifelten Versuch, seine Entscheidung zu erklären: »Ich habe große Fahrten gemacht, aber nichts Großes entdeckt. Wie kann ein Entdecker vor der Geschichte nur aufgrund von Beweisen bestehen, daß etwas nicht existiert – das Südland nämlich? Überall, wo ich war, waren andere längst vor mir gewesen: in Neusüdwales, in Neuseeland, auf Tahiti… Um als Entdecker vor mir und den Menschen Bestand zu haben, muß ich etwas finden, das bis dahin unentdeckt war. Verstehst du das, Elizabeth?«

Seine Frau schüttelte den Kopf und weinte leise.

»Tief in mir fühle ich die große Chance, die mich zu einem wirklichen Entdecker machen kann. Ich muß die Nordwest-Passage finden! Ich muß – eher finde ich keine Ruhe. Das ist es, Liebes, was mich hinaustreibt, was uns trennt. Es schmerzt mich, daß ich euch wieder verlasse.«

Elizabeth fröstelte bei dem Gedanken, schon bald wieder allein zu sein.

In den Docks war Steuermann Bligh längst der Auffassung, daß die Werftleitung korrupt war und die Arbeiter für den Bau der Kriegsschiffe besser bezahlt wurden als für Reparaturen an der RESOLUTION. Kapitän Cook mußte sich persönlich einschalten, sonst geschah ein Unglück. Was da geschlampt wurde, war unverantwortlich!

Endlich erschien Cook, flankiert von Gore und Clerke, zu einem Inspektionsgang. Bligh erwartete, daß Cook die Werftleitung zusammenstauchen würde, doch nichts dergleichen geschah. Statt dessen erschien ein Konstabler vom Gericht, und dann passierte etwas Unglaubliches: Der Gerichtsdiener trat mit einer bewaffneten Eskorte vor Kapitän Clerke hin, las einen Haftbefehl vor und legte Clerke vor aller Augen Handschellen an. Cook war außer sich. Aber: »Ich handle auf Befehl der Richter Seiner Majestät. Kommandant Clerke muß ins Gefängnis«, sagte der Konstabler und ließ abtreten.

Nun erfuhr Cook, daß Clerke für die Schulden seines Bruders gebürgt hatte, der sich auf einer Reise in die Karibik befand. Als bekannt wurde, daß auch Charles Clerke England verlassen wollte, schlugen die Gläubiger zu. Das Entsetzen war groß, doch selbst der Erste Lord, Graf Sandwich, war machtlos. Clerke schmachtete im finsteren, feuchten Schuldturm.

»Bei Gott«, dachte Cook, »die dritte Reise steht unter keinem guten Vorzeichen!« Wie wahr: Elizabeth war mit ihrem Mann zerstritten, es gab Pfusch bei den Reparaturarbeiten an der RESOLUTION, und der Kommandant der DISCOVERY saß im Gefängnis... Was konnte denn noch geschehen?

Am 12. Juli 1776 endlich gab Cook den Befehl zum Auslaufen. Joseph Banks und Hugh Palliser standen am Kai und winkten. Eine Militärkapelle spielte auf, dann glitt die Arche Noah RESOLUTION allein der abendlichen Kimm entgegen. Arche Noah? Allein? Nun, George III., der »Bauernkönig«, hatte verfügt, daß

Pferde für die ausländischen Herrscher mitzunehmen seien. Neben diesen Pferden barg ihr bauchiger Rumpf auch Rinder, Schafe, Ziegen, Schweine, Kaninchen und allerlei Federvieh. Die DISCOVERY lag noch im Hafen von Plymouth und wartete auf Kapitän Clerke. »Treffpunkt ist Kapstadt«, hatte Cook befohlen und war allein gestartet.

Gefährlicher Kurs

Der verdammten Enge entronnen, dachte Cook, vor mir der Ozean, Wind und die Weiten des Erdballs. Cornwalls Felsenküste glitt als letzter Heimatgruß vorbei. Er hatte den Kieker am Auge, als suche er etwas. In Gedanken war er bei Elizabeth. Ob sie ihm immer noch böse war?

Der steife Nordost erinnerte ihn an seine Aufgabe. »Drei Strich Backbord! Gehen Sie hart an den Wind, Mr. Bligh«, sagte Cook zu seinem Steuermann. Bligh hatte seinen Kommandanten die ganze Zeit beobachtet, er sah ihm gar nicht gut aus. Endlich sagte der Alte etwas zum Kurs. Bligh verschwendete keinen weiteren Gedanken an seine Beobachtung, sondern brüllte gegen den Wind: »An die Brassen! Rudergänger, Backbordruder! Komm auf! Komm auf! Aber etwas plötzlich!« Die RESOLUTION legte sich auf die Seite und zog mächtig an, während die anrollende See den Rumpf massierte. Bligh fluchte vor sich hin, als er die schaurigen Geräusche hörte, die Masten und Spanten verursachten. Wenn das nur gutging!

Es ging nicht gut. Schon die ersten Atlantikstürme machten die oberflächliche Überholung zunichte, Werg quoll aus dem Schiffskörper und aus den Fugen an Deck. Die Matrosen mußten neue Wanten und Backstagen aufriggen. Außerdem zersprang die Kreuzmarsstenge, so daß daran kein Segel mehr gefahren werden konnte. Überkommende Seen drangen durch das lecke Deck in Proviantlast und Unterkünfte. Es wurde schlimmer, als Bligh befürchtet hatte. Insgeheim hegte er Groll gegen seinen Kommandanten. Eines Tages führte er Cook hinunter in den Schiffsrumpf, wo das Wasser mehrere Spanten hoch stand. »Miserable Arbeit!« schimpfte Cook und besprach die Angelegenheit mit John Gore, seinem Ersten. Bligh hoffte nur, daß es nicht noch weitere Überraschungen gab.

Boa Vista in den Kapverden tauchte auf. Cook bestimmte den Kurs für die Nacht und legte sich müde in seine Koje. Der unermüdliche Bligh patrouillierte auf dem Achterdeck. John Williamson, der Dritte, schob Wache.

Bligh fragte: »Welcher Kurs liegt an?«

Williamson: »Süd, 18° Ost.«

Merkwürdig. Bligh beugte sich über die Reling und spähte in die Nacht. Er vernahm Brandungsrauschen. Brandung? Felsen? Riffe? Allmächtiger! Jetzt sah er weiße Brecher.

Bligh fuhr herum und brüllte: »Rudergänger, hart Steuerbord. Wache – anbrassen!« Dem verdutzten Williamson schleuderte er entgegen: »Brandung voraus! Geben Sie Alarm, verdammt noch mal! Alle Mann an Deck!«

Die Glocke jagte alle an Deck, auch Cook stürmte den Niedergang hoch. Bligh hatte an Deck das Kommando übernommen und bellte seine Befehle. Es dauerte geraume Zeit, bis Cook erkannte, in welch gefährliche Lage er die RESOLUTION gebracht hatte, und bis er mit gewohnter Souveränität die Führung übernahm.

Als die Gefahr gebannt war, trat Bligh zu Gore: »Seit ich denken kann, ist Cook der größte Seefahrer für mich. Und jetzt? Ich bin erschüttert.« Gore schwieg.

Am 1. August hieß es endlich »Leinen los« auch für die DISCOVERY. Charles Clerke war zwei Wochen nach Auslaufen Cooks freigelassen worden und gleich nach Plymouth geeilt, um sein Schiff zu übernehmen. Aber er hustete und fühlte sich schlapp. Die Ärzte befürchteten, daß er sich in dem schmutzigen, naßkalten Gefängnis Tuberkulose zugezogen hatte, doch die frische Kanalbrise zerstreute Clerkes Sorgen. Endlich auf See in seinem schmucken Dreimaster, das war für ihn die Hauptsache. Das

10

11

10 Der Bounty-Nachbau auf einer Hafenrundfahrt in Sydney. Auf ihm wurde der mehrteilige Fernsehfilm „Captain James Cook – Wind und Sterne" gedreht.

11 Folklore 1993: Der „Hohepriester" führt die Prozession an einen Kultplatz (Marae) auf Tahiti.

12

13

14

12 Die WIND SONG auf Reede in der traumhaften Baie de Cook von Moorea.

13 Moares Pah in Aktion. Er gilt als der beste Feuertänzer Mooreas.

14 Der massige Captain Skrip auf seiner SILENT LADY.

15 Vahines tanzen den Tamué in der Baie de Cook von Moorea.

16 Die SILENT LADY verläßt den Hafen von Lihue mit Kurs auf San Francisco.

15

16

17

18

17 Ein Sturmtag auf Kaŭai.
1992 befand sich die Insel im
Auge des Hurrikans Iniki.

18 Blick auf Kaŭais berühmte Küste
Na Pali.

27 Meter lange, 8 Meter breite Whitby-Kohlenschiff mit einem Tiefgang von 3,60 Meter kam ihm in keiner Weise häßlich vor. Im Gegenteil, er war stolz auf seinen 298-Tonnen-Pott mit den acht Vierpfünder-Kanonen, den acht Drehbassen und einer 30-Tonnen-Schaluppe an Bord. Immerhin hatte die DISCOVERY vor dem Umbau 1865 Pfund Sterling gekostet.

Nun galt es, nach Süden zu segeln und Cook einzuholen.

Mit an Bord war Heinrich Zimmermann, und der hütete sein Geheimnis, das Schreibtäfelchen, wie seinen Augapfel. Darauf gedachte er, das Wichtigste kurz und »mit halben Worten in deutscher Sprache« festzuhalten, heimlich, bei schummrigem Kerzenlicht unter Deck – wie ein Spion. Zum Beispiel, daß am 23. September der Seesoldat Korporal Henessen über Bord fiel und ertrank. Fast hätte es auch die fünfköpfige Suchmannschaft erwischt.

Ansonsten verlief die Reise ohne besondere Vorkommnisse. Cook hatte Kapstadt am 18. Oktober erreicht und war unter Salutschüssen vor Anker gegangen. Täglich suchte er nun das Meer nach der DISCOVERY ab, denn er sorgte sich um Clerke. Fast hatte er schon die Hoffnung aufgegeben, seinen Freund und das Schiff je wiederzusehen, als plötzlich Kanonandonner durch die Bucht grollte. Die Wiedersehensfreude war groß. Cook besprach mit Clerke die Weiterfahrt: mit dem Passat nach Van-Diemens-Land, dann zum Königin-Charlotte-Sund, zu den Freundschafts-Inseln und nach Tahiti. Danach immer nach Norden, dem großen Abenteuer zu.

Ende November verließen beide Schiffe die Tafelbucht und jagten, getrieben von den »Brüllenden Vierzigern«, Neuseeland entgegen.

»Das ist Kahura, töte ihn!« rief Omai, wobei er den verstörten Maorihäuptling in Cooks Kajüte stieß. Der polynesische Passagier der RESOLUTION war mit einer Maorisippe durch die Farnwälder am Königin-Charlotte-Sund gestreift und hatte Kahura als den Rädelsführer beim Mord an den zehn Briten von Furneaux' ADVENTURE aufgegriffen.

Was nun geschah, war in aller Augen unfaßbar. Cook übte keine Rache, wie es Omai und die verängstigten Maori erwartet hatten – ganz im Gegenteil: In aller Ruhe befragte er den Eingeborenen zum Hergang der Tragödie, informierte sich über die Kriegsbräuche auf Neuseeland und studierte das faszinierende Äußere des Wilden: seine Frisur, in der ein Holzkamm steckte, die ausgestanzten Ohrläppchen mit Ringen, die kunstvolle, furchterregende Gesichtstätowierung und seine markante Hakennase. Ein Porträt für die Leinwand! Und Webber hielt Kahura auch sogleich im Bild fest.

Cook wollte Aussöhnung, keine Vergeltung; er schrieb: »Wäre ich dem Rat unserer angeblichen Freunde gefolgt, hätte ich vielleicht die ganze Rasse ausgerottet, denn die Bewohner jeder Siedlung oder jeden Dorfes baten mich abwechselnd, die anderen zu vernichten, ein deutlicher Beweis für die Uneinigkeit, in der sie leben.« Aber er machte auch unmißverständlich klar: »Sollten sie jedoch einen zweiten Übergriff dieser Art unternehmen, so dürfen sie sicher sein, daß sie mein Zorn in empfindlicher Weise trifft.«

Es gab keine weiteren Zwischenfälle. Das vertrauensvolle Miteinander ging sogar so weit, daß die beteiligten Maori ganz frei erzählten, wie sie die Seeleute erschlagen und verzehrt hatten. Cook wurde auch an den Ort geführt, an dem sich das Drama ereignet hatte. Umherliegende Gebeine bildeten die stummen Zeugen der Greueltat.

Die Zeit im Sund war ausgefüllt mit dem Auffrischen pflanzlichen Proviants, mit der Robbenjagd und dem Sammeln naturkundlicher Objekte durch William Anderson. Webber malte geschäftig, und Zimmermann führte heimlich sein Tagebuch weiter. Es enthält Hinweise, die in keiner anderen Quelle auftauchen: Der Häuptling Kahura wird von ihm Pedro genannt, vermutlich gaben ihm spanische Seefahrer, die vorher das Gestade besuchten, diesen Namen. »Die Insel ist nicht volkreich«, notierte Heinrich Zimmermann, »und was Cook als Grund dafür vermutete, erfuhr er durch zwei Jungen, die wir bei unserer am 12. Februar erfolgten Abreise mitgenommen hatten. Die Kinder erzählten, daß fast immer eine Familie mit der anderen Krieg führte und daß erschlagen und verzehrt werden würde...«

Gottlob ging es Clerke gesundheitlich besser. Er hatte leicht zugenommen und war recht guter Laune, wenngleich er noch arg hustete. Cook war in jenen Tagen sehr nachdenklich. Seine Gedanken kreisten um Elizabeth, die er so betrübt zurückgelassen hatte. Mit dieser Reise hatte er das vertrauensvolle Verhältnis zu seiner großartigen Frau aufs Spiel gesetzt. Ob sich das lohnte? Dann die Frage nach seinem Kind: War es schon geboren worden? Doch ein Expeditionskapitän durfte sich keinen Sentimentalitäten hingeben, die Reise mußte weitergehen. Tahiti lag vor ihm und die nordamerikanische Westküste – mindestens achttausend Seemeilen. Zunächst würde er mit den Westwinden bis zum 155. Grad westlicher Länge segeln. Bei 20 Grad südlicher Breite traf er dann auf den Südostpassat. Nordöstlichen Kurs steuernd, würde er den Äquator überqueren, wo der Nordostpassat den Großsegler auf Nordwestkurs brächte. Über 30 Grad nördlicher Breite hinaus verlief der Törn dann nordwärts. Ab da war es möglich, die Westküste Nordamerikas anzusteuern.

Cook wußte, daß er um diese Jahreszeit mit widrigen Passatwinden zu rechnen hatte. Das bedeutete viele Kurskorrekturen, und womöglich mußten sich die Schiffe nach Westen durchschlagen, in Richtung Tonga.

Doch zuvor gab es noch jede Menge Lecks an der chronisch lädierten RESOLUTION zu dichten.

Langfinger auf Tonga

Statt aus Westen blies es aus Osten, und an manchen Tagen fauchten die Böen aus allen Richtungen. Cook, der die Winde der südlichen Hemisphäre zu kennen glaubte, war ratlos. Im Frühjahr 1771 war alles anders gewesen. Ob er wollte oder nicht, er mußte sich nach Westen abdrängen lassen. Der Zeitverzug, sein schmerzhafter Rheumatismus und das darbende, halb verhungerte Vieh in den Laderäumen der RESOLUTION machten ihn mürrisch und ungehalten: ein nervenzermürbender Zustand, der sich erst allmählich änderte, als das Wetter warm und sonnig wurde und die Tonga-Inseln in ihrer ganzen Südseepracht am Horizont erschienen.

Cook wurde ein herzlicher Empfang bereitet, der sich durch Freudengeschrei und singende Mädchen äußerte. Die Laune des in Griesgrämigkeit erstarrten Kommandanten heiterte sich zusehends auf.

Paulaho, König der Freundschaftsinseln (Zeichnung von John Webber).

Während ihres elfwöchigen Aufenthalts stattete er Paulaho, dem König von Tonga, und 153 Inseln der Umgebung einen Besuch ab. Dabei verschrieb er sich einer neuen Aufgabe, der der ethnologischen Beobachtung. Bligh vermaß die Inseln, und die astronomischen Ortsbestimmungen überließ er Bayly und King. So lernen wir Cook auf den Freundschafts-Inseln, wie er die Tongas nannte, als integrationsfreudigen Völkerkundler kennen, über den Williamson bemerkte: »Ich kann mir nicht helfen, er macht sich lächerlich...« Mit freiem Oberkörper und aufgelöstem Haar nahm er an religiösen Zeremonien, nächtlichen Tanzdarbietungen und allerlei Kampfspielen teil. Seine Berichte über das Brauchtum einer schon bald untergehenden Kultur und die authentischen Illustrationen Webbers bilden noch heute wichtige Forschungsgrundlagen zur komplizierten Gesellschaftsform Polynesiens.

Zwischen Cook und Fatafehi Paulaho, einem Südseekönig wie aus dem Bilderbuch, entwickelte sich bald etwas wie Zuneigung. Erschien der zentnerschwere Monarch zum Abendessen in der Kapitänskajüte, so wurde er mit einer Sänfte an Bord getragen, Diener umfächelten sein Haupt, und die Insulaner warfen sich vor ihm in den Staub. Die beiden unterschiedlichen Patriarchen speisten stets allein, denn der König duldete keine Zeugen. Was besprochen wurde, ist unbekannt. Cook äußerte einmal, daß es sehr unterhaltsame Zusammenkünfte gewesen seien, und Fatafehi trank dabei häufig »recht ausgiebig vom Brandy mit Wasser (Grog), so daß er ziemlich schwach auf den Beinen war, als er zu Bett ging«.

Mit Sicherheit beschwerte sich Kapitän Cook über die vielen Diebstähle der letzten Zeit. Dem Schiffszimmermann fehlte Werkzeug, Phillips vermißte Uniformknöpfe. Cooks Diener wurde überfallen und bis auf die Schuhe entkleidet. Clerkes DISCOVERY stahl man alle Katzen, was eine Rattenexplosion zur Folge hatte... Bligh ließ eine Liste mit über 50 entwendeten Gegenständen zusammenstellen. Cook interessierte nicht, daß die Insulaner ein anderes Verhältnis zu Besitz und Eigentum hatten als die Europäer. »Diebstahl ist überall ein Verbrechen«, sagte er und verurteilte einen gefaßten Dieb zu einem Dutzend Hiebe. Gore war entsetzt, denn noch nie hatte Cook Eingeborene auspeitschen lassen.

Bligh bekam den Auftrag, alle Vorbereitungen für die Bestrafung zu treffen. Schon früh am Morgen versammelte sich eine Menschenmenge am Strand. Zum Rasseln der Trommeln traten Offiziere und Matrosen an. Der Insulaner stand gefesselt an einem Pfahl und zitterte vor Angst. Als die Trommeln verstummten, ließ der Schiffsprofoß die neunschwänzige Katze durch seine Hand gleiten. Cook rief: »Sergeant Gibson, verlesen Sie das Urteil!«

Auf ein Zeichen des Kommandanten begann der Profoß mit der Bestrafung. Der Tonganer brüllte auf, als die Peitsche in sein Fleisch biß und seinen Rücken allmählich in lange rote Fetzen zerlegte, während das Blut den weißen Strand tränkte. Irgendwann schrie der Insulaner nicht mehr, sondern hing nur noch da wie ausgenommenes Vieh, blutend, wimmernd. Aus seinem Mund quoll Schaum und Schleim. Die Tonganer brüllten und lachten vor Vergnügen, als handelte es sich bei der Bestrafung um ein Lustspiel. Was für Menschen, dachten die Europäer, obwohl sie die schaurige Szene angezettelt hatten.

Der Schauprozeß half nichts, die Diebereien gingen weiter. Cook griff zur Geiselnahme, ließ weitere Insulaner auspeitschen oder durch Schnitte auf Armen und Beinen als Diebe »zeichnen«. Clerke bestrafte ertappte Missetäter, indem er ihnen die Schädel kahl schor. Doch keine der Maßnahmen fruchtete. Als zwei Matrosen der RESOLUTION abermals beraubt wurden, verlor Cook die Beherrschung und ließ ein Dorf niederbrennen.

Die Führung der beiden Schiffe machte sich langsam Gedanken um ihren Kommandanten, freilich aus unterschiedlichen Blickwinkeln: Gore und Clerke wußten, daß Cook bisher äußerst sparsam mit Gewaltmaßnahmen umgegangen war, obwohl er größten Wert auf Disziplin legte und diese auch stets durchzusetzen verstand. Eingeborenen gegenüber brachte er großes Verständnis auf und blieb selbst in heiklen Situationen kaltblütig. Und nun die Vernichtung des Dorfes? Gore und Clerke waren erschüttert, sie verstanden ihren Kommandanten nicht mehr.

William Bligh setzte sich innerlich ebenfalls mit Kapitän Cook auseinander. Für ihn hatte er gleich mehrfach versagt. Die Behandlung der Insulaner interessierte Bligh nicht, ihm ging es um den Auftrag der Expedition. War diese nicht längst in Frage gestellt? Die unverantwortlich schlechten Reparaturarbeiten auf der Deptforder Werft, der Navigationsfehler vor den Kapverden, all das war auf Cooks Unachtsamkeit zurückzuführen. Kapitän Clerke von der DISCOVERY war ein kranker Mann, und die Diebstähle waren nicht unter Kontrolle zu bringen. Cook hatte ungeeignete Methoden angewandt. Wo waren Forscherdrang und Energie des Expeditionsleiters geblieben? Hatte er sich in den vergangenen Jahren verschlissen? Seine Tatkraft schien beeinträchtigt, sein chronisches Leiden, der Rheumatismus, zwang ihn bisweilen zur Untätigkeit oder ließ ihn die Beherrschung verlieren. Anstatt sein Ziel, den westlichen Teil Nordamerikas, direkt anzusteuern, kreuzte er wie ziellos von einer traumhaften Tonga-Insel zur nächsten... All das ging Bligh durch den Kopf, und er fürchtete ernsthaft um den Erfolg der Entdeckungsreise.

Es gibt Chronisten, die meinen, Cook beschlich auf den Tongas eine gewisse Todesahnung, die ihn die herrliche Zeit voll auskosten ließ. Gleichwohl näherte sich der Tag der Abreise, und Cook schrieb zusammenfassend: »Es ist wahr, daß es wegen ihres großen Hanges zu Diebereien dann und wann unbeabsichtigte Zwischenfälle gab, die nur zu häufig durch die Nachlässigkeit unserer eigenen Leute herausgefordert wurden.«

Hinsichtlich der Kontakte mit den jungen, hübschen Insulanerinnen wurde berichtet, daß für die Dauer der Kreuzfahrten zwischen den Inseln die Mädchen ständig gern gesehene Passagiere waren. Wie aber vertrug sich dies mit Cooks Grundsatz der Disziplin an Bord? Widerspruch reihte sich so an Widerspruch. Und wie ein Witz nahm sich eine Begebenheit am letzten Tag auf den Tonga-Inseln aus, die Heinrich Zimmermann beschreibt: »Allda ging des Herrn Kapitän Cook Bedienter mit einigen Frauenzimmern, in die er sich verliebet, ein Stück Weg in das Land hinein, wurde aber von dazukommenden Mannspersonen ganz entkleidet und mußte nackt an das Schiff zurückkehren.«

Kapitän Cook lief am 17. Juli aus und steuerte in gedrückter Stimmung und mit skeptischen Offizieren Tahiti an.

Der dicke Südseekönig

Tongatapu, im Mai 1993

König Tu'i-ta Tui war ein Herrscher, der nichts mehr haßte als Zwietracht, besonders in der eigenen Familie. Als er merkte, daß sich seine beiden Söhne nicht vertrugen, ließ er symbolisch für jeden einen fünf Meter hohen und einmal einen Meter dicken Korallenquader aufstellen, die er mit einem sechs Meter langen Block »als Brücke der Verständigung« verbinden ließ. So jedenfalls erklärt die Legende das 50-Tonnen-Trilithon Ha'amonga am Nordostzipfel von Tongatapu, der Hauptstadt des Tonga-Reichs. Ein merkwürdiges Gefühl zu wissen, daß schon Cook durch das Portal schritt und sich so seine Gedanken dazu machte. Die Legende ist eine Erklärung, eine andere spricht von dem Eingangstor zur ehemaligen Königsstadt Mu'a und eine dritte deutet es wegen der geheimnisvollen Ritzungen auf dem waagrechten Block als astronomisches Bauwerk, mit dem Sonnenaufgänge beobachtet und Jahreszeiten festgeschrieben wurden. Also eine Naturwarte von der Bedeutung eines polynesischen Stonehenge? Mit großer Sicherheit datiert das Trilithon in die Regierungszeit von Tu'i-ta Tui, und das war um 1200 nach Christus.

Ich nannte das Portal »Tor zur Welt«. Die Tonga-Inseln wurden nämlich bereits um 4000 vor Christus besiedelt, und von hier aus trieb es die Menschen in die unendlichen Weiten des Stillen Ozeans. Ein Ausgangspunkt der polynesischen Wanderung war neben Samoa auch Tongatapu. Tonganer besiedelten und unterwarfen Tahiti, Tuvalu, Samoa und Teile von Fidschi. Gefürchtete Krieger und tollkühne Seefahrer von den Tongas beherrschten weite Teile der übrigen Inselwelt, lange bevor Cook mit König Paulaho Grog trank.

Der Kapitän ankerte in einer Bucht am Ende der Piha-Passage. Heute befindet sich dort das Dorf Mu'a. An den Besuch erinnert ein kleines Denkmal und »Captain Cook's Tree«, ein Ovava-Baum, unter dem sich der Entdecker ausgeruht und einer Zeremonie beigewohnt haben soll.

Als erster Europäer hatte der Holländer Willem Corneliszoon Schouten 1616 seinen Fuß auf die Tonga-Inseln gesetzt. Cook, der fünfte auf der Liste der weißen Ankömmlinge, gilt jedoch als ihr eigentlicher Entdecker. Schließlich brachte er die meisten und besten Informationen mit nach England, und ein Porträt König Paulahos wurde in ganz Europa bekannt. Es zeigte den Herrscher als sympathischen jungen Herrn mit imposanter Federkrone.

Ich erschloß mir die Hauptinsel Tongatapu, den »Heiligen Garten«, mit dem Fahrrad. Unweit des einstigen Liegeplatzes von RESOLUTION und DISCOVERY stieß ich auf die Terrassengräber der Königsfamilie Tu'i Tonga – jener, die durch das Steinmonument zusammengehalten werden sollte. Sie begründete eines der ältesten Königreiche, das seit über tausend Jahren ununterbrochen existiert. An den jetzigen Herrscher, König Tupou IV., konnte ich mich gut erinnern. Der beleibte, große Mann mit dunkler Brille besuchte mehrmals Deutschland. Überhaupt verbindet uns mit dem Inselreich eine traditionelle Freundschaft, die bis 1845 zurückreicht. König George Tupou I. bestieg den Thron und schloß einige Jahre später mit dem deutschen Kaiserreich einen Freundschaftsvertrag, der 1976 erneuert wurde. Durch die Rivalität zwischen Deutschland und England gelang es Tonga, bis 1899 souverän zu bleiben. Nach 70 Jahren britischer Oberhoheit erhielt der Archipel die Unabhängigkeit zurück und trat dem Commonwealth bei.

Vor mir tauchten die ersten flachen Häuser der Hauptstadt Nuku'alofa (»Heimat der Liebe«) auf. Der König mag keine Hochhäuser, besonders keine, die höher sind als der Königspalast, und der hat eben nur zwei Stockwerke. Ich radelte die Vuna Road unmittelbar am Ozean entlang. Wo es nicht mehr weiterging, stand der Royal Palace in einem parkähnlichen Gelände: ein repräsentatives Holzhaus, 1867 im viktorianischen Stil erbaut. Auf einem

Türmchen über dem knallroten Wellblechdach wehte die Flagge mit dem Staatswappen: Krone, Zirkel, Sterne. Aus dem gepflegten Rasen wuchsen Palmen und große Norfolktannen.

Gekrönt wurde König Taufa'hau Tupou IV. 1965 in der Kapelle neben dem Palast. Gern hätte ich mir die Anlage aus der Nähe betrachtet. Ich sprach mit der Palastwache, zwei freundlichen Soldaten, doch die schüttelten bedauernd den Kopf. Der Park durfte nicht betreten werden. »Auch nicht durch Freunde aus Deutschland?«

»Very sorry, no!«

Schade.

Ich stand noch unschlüssig herum, da sah ich eine schwere, schwarze Limousine heranrollen. Die Wache schob eilig das schmiedeeiserne Tor auf. Im Fond des Wagens saß ein weißhaariger Mann mit Stirnglatze, rundem Gesicht und schwarzer Brille. Sein massiger Körper füllte den gesamten Rücksitz des Rolls Royce. Der würdige Herr trug ein braunes Hemd und einen knielangen, geblümten Wickelrock, den *vala*. In der Hand hielt er ein großes Schweißtuch, mit dem er sich übers Gesicht fuhr. Ich erkannte ihn sofort: Es war der König. Da ich recht dicht an der Karosse stand, schaute er interessiert hoch, was er gar nicht gerne tut. Untergebene müssen in Gegenwart Tupous IV. nämlich immer kleiner sein als er, und der Kopf des einfachen Tonganers hat sich stets unter dem des Königs zu befinden.

Auch sonst geht es noch recht feudal zu im Reich: Der König ist geistliches und weltliches Oberhaupt. Im Umgang mit ihm und den Adelsfamilien wird eine besondere Sprache verwendet; Englisch ist jedoch Umgangs- und Amtssprache. Direkt unter der Königsfamilie stehen 33 Familien adligen Geblüts, die über beträchtlichen Grundbesitz verfügen. Der Adel bekleidet hohe Ämter und wichtige Positionen. Das Parlament besteht zur Hälfte aus Mitgliedern dieser adligen Familien. Die Gemeinden schulden dem Adel Respekt und Abgaben, den »Zehnten«, in Form von Naturalien. Aber das Volk, 100 000 Menschen, ist mit den Zuständen im Inselreich zufrieden. Das Reich zählt 172 Inseln, davon sind 45 ständig bewohnt. Und Tupou IV. ist ein beliebter Regent, heißt es jedenfalls offiziell. Inoffiziell weist er schon einige Schatten auf.

His Royal Highness empfängt schon mal Gäste im Audienzzimmer des Palastes. Dann wird um pünktliches Erscheinen gebeten, denn er könnte sonst um seinen Mittagsschlaf oder einen Törn mit der königlichen Yacht gebracht werden. Gut gelaunt spricht er über die tüchtigen Deutschen und den größten Politiker aller Zeiten, Bismarck. Doch bestimmte Geschäftspraktiken der königlichen Familie haben das Volk, besonders den »Querulanten« und Abgeordneten Akilisi Pohiva, mächtig verstimmt. Er ist einer von sieben, den das Volk wählen darf. Da geht es einmal um die Teilhaberschaft des Kronprinzen an einer schwedischen Brauerei, dann um die Paß-Affäre. Für mindestens 30000 US-Dollar, auf das Konto des Königs in den USA zu zahlen, kann man Tonganer werden. Es heißt, HRH habe dort über 100 Millionen Dollar gehortet, während das Volk recht kurztreten muß. Es heißt außerdem, Zusammenstöße zwischen Adel und Untertanen seien nicht mehr undenkbar, vieles sei im Umbruch, nur der König wolle nichts davon wissen. Aber bisher ist noch alles friedlich auf Tonga. Solange die Schatten nicht länger und schwärzer werden, solange niemand hungern und darben muß, besteht keine Gefahr, sagen die Bürger und widmen sich ihrer Hauptfreude, der Geselligkeit bei gutem Essen.

Daß die Tonganer gern Feste feiern und opulente Mahlzeiten lieben, sieht man nicht nur dem König an. Hochzeiten oder Geburten sind mit unvorstellbaren Freßorgien verbunden. Das Date-Line-Hotel organisierte am Anahulustrand ein Fest mit Speisen aus dem Erdofen (*umu*), mit Musik und Tanz. So erhielt ich einen kleinen Einblick in die Reichhaltigkeit der Küche und die abenteuerlichen Mengen, die da an schwarzen Hängebauchschweinen, Hühnern, Fischen, Krabben, Langusten, Obst und Gemüse – ich zählte 50 verschiedene Köstlichkeiten – vertilgt wurden. Mich machte schon der Anblick der aufgefahrenen Speisen satt, noch bevor über das Bankett hergefallen wurde. Einen Augen- und Ohrenschmaus stellten die stilreinen, sehr graziösen Tänze zu melancholisch klingenden Liedern dar. Anders als auf

Tahiti herrscht in der Tonga-Musik das melodische Element vor. Wirbelndes Hüftkreisen wird hier durch anmutige Hand-, Arm- und Kopfbewegungen ersetzt. Der Otuhaka ist ein traditioneller Sitztanz zu Ehren des Königs, dabei wiegen sich die Körper der Mädchen im Rhythmus der Ozeanwellen. Im Licht der untergehenden Sonne nahmen ihre Körper einen bronzefarbenen Glanz an, denn die Tänzerinnen hatten sich vor dem Auftritt mit Kokosnußöl eingerieben.

Me'etu'upake dagegen ist ein Männertanz. Dabei schlagen Trommeln kurze Takte, die Füße der Tänzer stampfen, die Bewegungen sind abgehackt. Kühn werden an ausgestreckten Armen Paddel geschwungen... Auf Tonga tanzen die Insulaner nicht nur für Touristen und Dollars. In den Dörfern finden sich Jungen und Mädchen spontan zum Tanz zusammen. Folklore kommt in diesem Teil des Pazifiks aus der Seele, sie ist seit Generationen ein Ausdruck nie aufgegebener Volkskultur. In Tatai erlebte ich einen Tanzabend ohne Touristen, ich war der einzige Weiße. Mit großer Inbrunst waren die Gruppen bei der Sache. Ich spürte die Freude und den Spaß der Tänzer – von Showeffekten keine Spur. Als Zeichen der Anerkennung kann der Zuschauer zwanglos einen Geldschein auf Brust, Stirn oder Schulter der Tänzer kleben. An jenem Tag in Tatai konnte ich nachvollziehen, daß Cook die Inselgruppe »Friendly Islands« genannt hatte. Selten hatte ich anderswo in unzerstörter Landschaft Menschen von so ansteckender Heiterkeit erlebt. Gab es auf den Tongas auch keine spektakulären Sehenswürdigkeiten, so waren die Inseln für mich doch das Juwel im Pazifik, besonders ihrer freundlichen Menschen wegen.

Beim Abschied an der Vuna Wharf klang Wehmut mit. Ich dachte an die heiligen Flughunde von Kolovai, an die Blow Holes bei Houma, an den Oholei-Strand mit seinen elfengleichen Grottentänzerinnen und an den natürlichen Charme der Leute von Tatai... Dann bestieg ich das Schiff und verließ die nicht mehr ganz glücklichen Untertanen des dicken Königs von Tonga keineswegs in so gedrückter Stimmung wie damals Cooks Leute. Aber mit dem Wunsch, daß die Uhren in diesem Archipel auch künftig langsamer gehen und daß der König in erster Linie an das

Wohl des Volkes denken möge, weniger an das eigene. Nur dann bleibt noch eine Weile erhalten, was wir anderswo im Pazifik vergeblich suchen: eine Oase natürlicher Südseeromantik.

Ein ungnädiger Kapitän

Tahiti und Moorea, im Juli 1777

Cook staunte nicht schlecht, als er nach vierwöchiger Kreuzfahrt seine zweite Heimat Tahiti erreichte und ein Kreuz mit der Inschrift »Christus Vincit – Carolus III. Imperat – 1774« vorfand. Was hatte sich in der Zwischenzeit ereignet? Königin Purea und der junge Häuptling Vehiatua waren tot. Im besagten Jahr 1774 hatten sich zwei spanische Franziskanerpriester für ein Jahr auf der Insel aufgehalten und versucht, die Insulaner zu missionieren, was nicht gelang. Natürlich hatten die klerikalen Bemühungen auch machtpolitische Hintergründe, wenn nicht sogar Pureas und Vehiatuas Tod zur Folge. Eine Frage, die ungeklärt bleiben wird. Jedenfalls machte Cook seinen Anspruch geltend und ließ umgehend: »Georgius Tertius Rex – Annis 1767, 69, 73, 74 et 77« in die Rückseite des Kreuzes schnitzen.

Omai war wieder in der Heimat, doch der Empfang für ihn war kühl, man ignorierte ihn. Vielleicht waren seine Geschichten vom fernen London so unglaubwürdig, daß die Tahitianer ihren Verwandten für einen dreisten Lügner hielten. Omai fühlte sich unverstanden, war beleidigt und hoffte, auf seiner Insel Huahine mehr Verständnis zu finden.

Seit der Invasion von 1774 befanden sich die Inseln Tahiti und Moorea im Kriegszustand, deshalb wurde Cook jetzt Zeuge eines Menschenopfers zu Ehren des Kriegsgotts Oro. Man erflehte Hilfe für einen neuerlichen Waffengang. Ein Marae (Kultplatz) im Süden Tahitis war der Ort des schaurigen Ereignisses, dessen Augenzeugen neben einigen Priestern und dem Häuptling Tu Cook, Omai, Anderson und der Maler waren. Webber hielt die Szene auf seinem Skizzenblock fest. Der Kultplatz befand sich auf

Das Bild John Webbers zeigt ein Menschenopfer (oben). Webber und Cook wohnten der Zeremonie in solch einem Marae (Kultort) auf Tahiti bei (rechts oben). Rechts der Künstler John Webber (Johann Wäber) selbst.

einer Lichtung, die ein mächtiger Schutzwall aus Steinen umschloß. Eine Gruppe von adligen Kriegern, Musikanten, Priestern und Fetischdienern fand sich vor einer Hütte ein und erwartete die Anweisungen Tus. Frauen waren nicht zu sehen, da ihnen das Gesetz die Teilnahme an Kulthandlungen verbot.

Plötzlich wurden mannshohe Faßtrommeln geschlagen, heilige Trommeln, die nur geweihte Musikanten berühren durften. Und in das Dröhnen hinein schleppten andere Krieger einen an einen armdicken Stab gefesselten menschlichen Leichnam, die Opfergabe. Sie wurde vor einem altarähnlichen Gestell deponiert. Während das monotone Trommeln anhielt, schürten Diener ein offenes Feuer. Die Mystik der Szene unterstrich ein Berg blanker Totenschädel im Hintergrund – wahrscheinlich von früheren Delinquenten – und eine Hundemeute, die auf dem Holzaltar lauerte.

Cook erfuhr, daß es sich bei den Menschenopfern um Verbrecher oder Landstreicher handelte. Man überfiel die Unglücklichen hinterrücks, steinigte sie zu Tode und benutzte sie als Opfergabe. Einige Stunden später wurde der Tote nach einem bestimmten Zeremoniell begraben, der Schädel allerdings nach einigen Tagen wieder herausgeholt. Schrie in der Zwischenzeit ein Vogel in der Umgebung, so war das ein Zeichen dafür, daß Oro die Opfergabe angenommen hatte.

War es Naivität oder Neugierde? Wir wissen nicht, warum sich Cook einige Tage später auf die Nachbarinsel Moorea zu den Todfeinden der Tahitianer begab. Leider wurde dann »Gottes süßeste Schöpfung«, das herrliche Moorea, ein Schauplatz von Auftritten, an die sich die Briten nur mit Scham und Bedauern erinnerten.

Häuptling Tus Bitte, Cook möge ihn im Kampf gegen die Mooreaner unterstützen, hatte der Kapitän entrüstet abgelehnt. Schließlich wollte er unparteiisch sein und bleiben. Mit den besten Absichten, das sei unterstellt, setzte er über. In Wirklichkeit wurde der Besuch eine Strafexpedition, und der Anlaß war eine magere Ziege, die kaum Milch gab. Sie stammte aus dem Stall der RESOLUTION und äste auf einer Weide Mooreas, ein Objekt der Begierde für einen Insulaner, der ihr nicht widerstehen konnte. Cooks Marinesoldaten suchten auf der Insel nach dem Dieb und der Ziege, fanden aber weder das eine noch das andere. Nun handelte Cook in einer fast krankhaften Furcht vor Autoritätsverlust: Er befahl die Zerstörung der Hütten und Boote, und das Brandschatzen hielt zwei Tage an. Wüste Salzbuckel tobten sich so richtig aus, bis schließlich die Ziege von verstörten Polynesiern zurückgebracht wurde. Heinrich Zimmermann schrieb zu dem bedauernswerten Vorfall: »Den Schaden, der den Einwohnern dadurch verursacht worden war, können sie in einem Jahrhundert schwerlich mehr ersetzen. Die Leute hatten nach ihrer Art die prächtigsten, zum Teil auch sehr große, mit viel Mühe gearbeitete Kähne. Ich muß daher das Verfahren des Herrn Cook selbst einigermaßen mißbilligen. Als etwas Besonderes sahen wir es an, daß Omai selbst, und drei von seinen Ruderknechten, an dieser Verwüstung das meiste getan und sich weit ärger dabei als wir Europäer betragen haben.«

Gleich am folgenden Morgen verließen die Großsegler Moorea. Die Offiziere schüttelten einmal mehr die Köpfe über Cooks Handlungsweise. Leutnant Kings Vorstellung von einem Schiffsführer, der Eingeborenen gegenüber einfühlsam und verständig ist, wurde schwer erschüttert. Williamson kritisierte Cook offen, und Bligh verhielt sich nur mühsam loyal. So war die Stimmung gespannt, als die Schiffe 24 Stunden später die Insel Huahine, Omais künftige Heimat, anliefen. »Cooky« erwarb von den Häuptlingen für einige Äxte und einen Beutel Glasperlen ein Stück Land für den Polynesier und ließ ihm ein Haus bauen. Leider wurde er dabei von einem auf der Insel vagabundierenden Krieger erneut herausgefordert. Der Mann entwendete einen Sextanten. Gefaßt ließ ihn Cook kahlscheren und ihm beide Ohren abschneiden.

Unter tränenreichem Geheul nahm Omai Abschied von den Briten, die jetzt das Eiland Raiatea ansteuerten. Dort störten Desertionen den Inselfrieden. Cook setzte drei prominente Geiseln aus der Königsfamilie fest und wartete ab. Der Schock über die Inhaftierungen wurde wie ein Sturm der Entrüstung über Raiatea bis Bora Bora getragen, wohin sich zwei Flüchtlinge mit ihren Freundinnen abgesetzt hatten. Wieder ging Cooks Taktik auf, die Deserteure wurden eingefangen und übergeben. Es setzte eine Degradierung und eine Menge Peitschenhiebe.

Mit zwei Schwerkranken – Charles Clerke und William Anderson hatten zweifelsfrei Tuberkulose – begaben sich RESOLUTION und DISCOVERY nun nach Norden, um ihre eigentliche Aufgabe zu erfüllen: die Entdeckung der Nordwest-Passage. Endlich! In den Augen der meisten Offiziere hatte Cook nichts anderes getan, als neun Monate im Südpazifik herumgetrödelt. Was William Bligh, der die vertane Zeit besonders beklagte, jedoch nicht kannte, waren die Instruktionen der Admiralität. Danach sollte die Befahrung der Nordwest-Passage von der pazifischen und der atlantischen Seite gleichzeitig erfolgen. Als Termin für eine Begegnung war der folgende Sommer 1778 vorgesehen worden. Der Erste Lord und seine Mitarbeiter wollten Cook also nicht unnötig unter Zeitdruck setzen.

Tahitis schöne Tochter

Moorea, im Juni 1993

Während Cook mit seinen Rahseglern den blauen Acker des Stillen Ozeans pflügt, seiner letzten bedeutenden Entdeckung, einer großen Enttäuschung und einer tödlichen Gefahr entgegen, will ich, 216 Jahre später, noch etwas auf Moorea verweilen. Die Insel ist zu schön, um sie nur so kurz zu streifen wie die Berichte, die uns von Cooks kurzem und brutalem Aufenthalt erzählen.

Die Hauptstadt Tahitis, Papeete, besteht aus dem lärmenden, stinkenden Boulevard Pomaré, dessen eine Seite vom Hafen und andere von Läden, Hotels und Kneipen gesäumt wird. Ein gigantischer Verschiebebahnhof für Touristen ist dieser Ort mit seinen 140000 Einwohnern. Frustriert über hohe Preise, Krach und Stadtmief bleibt man ein, zwei Tage, um dann davonzufliegen, nach Hause die einen, auf einsame Südsee-Inseln die anderen. Die »Wasserquelle«, so die Übersetzung für Papeete, liegt an

Heute halten »kultische« Zusammenkünfte auf Moorea und Tahiti (Foto) altes Kulturgut wach.

einer schönen Bucht, nur leider kann man nicht baden, das Wasser ist zu dreckig.

Abends am Quai de Plaisance: Wenn die Sonne hinter den markanten Vulkanschloten Mooreas untergeht und die großen Ruderboote im Schein des Abendrots in den Hafen gleiten, da wird der Besucher bei aller kommerziellen Hektik der Stadt von romantischen Gefühlen überwältigt, ob er will oder nicht. Es treibt ihn weiter, Zielen seines Fernwehs zu.

Moorea ist zwar auch nicht mehr die Südsee-Insel Gauguins. Aber es liegt zum Greifen nahe bei Tahiti und läßt ahnen, wie es früher einmal war. Nach Moorea kann man fliegen, mit der Fähre fahren oder mit einer Yacht segeln. Ich entschied mich diesmal fürs Segeln. Der Gaffelkutter hieß BALI HAI. Seine Crew bestand aus vier Personen, dem Skipper, seinem Vertreter und zwei Insulanerinnen. An Bord befanden sich noch einige Leute mit viel Zeit, denn der Törn bis zur Baie de Cook im Norden Mooreas dauerte sechs Stunden. Die Fähre wäre in einer Stunde auf der anderen Seite gewesen.

Ohne Hast wurden an einem der eintönig schönen Vormittage die Segel gesetzt. Eine frische Brise schob uns an Papeete vorbei nach Norden. »So, Leute, ich heiße Bruce«, sagte der Captain nach einer Weile, »und das ist John, Bootsmann auf der BALI HAI. Außerdem haben wir Atiha und Temaha als weibliche Smutjes an Bord.«

Die beiden Männer machten den Eindruck geborener Lebenskünstler: braungebrannt, freier Oberkörper, zerschlissene Jeans, beide um die 35 Jahre alt.

»Wir kreuzen am Pointe Aroa vorbei, machen an Bord Picknick und laufen dann in die Baie de Cook ein. Ich will euch nicht zuviel versprechen, aber die Bucht ist die schönste der Welt. Obwohl sie so heißt, hat Cook dort allerdings niemals vor Anker gelegen.«

Wir segelten vor der Kulisse der beiden Inseln in einen jener heißen, zeitlosen Südseetage hinein. Ein Saum weißer, gebrochener Wellen warnte Bruce vor dem Riff, das Moorea bis auf wenige Durchfahrten wie ein Korsett umklammert. Allmählich zerrannen die kräftigen, aufpeitschenden Farben Azurblau, Türkisgrün,

Honiggelb und Gischtweiß zu flimmernden Pastelltönen. Die Hitze stand wie flüssiges Gas über der »schönen Tochter Tahitis«. Wir dösten und genossen die Ruhe.

Die beiden segelnden Lebenskünstler stammten aus Los Angeles und waren einst als Aussteiger mit kleinen Ersparnissen hier angekommen. »Wir wollten als Beachcombers das einfache Leben der Eingeborenen teilen«, sagte Bruce. »Aber bald ging uns das Nichtstun und die Einfallslosigkeit der Vahinés auf die Nerven. Wir kratzten unser Geld zusammen und kauften diesen Kahn. Das war 'ne gute Investition Jetzt sind wir unabhängig und machen je nach Laune 'nen Törn mit zahlenden Gästen.«

Eine Vahiné erschien an Deck und setzte sich auf Johns Schoß. »Wenn die Mädchen uns nicht mehr mögen oder umgekehrt, trennt man sich. Alles ist so herrlich unkompliziert«, meinte John. Das Mädchen lächelte vieldeutig.

»Man muß schon auf einige Annehmlichkeiten verzichten können«, sagte Bruce. »Ohne Geld bleibt einem nur ein verdammt karges Leben auf Tahiti.«

»Dafür leisten wir uns den Luxus, Zeit zu haben«, sagte John.

Am Nachmittag stießen wir durch das Korallenriff und in die traumhaft gelegene Baie de Cook. Unbeschreiblich schön ist diese Bucht. Das liegt an der Stimmung, am Rausch von Farben und Licht, an der Form der Vulkane, am Idyll von Häusern und Palmen... Auf Reede ankerte die WIND SONG, ein schneeweißer Luxusliner mit vier Masten, dessen Attraktion die optimale Ausnutzung von Motor- und Windkraft ist. Seine Segel lassen sich automatisch setzen.

Wir gingen an einem einfachen Holzsteg vor dem Örtchen Paopao längsseits und ließen noch einmal die Bucht und den Abend auf uns wirken. Um die Stimmung perfekt zu machen, erschienen Atiha und Temaha in geschlitztem Rock, mit wiegenden Hüften und verführerischem Lächeln. Die Blüten ihrer Leis um Hals und Stirn dufteten bezaubernd. Zum Abschied reichten sie uns Cocktails, eine Mixtur aus Ananas- und Papayasaft, Rum und Coca Cola. Sie schmeckte wie die süße Sünde.

In einem klapprigen Inselbus begab ich mich auf der Küstenstraße in Richtung Westen. Moorea Village war mein Ziel. Ich freute mich schon auf diese einfachen Behausungen am Strand: Die Betten waren Pritschen, elektrisches Licht gab es nicht, und die Dusche bestand aus einem kalten Wasserstrahl. Aber man schlief bei offener Tür, und das Nachtlied sangen Wind und Wellen. Das Wasser war klar und sauber, in den Korallenbänken machte das Tauchen besonderen Spaß. Tiki, mein Lieblingsdorf, konnte ich durch eine Strandwanderung erreichen.

Dumpf dröhnten Pahutrommeln durch die Nacht, gespenstisch flackerten die Lagerfeuer. Über die Rücken der Musiker rann der Schweiß. Jetzt trippelten die Tänzerinnen in die Arena. Sie kamen aus vier Richtungen und aus der Dunkelheit des Waldes. Ihre Arena war der Dorfplatz von Tiki, wo an diesem Abend

Zu den Pahutrommeln tanzen die Mooreaner den aufreizenden Tamué.

Gut tanzt, wer trotz des anstrengenden Ami (Hüftkreisens) entspannt lächelt.

Tamué getanzt wurde – ein frenetisch erotisierendes Spektakel, das die Gesellschaftsinseln schon zu Cooks Zeiten bis nach Europa bekanntgemacht hatte.

Bis ins Mark drang der Trommelwirbel, und das Zwerchfell bebte, als die Mädchen einander fanden, zu einer Masse verschmolzen. Arme und Hände kreisten über den Köpfen dieser Masse, sie wogte nach rechts und links wie das Schwappen der Ozeanwellen. Blutrote Gewänder wallten, Baströckchen tanzten auf wippenden Gesäßen, schwarzes, langfließendes Haar war mit

Kränzen aus zartem Farn und Frangipani-Blüten geschmückt. Die schlanken Hälse zierten Ketten aus polierten Kukui-Nüssen. Tief und stetig schlugen die Trommeln. Die Mädchen rissen die Arme himmelwärts und flossen dahin – in vollendeter Harmonie.

Beschwörend erklang ein Männerchor aus der Tiefe des Raumes, und die Trommeln wurden noch härter, noch aggressiver, bis zu einem monotonen Pochen. Die Mädchenkörper trennten sich, wirbelten strahlenförmig auseinander. Unvermittelt gingen die fließenden Bewegungen in den rasanten Ami, das Hüftkreisen, über. Und nun wirbelten die Männer herbei, athletische Figuren mit Stirnband, tätowiert an Armen, Beinen und Brust, um die Hüften einen weißen Lendenschurz geschlungen.

Tanzend formierten sich Paare, schwebten aufeinander zu. Sie ließ die Hüften kreisen. Er riß die Knie auseinander, preßte sie wieder zusammen. Betörend, wie die Gesäße der Mädchen wirbelten! Konnte ein Tanz fruchtbarer wirken? In Doppelreihen vibrierten und tobten die Körper voreinander. Dabei hoben und senkten sich die Arme, die Augen schlossen sich, um gleich wieder weit aufgerissen zu werden. Schweiß floß in Strömen über Schläfen und Nacken. Stampfende Füße trieben Staubwirbel in die Luft, umhüllten die Tänzer.

Die Körper beschworen Sinne und Begierden. Es war, als gerate der Kosmos in Bewegung. Gebannt nahmen die Zuschauer teil an der hypnotischen Kraft des Tanzes. Tänzer und Zuschauer bildeten eine Einheit mit dem Wunsch, sich zu entladen. Mit unheimlicher Kraft wurde der Tanz priapeisch, der Ami ein heftiges Zukken. Tänzer, Zuschauer, alles tobte einem Höhepunkt zu, dem kollektiven Orgasmus... Frenetischer Beifall erklang aus der Menge. Die Tänzer wirbelten davon, zurück in die Dunkelheit. Jäh erstarben die Trommeln. Der Schädel dröhnte, vor den Augen tanzten grelle Lichter. Wie benommen saß ich da. Der Tamué – was für ein Tanz!

Kaum erholt, sprang Moares Pah in den Ring. Er jonglierte mit vier lodernden Fackeln und lief über glühende Kohlen. Moares galt als bester Feuertänzer Mooreas. Mehrere Monate im Jahr lebte er hier im Museumsdorf Tiki und pflegte mit einer Gruppe weiterer Insulaner altes polynesisches Brauchtum: Einheimische Speisen wurden im Erdofen zubereitet, traditionelle Tänze, von den Missionaren seinerzeit als obszön verdammt, lebten wieder auf. Das Kunsthandwerk wurde demonstriert und gelehrt. So ist Tiki heute eine Stätte der »guten alten Zeit«. Aber auch der Name für Figuren aus Holz oder Stein, Statuen, in denen magische Kräfte schlummern. Nach dem Glauben der Polynesier sind sie Mittler zwischen Göttern und Menschen.

Am Ufersaum des Dorfes standen mehrere dieser Figuren, und Moares erzählte mir, daß auf den Inseln noch viele Menschen an die Macht der Tikis glaubten. Er tat es selbst, davon war ich überzeugt. Nie würde es ihm einfallen, eine Figur umzusetzen oder achtlos die Leine seines Bootes an einem Tiki zu befestigen. Er erklärte mir: »Seine geheime Kraft segnet die, die ihn geschaffen haben, schreckt andere ab und vernichtet Fremde und Feinde.

Moares Pah konzentriert sich auf seinen Auftritt als Feuertänzer.

Wer den Tikis nicht Respekt zuteil werden läßt, den verfolgen sie mit Krankheit, Not und Tod.«

Wenn Moares nicht gerade den Feuertanz demonstrierte, war er auf See, um auf traditionelle Weise zu fischen, mit einer einfachen Harpune oder dem selbstgeknüpften Treibnetz. Der Fang wanderte zum Garen in den Erdofen. Moares war ein Meister in der Zubereitung von Speisen zwischen heißen Steinen.

Während er Besucher aus Japan, Europa und Amerika mit seinem Feuertanz in Bann schlug, garten die Speisen – in Bananenblätter gewickelt, zwischen heißen Steinen – knapp einen Meter unter der Erde: Taroknollen, Yams, Tapioka, Fleisch und Fisch, auch die Brotfrucht durfte nicht fehlen. Der Beifall für den Auftritt Moares war noch nicht verstummt, da rannte er auch schon zu seinem Erdofen, schaufelte mit Helfern die dicke Sandschicht herunter und legte die heißen Speisen vorsichtig frei. Die Ge-

Im Erdofen gegarte Brotfrüchte schmecken wie Kartoffeln. Schlankmacher sind sie augenscheinlich nicht.

richte wurden portioniert und im Versammlungshaus zu einem riesigen Buffet aufgebaut. Nach einer kurzen Erklärung der tropischen Köstlichkeiten wurde die Tamaaraa, das polynesische Gelage, eröffnet.

Jemand reichte mir einen Teller mit einer halben Brotfrucht. »Für den größten Hunger«, sagte Moares und lachte. »Schon wieder Brotfrucht?« Er schob noch einen Teller mit Papaya und Geflügelfleisch nach. Dann machten wir uns über das Essen her, natürlich traditionsbewußt mit den Händen.

»Sag mal, Moares«, unterbrach ich sein genüßliches Schmatzen, »deine Nummer mit den glühenden Kohlen, ist die echt?«

Der Polynesier rülpste beleidigt. »Na klar!« sagte er. »Ich beherrsche die Magie der Feuerbeschwörung. Auf Moorea und Tahiti gibt es nur drei Feuergeher, einer davon bin ich.«

»Donnerwetter! Und ich dachte, du rennst über rot angemalte Steine.«

»Dem Feuer standhalten ist ein göttliches Privileg. Wir Feuertänzer stehen in direkter Verbindung zum Feuergeist.«

»Dann bist du nebenher ein Fakir?«

Moares konnte mit diesem Ausdruck nichts anfangen, aber er erzählte mir etwas über die gefürchteten Krieger der Fidschis. Noch zur Zeit der Entdeckungsreisen Cooks lebten auf der Inselgruppe Kannibalen. Dieses Sawau-Volk war wegen seiner unerschrockenen Krieger besonders gefürchtet, auch weil sie allesamt Feuergänger waren und sich vor nichts und niemandem ängstigten. Der Feuergeist hatte die Krieger unverwundbar gemacht. Menschen anderer Völker und Stämme lebten in Angst und Schrecken vor den Sawau.

»Du bist zur falschen Zeit auf der Welt«, sagte ich.

Er strich sich das lange Haar aus dem Gesicht und knotete es im Nacken zusammen. Ich betrachtete seinen Talisman am Hals, dann seine tätowierten Arme. So sah also einer aus, der mit dem Feuergott im Bunde stand.

Auch Moares hatte mich beobachtet und grinste schelmisch. »Wir kennen uns schon eine Weile«, meinte er, »und haben vor dem Riff zusammen gefischt. Wir sollten keine Geheimnisse voreinander haben. Ich will dir meines verraten.« Unauffällig zeigte er mir seine Fußsohlen, fleischfarbenes Schildpatt klebte darunter.

»Aber dein Fackeltanz ist hohe Jonglierkunst«, sagte ich. Er lachte und schlug mir auf die Schulter.

Die Entdeckung

Sandwich Islands, im Januar 1778

Der Kampf mit den Elementen gestaltete sich mühsam. Cook kreuzte nicht gegen den Passatwind an, sondern segelte von den Gesellschaftsinseln aus zunächst durch die Südost-Passatzone und die Mallungen. Nach Erreichen des Nordostpassats begab er sich auf Steuerbordbug nordwärts bis ins Gebiet wechselnder und westlicher Winde und danach ostwärts. Was später übrigens die klassische Seglerroute zur nordamerikanischen Westküste wurde.

Am 18. Januar 1778 erblickte der Ausguck bei 22 Grad nördlicher Breite und 225 Grad östlicher Länge Land. Noch schemenhaft gab das erste Tageslicht steile, bewaldete Vulkangipfel preis: erst die Insel Oahu, dann Kauai und Niihau. Cook nannte die Gruppe Sandwich-Inseln nach seinem Freund und Gönner, dem Earl of Sandwich. Später wurde der gesamte Archipel nach der größten Insel Hawaii benannt.

Auch diesmal begleiteten Mißverständnisse und tragische Umstände die Ankunft der Europäer. Cook ließ in der Waimea-Bucht im Südwesten Kauais ankern. Er war beeindruckt von der Kulisse dieser zauberhaften Insel – wie alle, die nach ihm Kauai besuchen sollten. Als ein Beispiel sei Mark Twain zitiert: »Ich sah ein Gefüge hoher, steiler Berge, ganz nah, in erfrischendes Grün gekleidet und zerklüftet von tiefen, kühlen, schluchtartigen Tälern – und vor mir die große Weite des Ozeans: dicht am Ufer ein leuchtendes, durchsichtiges Grün, begrenzt und umsäumt von einem langen, weißen

Streifen schaumig gegen das Riff schlagender Gischt, und weiter draußen das dunkelblaue Wasser des tiefen Meeres... Wenn die Sonne unterging, war es ein Hochgenuß, eine Verzückung, in der duftenden Luft zu sitzen und zu vergessen, daß es noch eine andere Welt als diese verzauberten Inseln gab.«

Doch Cook war auch von der Erkenntnis fasziniert, daß es sich bei den Insulanern offenbar um Vertreter derselben Rasse handeln mußte, die er auf Neuseeland, Tahiti, Tonga und auf der Osterinsel angetroffen hatte. Die Menschen sahen ähnlich aus, verständigten sich in einer verwandten Sprache. Offenbar handelte es sich um ein kühnes Seefahrervolk, das von irgendeinem Ausgangspunkt die verlorenen Landtupfer der pazifischen Wasserwüste besiedelt hatte. Seenomaden mit rätselhaften Navigationskünsten mußten

Der Hawaiianer Herb Kawainui Kāne hielt auf seinem Gemälde das Erscheinen Cooks vor der Küste Hawaiis fest.

diese Polynesier sein. Und Cook, der Navigator, zollte ihnen höchsten Respekt. Gern hätte er ihre seemännischen Fähigkeiten ergründet.

Drei Boote wurden an Land geschickt, die Süßwasser aufnehmen sollten, kommandiert von dem unerfahrenen Leutnant Williamson. Er mißverstand die Begeisterung der Hawaiianer, schlug auf mehrere mit dem Gewehrkolben ein und erschoß schließlich einen Insulaner.

Als Cook davon Meldung gemacht wurde, war er außer sich und wies den Dritten Offizier herbe zurecht. Eigentlich aber trafen die Vorwürfe ihn selbst. Er hätte dem ängstlichen, ungewandten Iren den Auftrag nicht geben dürfen. Williamson fühlte sich jedenfalls gekränkt und schwer beleidigt. Und es bleibt ungewiß, ob er Cook den Tadel jemals verzieh.

Der Kommandant beschloß, gleich am nächsten Morgen an Land zu gehen und verschwand in seiner Kajüte, um sich dem Phänomen polynesischer Orientierungskunst auf See zu widmen. Er kam zu keiner brauchbaren Erklärung. Heute wissen wir, daß die Navigation des Inselvolks auf außergewöhnlichen Sinnesleistungen beruhte. Es orientierte sich an der Windrichtung, am Lauf der Gestirne, an der Temperatur des Wassers, an den Meeresströmungen, am Flug der Seevögel und an der Art der Wellen.

Dazu ein Beispiel: Um 1800 verließen einige Katamarane Samoa und wollten Tonga erreichen. Man war bereits mehrere Tage und Nächte unterwegs, ohne Land gesehen zu haben. Allmählich wurde der Navigator Akauola unruhig, und schließlich gestand er das Unmögliche ein: Er hatte die Orientierung verloren. Aber in einem anderen Boot saß der blinde Mitreisende Fuita Kaho mit seinem Sohn Pooi. In seiner Verzweiflung konsultierte Akauola den Blinden, von dem man wußte, daß er einst ein guter Seemann gewesen war. Kaho fragte: »Von welchem Stern her weht der Wind?« Es wurde ihm gesagt. Nun tauchte er seine Hand in die See und sagte: »Das ist kein Tonga-, das ist Fidschi-Wasser!« Der Blinde nannte einen anderen Kurs, und am folgenden Tag wurden tatsächlich die heimatlichen Tonga-Inseln gesichtet. Hexerei? Nein.

»Ein guter polynesischer Steuermann kann den Breitengrad anhand der Wassertemperatur bestimmen«, erklärte der blinde Kaho seinem Sohn. »Der Sternenstand und die Windrichtung ergänzen den Standort. Am Tage steuert man nach dem Winkel zur Sonne. Man muß sich die Position, an der die Sonne aufgeht, am Schattenwurf des Mastes merken. Die jeweiligen Sonnenpositionen hat man sich einzuprägen, bis man den Ablauf wie eine imaginäre Uhr im Kopf trägt. Zusätzlich wird man von der Meeresdünung, von der Wellenform, vom Wind und von der Farbe des Wassers geleitet. Dünung und Wind folgen besonderen Mustern.«

Am nächsten Tag ließ sich Cook an Land bringen. Der Menschenauflauf war erstaunlich. Als der Kapitän allein das Ufer betrat, wunderte er sich, daß sich das Inselvolk vor ihm in den Sand warf. Ein Zeichen der Huldigung? Selbst der König verneigte sich tief vor Cook. Erst auf ein Zeichen der Briten richteten sich König und Volk wieder auf. Nach anfänglicher Belustigung kam Cook die ungeahnte Ehrerbietung merkwürdig vor. Doch was blieb ihm anderes übrig, als sie hinzunehmen? Die Gäste tauschten Geschenke – Glasperlen, Nägel, Spiegel, Messer – gegen allerlei Naturalien wie Schweine, Yamswurzeln, Kokosnüsse, Bananen und Salz.

Was Cook nicht wissen konnte, erzählte später der hawaiianische Schriftsteller Kamakau: »Das Schiff wurde zuerst von Waialua und Waianae aus gesehen. In Waimea auf Kauai ging es in der Nacht vor Anker. Moapu und sein Begleiter sahen den seltsamen Gegenstand nahen. Sie ließen ihr Angelgerät stehen und eilten an Land, um Kaeo und anderen Häuptlingen von der Entdeckung zu berichten. Am Morgen lag nun die wundersame Erscheinung da. Einige Bürger erschraken sehr und schrien auf vor Furcht. Im Tal von Waimea erschallten überall die Rufe der erregten Menschen, die das Schiff, seine Masten und Segel sahen, die wie riesige Stechrochen aussahen. Einer fragte: ›Was sind das für Äste?‹ Die Antwort war: ›Das sind Bäume, die bewegen sich auf dem Meer.‹ Ein Kahuna sagte: ›Das kann nur das *heinau* (der Tempel) von Lono (Gott des Donners, der Wolken, des Windes, der Landwirtschaft und der Fruchtbarkeit) sein, der Turm von Keolewa und die Altarstelle, an der die Opfer dargebracht werden.‹ Die Erregung wurde immer größer und lauter die Ausrufe des Erstaunens.«

So war das Erscheinen der Europäer von heiligem Entsetzen begleitet. Und hatte eine verheerende Auswirkung, wie sich noch herausstellen sollte. In sein Tagebuch schrieb Cook: »Die Sandwich-Inseln sind in mancher Hinsicht die wichtigste Entdeckung gewesen, die je eine Expedition europäischer Seefahrer im pazifischen Raum gemacht hat.« Ein Blick auf alte spanische Seekarten läßt erkennen, daß nicht Cook, sondern mit großer Wahrscheinlichkeit der Spanier Caetano die Inselgruppe bereits 1555 entdeckte. Sein Unternehmen blieb jedoch ohne geschichtliche Folgen und geriet in Vergessenheit. Die strategische Bedeutung Hawaiis reifte erst in der Neuzeit heran: mit der Hauptstadt Honolulu auf Oahu und dem Kriegshafen Pearl Harbor, wo im Dezember 1941 japanische Bomber die Pazifikflotte der USA zerstörten.

Das Leben auf den Sandwich-Inseln war im 18. Jahrhundert nach strengen Gesetzen geregelt, den *kapu*. Wer gegen ein *kapu* verstieß, wurde getötet. Das Todesurteil konnte auf verschiedene Weise vollstreckt werden: zum Beispiel durch Erschlagen, Erwürgen, durch verbrannt oder lebendig begraben Werden. Wenn der König einen Gott beschwichtigen wollte, diente ein Gesetzesbrecher als Opfer. Aber auch der schlimmste Verbrecher hatte die Chance, einen Zufluchtsort (*pu'uhonua*) zu erreichen, an dem er unbehelligt leben konnte, sofern ihn die Krieger des Königs nicht vorher abfingen.

Die brutalen *kapu*-Regeln zogen sich durch alle Lebensbereiche. »Eine Person konnte allein deshalb getötet werden, weil ihr Schatten auf das Haus eines *kapu*-Häuptlings fiel. Auch derjenige, der es wagte, das Haus zu betreten, ohne vorher seinen Lendenschurz auszuwechseln, war seines Lebens nicht sicher«, berichtete der Historiker David Malo.

Die Gesetze verboten es den Frauen, gemeinsam mit Männern zu essen und beispielsweise Schweinefleisch oder Bananen zu genießen. Die Adelsschicht (*alii*), der König (*moi*), Priester und Häuptlinge benutzten das *kapu*-System bisweilen, um das Volk unter dem Vorwand religiöser Ordnung zu unterdrücken. Kamehameha II., König von Hawaii, setzte die Blutgesetze 1819 außer Kraft, doch immerhin regelten sie noch 40 Jahre nach Cooks Eintreffen die Belange des Königreichs.

Die Europäer fanden also eine einfache, jedoch klar strukturierte Kasten-Gesellschaft vor. Cook und sein leitendes Team hatten zwar eine vage Vorstellung von dem Sozialsystem der Hawaiianer, blieben in ihren Beobachtungen jedoch an der Oberfläche. Das war wegen der Kürze ihres Aufenthalts auch nicht anders möglich.

Eines Tages besuchte Cook einen Tempel (*heiau*) im Waimea-Tal. Er war sehr beeindruckt von der Anlage, die der auf Tahiti

John Webber vermochte den Liebreiz der Polynesierinnen Hawaiis auf der Zeichnung links festzuhalten. Das Foto rechts zeigt ein gleichaltriges Mädchen beim Hula-Tanz.

sehr ähnlich war. Ob dort wieder ein Mensch geopfert wurde, wissen wir nicht. Cook berichtete lediglich von Anzeichen, die auf Menschenopfer hinwiesen. Es ist bekannt, daß es in jener Zeit auf Kauai eine beträchtliche Anzahl Ausgestoßener (*kauwa*) gab, die als Parias abseits der Gesellschaft lebten. Äußerlich war die Gruppe an der besonders tätowierten Stirn erkennbar. Von den Häschern der Priester wurde auch dieses Häuflein Unglücklicher eingefangen und Gottheiten geopfert.

Gottheiten gab es viele: Kane, Gott des Sonnenlichts, des frischen Wassers und der Wälder, und Lono verlangten keine Menschenopfer; anders Ku, der Gott des Krieges. Weitere Gottheiten waren die launische Pele (Vulkangöttin), Laka (Schutzgöttin der Hula-Tänzer) oder Kanaloa (Herr des Ozeans). Insgesamt zählte man Hunderte von Gottheiten.

Die Briten waren also nicht im Paradies, aber sie fühlten sich so. Man frönte den Äußerlichkeiten: Hula-Tanzfesten, den freundlich-unterwürfigen Menschen, dem Liebreiz der hübschen Mädchen. Und man war beeindruckt von der Pracht ihres Schmucks und den herrlichen Federarbeiten. Cook pries diese mit den Worten: »Ihre Außenseite könnte man mit dem dicksten und reichsten Samt auf eine Stufe stellen.« Und sein Leutnant James King ergänzte: »Umhang und Helm aus Federn sind, was ihre Schönheit und Pracht betrifft, denen jedes anderen Volkes ebenbürtig.«

Wer heute im Bishop Museum in Honolulu oder im Kauai Museum Lihues die Capes, Helme und Umhänge betrachtet, wird von der Federknüpfkunst der Insulaner ebenfalls begeistert sein. Geradezu berühmt sind der Federkronenhelm eines hawaiischen Kriegers auf einem Stich von John Webber. (Das Bild weist erstaunliche Ähnlichkeit mit einem spanischen Grande auf.) Auch der sagenhafte Federumhang Kamehamehas I. zählt zu den erwähnenswerten Stücken. Gegenstände dieser Art sind heute unbezahlbar und gehören zu den wertvollsten Beispielen pazifischer Kunst. Abgesehen davon können sie nicht mehr hergestellt werden, da die meisten Vögel, deren Federn für die farbenprächtigen Muster verwendet wurden, ausgestorben sind. Jahrzehntelang arbeiteten die Federpflücker, bis der Umhang eines Häuptlings geknüpft war. Es gehörten an die 450 000 Federn von 80 000 Vögeln dazu. Der geeignetste Federlieferant war der *mamo*, der schwarze hawaiianische Zuckervogel.

Aber auch der Körperschmuck – Halsketten, Kopfbänder und Fußringe aus Blumen und polierten Nüssen, Zähnen oder Schildpatt – wurde auf Hawaii weiter entwickelt als anderswo in der Südsee. Tätowierungen waren ebenfalls bekannt, aber nicht so vollflächig wie bei den Maoris. Als Zeichen der Trauer galt das Herausreißen von Zähnen und das Abschneiden von Ohren und Haaren.

Der Missionar Ellis, einst Zeuge, als sich Königin Kamamalu die Zunge tätowieren ließ, schrieb: »Die Schmerzen mußten zeitweise so stark sein, daß die trauernde Königin bat, die Nadel ruhen zu lassen.« Und Kamamalu sagte: »Der Schmerz ist groß, doch noch größer ist der Schmerz meiner Trauer.« Getrauert

Der hawaiianische Krieger mit Federhelm wirkt wie ein spanischer Grande (Zeichnung J. Webber). Der junge Mann auf dem Foto rechts lebt im heutigen Waimea, wo Cook einst die Insel Kauai betrat.

wurde, wenn Partner oder Familienangehörige durch Unfälle oder im Kampf umkamen.

Wie im frühen Mittelalter bei uns, so nahmen die verfeindeten Verbände in Reih' und Glied Aufstellung. Nach Gladiatorenart maßen zunächst zwei Krieger ihre Kräfte, bis einer unterlag. Die Armeen feuerten sie an und beschimpften sich gegenseitig. So in Rage gebracht, stürzte man sich unter wildem Geheul und dem Dröhnen der Waffen aufeinander. Es gab den sechs Meter langen Speer, Wurfspieße, Dolche aus Hartholz (*pahooa*), Keulen, Steinäxte oder Würgeseile. Eisen war den Polynesiern unbekannt. Da man auf Hawaii vereinzelt eiserne Gegenstände aus der Zeit vor Cook fand, wird dies als ein weiterer Beweis für die frühere Landung der Spanier gewertet.

In Friedenszeiten erfreuten sich die Menschen an Gesang und Tanz. Dabei ist die hüftkreisende Hula-Tänzerin, barbusig und im Bastrock, das, was der Europäer mit Hawaii assoziiert. Die traumhaft hübschen Mädchen müssen selbst dem spröden, prinzipienfesten Cook aufgefallen sein, denn er äußerte sich vorsichtig anerkennend über ihr anmutiges Äußeres, das jenes der Tahitianer sogar überträfe und europäische Züge aufweise. Der bereits zitierte Hawaiianer Kamakau behauptete gar, der Kapitän selbst habe sich auf Kauai mit der Prinzessin Lelemahoalani getroffen und mit ihr geschlafen. Schwer vorstellbar, aber nicht ausgeschlossen, obgleich alle übrigen Berichte eine solche Verbindung ausschließen. Cook erkannte jedenfalls, daß seine ausgehungerte Mannschaft eine Gefahr für die Insulanerinnen bedeutete. Er erließ mehrere Befehle und verbot unter Androhung schwerer Prügelstrafen, daß Frauen an Bord kamen. Er verfügte, daß es Landgang nur bis Anbruch der Dunkelheit gab und daß unter Geschlechtskrankheiten leidende Besatzungsmitglieder unbedingt an Bord bleiben mußten.

Zu spät oder wirkungslos? Die aufgestauten Bedürfnisse ließen sich jedenfalls nicht unterdrücken. Thomas Edgar, Schiffswachtmeister auf der DISCOVERY, berichtete: »Unsere Leute wendeten alle möglichen Tricks an, um Frauen an Bord zu bringen. Da erschienen als Männer verkleidete Hawaiianerinnen. Aber auch die

Frauen versuchten alles, um die Burschen in ihre Häuser zu lokken. Manchmal haben sie sie mit Gewalt hineingezogen.«

Männer von der Resolution und Discovery übertrugen Syphilis und Gonorrhöe auf eingeborene Frauen. Mit diesen und anderen tödlichen Keimen, der Grippe zum Beispiel, setzte sehr bald die Zerstörung des hawaiianischen Volkes ein. Die Bevölkerung der Inselgruppe wurde von etwa 300000 Menschen Ende des 18. Jahrhunderts auf 60000 rund 80 Jahre später dezimiert. Voller Zorn schrieb der hawaiianische Schriftsteller Kamakau: »Die Saat, die er (Cook) säte, ist aufgegangen und gediehen, sie hat neue Samen gezeugt, die die einheimische Bevölkerung dieser Inseln hat schrumpfen lassen. Krankheiten, die Prostitution, die Illusion, daß er ein Gott sei, die die religiöse Verehrung auf ihn lenkte; Flöhe und Moskitos, Epidemien... Weil er die Menschen tötete...«

Das Auftauchen Cooks, sein kurzes Verweilen von gerade zwölf Tagen, hatte gereicht, die abgeschiedene Inselwelt in ein neues, gefahrvolles Zeitalter zu stürzen. Ein Zeitalter, das von der mächtigen Kamehameha-Dynastie über die Zeit der Walfänger, Kaufleute, Missionare in die Unselbständigkeit und bis zu den weißen Siedlern und Touristenströmen reichte.

»Die Mannschaften trennten sich schweren Herzens von den Frauenzimmern, die auf dieser Insel neben ihrem schönen Aussehen sehr gefällig waren«, bemerkte Heinrich Zimmermann. Auch gab es noch viel zu entdecken, zu erforschen und, wie Cook vermutete, einige weitere Inseln zu erkunden. Aber er hatte es eilig, endlich seinem Hauptziel im Nordpazifik näherzukommen. Der 2. Februar rückte heran.

»Seeklar, Mr. Bligh?« rief Cook über das Deck.

»Aye, aye, Sir. Das Ankerspill ist besetzt.«

»Nun dann!«

»Anker auf!« rief Bligh. Vier Mann stemmten sich gegen die Spaken und brachten das Spill zum Drehen. Geduckt, stampfend liefen sie im Kreis und sangen ein Shanty, während die Ankerkette in den Kasten polterte.

»Klar zum Segelsetzen!«

Gefolgt von der DISCOVERY, ging die RESOLUTION auf Auslaufkurs.

»Großmars brassen!« kommandierte John Gore. Schon machte sich der ewige Atem des offenen Pazifiks bemerkbar.

»Hart Backbord!« Die RESOLUTION ging willig auf den neuen Kurs und pflügte in Richtung Norden, neuen Abenteuern entgegen...

Kauai, Insel der Gärten

Waimea, im Juni 1993

»Regen ist flüssiger Sonnenschein«, heißt es auf Haiwaii, und das trifft für Kauai, die älteste und grünste – da vom warmen Regen üppig benetzte – Insel besonders zu. Seit einer knappen Woche war ich auf Kauai, hatte mein Zelt an der Mündung des Waimea River aufgeschlagen und genoß ein Inselleben, das meine Träume armselig erscheinen ließ. Morgens weckten mich Meeresrauschen und wispernde Kokospalmen. Wenn ich dann im türkisfarbenen Wasser schwamm, legten die ersten Fischer ab, um irgendwo draußen ihre Treibnetze auszuwerfen. Der frühe Vormittag überflutete die Ruinen des alten russischen Forts und den Ort Waimea mit gleißendem Licht. Mein Lager war an einer Stelle aufgeschlagen, die Cook als Landungsplatz benutzt hatte. Durch eine schmale Furt war es ihm damals gelungen, den Korallenring zu durchsegeln.

Jedesmal, wenn ich in den Ort ging, um etwas einzukaufen, begegnete ich Cook in Bronze unter Palmen. Ich kam auch an abgedeckten Häusern, geborstenen Bäumen und wüsten Schutthaufen vorbei, doch dazu später. Das Denkmal des Entdeckers stand am Kaumuali'i Highway, den strengen Blick nach Süden übers Meer gerichtet.

Viel zu rasch verließ Cook das dafür viel zu schöne Eiland. Ich hatte diese Eile nicht. Es gab unendlich viel Fesselndes, das ich

Cook in Bronze unter Palmen in Waimea.

sehen und erleben mußte: den Grand Canyon im Pazifik, die Na-Pali-Küste, Spuren, die Deutsche auf der Insel hinterließen, und immer wieder die ethnische Vielfalt. Im Geist von Aloha (Freundschaft) wuchsen sie zusammen, die Hawaiianer, Kaukasier, Chinesen, Japaner, Philippinos und Europäer. Und nicht zuletzt war ich hier, um ein Segelschiff zu finden, das mich auf Cooks Kurs hinauf an die Westküste Amerikas bringen sollte.

Wer den Archipel betritt, dem wird von einer Inselschönen ein Lei um den Hals gehängt, ein duftender Kranz aus Plumeriablüten: Flowerpower der Südsee. Meiner war längst verwelkt. Der hektische Europäer wird im Pazifik an die wahren Werte erinnert, und dazu gehört auch ein gewisses Maß an »easy going«. Um mich daran zu erinnern, hing die braune, welke Blütenkette mir immer noch am Hals. Wenn man einen netten Menschen traf, hieß der Gruß »hang loose«, dazu wurden Daumen und kleiner Finger von der Faust abgespreizt.

Ein solcher Typ war Freddy. Ihn hatte die Staatsgewalt unlängst aus dem Paradies verjagt. Mit rund 60 anderen Hippies hatte er im legendären Camp Taylor gelebt, unter schattigen Java-Bäumen, am klaren Wasser des Limahuli River, unweit eines herrlich weißen Sandstrandes. Das Gelände gehörte dem Bruder von Elizabeth Taylor, der die Kolonie duldete. Als das Land aber an die Regierung verkauft wurde, verscheuchte die Polizei die Siedler und verbrannte deren Hütten. Heute befindet sich an dieser Stelle der Haena State Beach Park. Freddy und seine Freunde zogen sich in die schwer zugänglichen Na-Pali-Küstentäler zurück, wie vor langer Zeit das Volk der Menehunes. Die Hippies bauten sich Baumhäuser, luftige Domizile, von denen aus sie den berauschenden Blick über Küste und Ozean genossen.

Zahnschmerzen hatten Freddy in die Zivilisation zurück gebracht. In Waimea schlug er sich jetzt als Eisverkäufer durch. »Wandere ins Hanakao Valley, in einem alten mächtigen Mangobaum steht das schönste Baumhaus«, erzählte er mir.

Zunächst nahm ich mir einen Ausflug in den Waimea Canyon vor, und das hatte mit »easy going« wenig zu tun. Es war ein mehrtägiger Gepäckmarsch durch einen gewaltigen Bergabschnitt, der dem Grand Canyon der USA an Schönheit wenig nachsteht.

Vor Sonnenaufgang durchwanderte ich die Ebene des Waimea-Flusses, vorbei an der Kultstätte Henananoo, deren Pyramide Cook ausgiebig beschrieben und Webber gezeichnet hatte. Das mystische Fluidum der Stätte war noch heute nachvollziehbar, und es ist sicher, daß Archäologen hier einen Berg Knochen von Menschenopfern zutage fördern würden.

Kauai ist wie alle Inseln Hawaiis vulkanischen Ursprungs, stellt aber geologisch eine sehr alte Formation dar, die von besonders einprägsamer und fotogener Gestalt ist. Dunkelgrün recken sich die Wände des Mount Waialeale in den Himmel. Der hufeisenförmige Kraterrand gilt als regenreichster Ort der Welt; 12,5 Meter pro Jahr an Niederschlägen hat man gemessen.

Ich durchwanderte eine Insel, die geschichtlich einen besonderen Platz einnimmt. Zum einen wurde sie infolge ihres Alters als erste besiedelt, und zwar von den legendären Menehune-Pygmäen, denen einige architektonische Werke zugeordnet werden. Zum andern existierte auf Kauai das letzte unabhängige Königreich Kaumualiis, das vom Imperialisten Kamehameha I. nicht erobert werden konnte.

Da die Waimea-Region große Niederschlagsmengen verzeichnet, gedeiht in den Schluchten, an den Hängen, in den Tälern eine dschungelähnliche Vegetation. Die Farbe Grün in allen Varianten gab Kauai den Namen »Insel der Gärten«. Mit den »Gärten« sind die subtropischen Wälder und die wogenden Zuckerrohrfelder gemeint.

Es wurde naß, der Trail zur Schlammrinne glitschig und kaum passierbar. Ich wanderte oberhalb an den Hängen weiter durch den Regenwald. Vom Miniaturfarn bis zum Baumfarn waren alle feuchtigkeitsliebenden Pflanzen vertreten. Da wuchs der 'olapa-Baum, dessen Blätter ständig in Bewegung waren. In den riesigen Blättern und hellrosa Blüten des 'ohi'a-Baums suchten Honigsauger und andere Vögel Schutz. Ranken- und Schlinggewächse, hohes Schilfgras und allerlei Blattwerk verschmolzen zu einem triefenden Dickicht. Der Waimea Canyon ist rund 25 Kilometer lang und in Jahrmillionen durch Wind, Regen und Flußwasser als große Erosionsnarbe ins vulkanische Gestein gefräst worden.

Am zweiten Tag ragten die Wände links und rechts über 800 Meter empor, farbenreich und bizarr in den Felsenformationen. Mir war, als durchwanderte ich einen Teil des Grand Canyons Arizonas. Es regte sich kein Lüftchen, am tiefblauen Himmel segelten weiße Haufenwolken ganz langsam in die Schlucht. Ich vermochte eine Gruppe wilder Ziegen auszumachen, die auf schwindelerregend steilen Graten und Wänden ästen: Nachkommen der Ziegen, die einst James Cook den Inselhäuptlingen als Gastgeschenk übergeben hatte.

Am Nachmittag war die Szene eine andere: Nebelschwaden verdichteten das Tal zu einer grauen Waschküche, und in dieses konturlose Grau fluteten schwarze Wolken, aus denen Wasser-

19 Der Polynesier Omai gelangte an Bord der ADVENTURE nach London. (Porträt von Joshua Reynold)

20 Auf seiner dritten Reise „entdeckte“ Cook Hawaii. Ein Inselkönig mit Federhelm begrüßt die Briten. (Gemälde von Herb Kawainui Kāne)

21 Hawaiianische Krieger mit Kürbismasken nähern sich im Doppelrumpf-Kanu Cooks Schiffen. (Aquarell von John Webber)

22

23

24

25

22 Die ersten Polynesier aus Tahiti erreichen die feuerspeiende Welt der Hauptinsel Hawaii. (Gemälde von H. K. Kāne)

23 Pŭŭhonŭa o Honaŭnaŭ, ein Museumsdorf auf Hawaii. Der Holz-Tiki gilt als Beschützer.

24 Hula-Tänzer unweit der Kealakekŭa-Bucht Hawaiis.

25 In der Kealakekŭa-Bucht befindet sich der 8 m hohe Obelisk, der an Cooks Tod erinnert.

26

28

26 Das Dorf Pŭŭhonŭa o Honaŭnaŭ vor 180 Jahren. (Gemälde von H. K. Kāne)

27 Kamehameha der Große sorgte dafür, daß seine Krieger bald Feuerwaffen bekamen. Sein Standbild befindet sich in Kapaaŭ auf Hawaii.

28 Im östlichen Teil des Volcanoes National Park, am Pŭŭ Oo, schleudern die jungen Krater fast ständig glühendes Magma aus dem Erdinneren empor.

29

30

29 Im Oahu-Feldzug trieb Kamehameha I. seine Feinde über die Pali-Felsen nahe der heutigen Hauptstadt Honolulu. Wer an den Klippen steht, kann heute noch die Schreie der Stürzenden hören, heißt es. (Gemälde von H. K. Kāne)

30 Der junge Kamehameha I. wirft eine Haarlocke in die Lava, um Pele zu besänftigen. (Gemälde von H. K. Kāne)

Der Waimea-Canyon kann in einem Vier-Tages-Marsch durchwandert werden.

säulen strömten. Heftige Böen peitschten mir den Regen waagrecht ins Gesicht. Das gelblich-braune Band des Waimeaflusses war nur noch zu ahnen. Bei solchem Wetter wurde er besonders kräftig von den vielen Bächen, die vom Alakai-Sumpf in den Canyon stürzten, gespeist.

Im Canyon baute einst das Elfenvolk der Menehune einen Wassergraben bis zur Küste hinab, besagt die hawaiianische Mythologie, und zwar vor Ankunft der Polynesier. Immer noch werden durch den Graben die Felder oberhalb Waimeas bewässert.

Links wand sich der Kukui-Trail bergan. Er verbindet die Koke'e Road am Canyonrand mit dem Fluß. Für den Höhenunterschied von 830 Metern und die fünf Kilometer Wanderstrecke braucht man bergauf mindestens vier Stunden und eine ordentliche Ration Wasser. Der Trail ist wegen seiner seltenen Vegetation sehr beliebt. Man sieht den Ohia-Eisenholzbaum, den Kerzennußbaum oder Kukui. Die Hawaiianer verwendeten die ölhaltigen Nüsse des Kukui zur Beleuchtung. Auch der Wiliwili-Baum ist anzutreffen. Seine imposanten, orangefarbenen Blüten sind meist von Faltern und Kolibris umschwärmt. Eindrucksvoll geben sich auch die terrassenförmigen Ruinen mit den Resten eines *heinaus*. Nach Meinung vieler Hawaiianer treiben die *akua*, Geister und Dämonen, an solchen Plätzen noch heute ihr Unwesen.

Ich durchwanderte ein Gebiet mit Koas, jenen großen, gerade gewachsenen Bäumen, die von den Insulanern für den Bau ihrer Kanus geschlagen und durchs Tal an die Küste gebracht wurden. Am dritten Tag folgte ich dem Flußlauf. Einen Wanderweg gab es nicht mehr, und das Vorankommen war beschwerlich. Ich stolperte durch das Bachbett des Waiahulu Stream und hoffte, irgendwann auf einen Trail zu stoßen, der mich an den Rand der Schlucht, zum Kalalau Lookout, führen würde. Hinter mir befand sich nun der Alakai Swamp, ein morastiges Plateau am Fuß des 1576 Meter hohen Waialeale. Das Gebiet ist unbewohnt, von gelegentlichen Jägern, die Wildziegen oder Wildschweine zur Strecke bringen, abgesehen. Wanderer, die sich darin verirren, spielen mit ihrem Leben, denn der Sumpf hält sie fest; die Regel: folge einem Flußlauf, um sicheres Gebiet oder Behausungen zu erreichen, gibt es im Alakai Swamp nicht. Flüsse führen zu Klippen und stürzen in die Tiefe. Hawaiianer meiden das wolkenverhangene Gebiet, weil sie es für einen Sitz der Götter und einer Heerschar von Waldkobolden halten.

Als ich endlich auf einen Pfad stieß, der sich steil nach oben schlängelte, dauerte es noch zwei Tage, bis ich schweratmend, mit wackligen Knien, am Aussichtspunkt stand. Aus 1256 Metern

Höhe blickte ich in das Kalalautal hinab. In viele Täler hatte ich schon schauen dürfen, in tiefe, steile, liebliche und wilde, aber Kalalau übertraf alles. Es war atemberaubend schön. Azurblau leuchtete der Pazifik. In ihn stürzten schroff und schrundig Lavahänge in den Farben Schwarz bis Rot. Die Füße der Lavafelsen umspülte ein blendendweißer Gischtsaum, den die Brandung bis zu 50 Meter empor schleuderte. Dann das Farbenspiel in den vielen Felsspalten und Nebentälern! Je nach Lichteinfall und Wolkendecke changierte es in Grün über Gelbgrün bis Schwarz, und das Sonnenlicht flutete ständig anders ins Tal. Das lag an den ewig neuen Wolkenformationen, die vom Ozean hereingeschoben wurden.

Kein Wunder, daß sich an diesem Aussichtspunkt eine Blechlawine staute und ganze Hundertschaften aus den Autos quollen, um wenigstens einen kurzen Blick ins Tal zu werfen. In der Luft knatterten von Zeit zu Zeit Hubschrauber. Vor der Küste kreuzten vereinzelt Yachten und bisweilen ein Passagierdampfer. Gott sei Dank waren das Kalalau-Tal selbst und die Na-Pali-Küste für den Kraftverkehr gesperrt.

Gegen Abend brachte mich ein Bus nach Waimea zurück.

Ein Fort und der Hurrikan Iniki

Die Festung Elizabeth lag auf der anderen Seite der Flußmündung. Sie war nur noch eine Ruine, dennoch interessierte mich ihr geschichtlicher Hintergrund. Also begab ich mich dorthin und betrat die längst verfallenen Mauern.

Aus dem fernen Alaska streckte dessen Kaiserlicher Gouverneur von Russisch-Amerika, Alexander Baranow, zweimal seine Hand nach Hawaii aus. Zur Pelzkolonie am Rand des Eismeers wollte er ein warmes Pendant in der Südsee schaffen. Der fruchtbare Boden Hawaiis ließ zwei bis drei Ernten im Jahr zu und konnte alles liefern, was die Russen in Alaska vermißten.

Zuerst segelte Kapitän Leonid Hagemeister, ein Deutscher, zu König Kamehameha I., um ihm Land für den Plantagenbetrieb abzukaufen. Aber Hagemeister war ein eigennütziger Dilettant und geriet rasch in Streit mit den Insulanern. Die getarnte Landnahme flog auf, und der Deutsche mußte Hawaii verlassen. Den zweiten Versuch startete Baranow ebenfalls mit einem Deutschen, dem Schiffsarzt Dr. Anton Schäffer, in Rußland als Igor Nikolajewitsch Scheffer bekannt. Schäffer war ein talentierter, abenteuerlustiger Mann, der schon seit einigen Jahren, wie viele seiner Landsleute damals, in russischen Diensten stand. 1814 tauchte er in Alaska auf.

Baranow schickte ihn mit 30 Russen, 60 Alëuten und einem Schiff nach Hawaii. Offiziell sollte er botanisieren und die Ladung eines russischen Schiffes suchen, das angeblich irgendwo

Dr. Anton Schäffer, ein deutscher Abenteurer und Organisator. Er wollte auf Kauai eine russische Kolonie gründen.

vor der Küste gestrandet war. Tatsächlich ließ er sich auf Oahu nieder, begann eine Wehranlage zu bauen und legte sich mit Kamehameha I. an, der ihn kurzerhand mit seiner Kriegsflotte nach Kauai vertrieb. Dort erwarb Schäffer Land am Waimea-Fluß. Er wiegelte den Inselkönig Kaumualii gegen Oberkönig Kamehameha I. auf, indem er ihm erzählte, daß er mit Hilfe der Russen Kauai unter Kontrolle bekäme. Schäffer ließ neben dem Hauptfort »Elizabeth«, benannt nach der Frau des Zaren Alexander I., noch zwei weitere Festungen, nämlich »Alexander« und »Barclay«, im Norden Kauais bauen. Dabei halfen ihm Russen, Alëuten und Insulaner. Fort Elizabeth wurde sternförmig mit begehbaren Mauern und einer Zitadelle aus Lavaquadern nach Plänen eines Deutschen angelegt. Als die Festung stand, wollte Schäffer aus Kauai und den Nachbarinseln ein russisches Protektorat machen. Kaumualii war angeblich bereit, sich unter russische Herrschaft zu stellen. Es fehlten nur noch Schiffe, Truppen und Waffen. St. Petersburg ließ sich aber auf das ungewisse Abenteuer nicht ein, zumal heftige Proteste aus London eingegangen waren.

Unterdessen war Kamehameha mißtrauisch geworden und beschwerte sich bei Baranow über Schäffers Aktivitäten. Wieder war ein Deutscher zu forsch und voreilig vorgegangen. Schäffer erhielt einen scharfen Verweis und den Befehl, Kauai sofort zu verlassen.

Knapp drei Jahre dauerte das russische Abenteuer im Pazifik. Es endete mit einer allgemeinen Konfusion, in der sich jeder betrogen fühlte. Der Oberkönig ließ Dr. Schäffer arretieren, und im allgemeinen Durcheinander erschossen die Insulaner einige Alëuten. Ums Haar wäre es auch dem Deutschen an den Kragen gegangen. Im letzten Augenblick gelang ihm im Mai 1817 die Flucht mit dem amerikanischen Schiff PANTHER. Er entkam nach Kapstadt. Von dort reiste er nach Brasilien, sprach bei Hofe vor und erhielt vom Kaiser den Titel »Graf Frankenthal«. Seine neue Aufgabe bestand in der Anwerbung Freiwilliger für die brasilianische Armee. Auch das wollte nicht so recht gelingen. Der Abenteuer müde, verbrachte Schäffer seinen Lebensabend zurückgezogen in einer deutschen Kleinstadt.

Jim Duarte war ein typischer Polynesier: rundes, freundliches Gesicht, auf dem Kopf einen dichten Haarkranz, glatte, hellbraune Haut und ein stämmiger Körper, der zur Leibesfülle neigte. Er saß auf einem Mauerrest des Forts und spielte mit seiner Sonnenbrille. Wie ich war er von der Flußmündung heraufgestiegen, zwischen zwei Fangfahrten, um Siesta zu machen. Der kühle Windhauch tat gut. Ich hatte eine Ananas mitgebracht, und gemeinsam säbelten wir daran herum. Jim mochte fremde Besucher, doch in den letzten Jahren kamen sie in solchen Massen, daß sie ihm etwas auf die Nerven gingen. Als Fischer liebte er die Ruhe auf dem Meer und im Ort Waimea. Aber der war laut, stinkig und im letzten Jahr verwüstet worden. Mir waren geknickte Palmen und abgedeckte Häuser aufgefallen, auch vernahm ich den Namen »Iniki«, ohne mir darüber ein rechtes Bild machen zu können.

»Ich will dem Kelamania (Deutschen) erzählen, was sich im letzten Jahr auf Kauai ereignete«, sagte Jim. »Iniki war ein Hurrikan, er zerstörte mein Haus und meine Boote.« Dann berichtete der Insulaner vom Drama am 11. September 1992: »Ein ungewöhnlich starker Wind wehte aus Südost. Das Radio sprach von Vorboten eines Wirbelsturms aus Mittelamerika. Mein Barometer stand bei 900 Millibar. So weit war es noch nie gefallen. Die Familie beschloß, zu Hause zu bleiben. Draußen war die Stimmung bedrohlich. Aufs Wasser wagte sich ohnehin niemand. So machten wir uns daran, das Haus mit Balken, Tauwerk und zusätzlichen Nägeln zu stabilisieren. Ich rannte zum Strand, um die beiden Boote hoch aufs Land zu ziehen. Mit dicken Tauen band ich sie an einem Palmenstamm fest. Auf dem Rückweg kaufte ich noch einige Nahrungsmittel und Trinkbares für den Notfall. Wieder im Haus, zog ich mich warm an. Gegen Mittag begannen wir einige Fenster mit Brettern zu vernageln. Sollte der Hurrikan kommen und die Flut, wir waren gewappnet. Mir ging der letzte Wirbelsturm Iwa von 1982 im Kopf herum – hatten wir wirklich an alles gedacht?

Um drei Uhr brach er über uns herein, wie aus schwarzer Nacht – wild wie ein angeschossener Bulle. Radio, Fernsehapparat waren sofort tot, im Haus brannte keine Birne mehr. ›Achtung, die Tür!‹ kreischte Mary, meine Frau. Im selben Moment explodierte die Haustür, als sei sie durch eine Kanone zerschossen worden. Ich bekam ein Stück gesprungenes Holz an den Kopf und taumelte gegen die Wand. Mary und die beiden Kinder wurden ins Schlafzimmer geschleudert. Ich hastete ihnen nach. Mein linkes Auge war blutüberströmt. Meine Familie kauerte in der Ecke. Alle hatten die Münder aufgerissen und schrien. Ich hörte nur das irre Fauchen des Orkans. Dann ein Krachen, das sogar das Fauchen übertönte. Ich starrte an die Decke. Die hob sich plötzlich. Ich sah das wirbelnde Grau des Himmels, glaubte zu träumen. Für Sekunden schwebte das Dach frei über dem Haus, dann brach es seitlich weg, auf die Straße oder gegen das Nachbarhaus. Dumpfes Entsetzen packte mich. Ich warf mich auf die Kinder. Harte Gegenstände flogen in den offenen Räumen wie Geschosse umher. Teller, Tassen, Stühle, der Kleiderschrank stürzten um und zerbarsten. Mir war, als seien Hubschrauber im Wohnzimmer gelandet und schredderten das Mobiliar zu Spänen. In diesem Augenblick begriff ich, daß ich dem Tod ins Auge blickte. Wir hatten uns in einer Schlafzimmerecke zusammengekauert. Welche Wand würde als erste bersten und uns erschlagen?

Auf allen vieren kroch ich durch den Raum, um ein Seil zu ergattern. Das schlang ich mir und den Kindern um die Hüften. Gerade im richtigen Moment, denn schon hatte eine neue, mächtige Bö die Außenwand des Schlafzimmers erfaßt, gerüttelt, zerschmettert. Wir saßen im Freien. Um uns tobten Urgewalten von erbarmungsloser Kraft. Um nicht in die Luft geschleudert zu werden, lagen wir flach auf den Bäuchen. In einer Verschnaufpause des Hurrikans packte ich die Kinder und rannte nach rechts, hinter eine solide Betonmauer, die einen Teil eines Tankkellers darstellte. Mary stürzte uns nach.

›Runter!‹ brüllte ich. Sie warf sich hin und krallte sich in die Erde. Die Naturgewalt orgelte über sie hinweg. Ich hielt die Luft an. Mary wurde gerollt und gestoßen, aber sie blieb am Boden wie ein Baumstamm, der dem Sturm keine Angriffsfläche bietet. Dann robbte sie heran. Hinter dem Beton waren wir in Sicherheit, während um uns herum die Hölle tobte, Palmen und Telegraphenmasten wie Streichhölzer knickten, Dach- und Wandteile durch die Luft flogen, als seien sie aus Papier, Autos gegeneinanderkrachten, umgeworfen wurden und Fabrikschornsteine brachen... Dazu war das Heulen von einer Dichte, als läge das Ohr an einer Schiffssirene. In diesem Chaos schafften wir es zu überleben. Und dann, es mochten drei Stunden vergangen sein, flaute der Sturm ab. Eine plötzliche Stille ließ uns aufhorchen. Es dauerte lange, bis wir kapierten, daß der Hurrikan weitergetobt war. Nur zaghaft trauten wir uns, um die Mauer zu lugen. Alles blieb ruhig. Und in der Stille wirkte die Zerstörung ringsum noch gespenstischer.«

Jim hielt inne und schaute über Waimea. Fast aller Schutt war inzwischen beseitigt, die meisten Häuser waren gedeckt und repariert worden. »Steht dein Haus wieder?« fragte ich. Er schüttelte traurig den Kopf. »Nein, wir wohnen bei Verwandten. Der Sturm hatte beide Boote losgerissen und zerstört. Ich habe mir Geld für ein neues Boot geliehen. Ich brauche viele gute Fänge, um ein Haus bauen zu können.«

Eine Weile später sagte er: »Als schließlich die Elektrizität wieder funktionierte, erfuhren wir, daß Iniki zeitweise mit über 200 Meilen pro Stunde über uns hinweggewirbelt war. Im Fernsehen zeigte man Satellitenfotos mit dem Auge des Hurrikans, es stand direkt über Kauai, und wir sahen, daß gewaltige Wolkenmassen wie ein Quirl rasend schnell über unserer Insel rotierten. Ein Wunder, daß es nur sieben Tote gab und überhaupt noch Bäume und Häuser standen.«

Ich stieg mit Jim hinunter zur Flußmündung. An seinem Boot, einer Auslegerpiroge, weckte er seinen Partner. Gemeinsam richteten sie die Netze, dann schoben sie das Boot in knietiefes Wasser.

»Ich zahle euch zwanzig Dollar, nehmt ihr mich mit?«

Die beiden schauten erstaunt auf.

»Okay, spring auf«, sagte Jim und warf den Motor an. Wir tuckerten vor das Korallenriff und warfen das Treibnetz aus. Bis zum Abend kreuzten wir vor der Bucht. Der Fang war gut, vier Eimer voll frischer, zappelnder Fische. Sie wurden noch am Abend an Restaurants in der Umgebung verkauft. Das war ein Grund zum Feiern.

Ich sollte dabeisein, also besorgte ich zwei Kästen Bier und erschien bei der Familie Kalapaki in der Panako Road. Es wurde eine gemütliche, feuchtfröhliche Nacht, die Mary mit allerlei Gaumenfreuden verschönte. Da wurde Mahi-Mahi-Fisch serviert, dann Lomi-lomi und zwischendurch Pupus, das sind diverse Snacks, auf Blättern arrangiert.

Plötzlich hatte Jim die amerikanischen Schlager aus dem Radio satt. Er drehte den Kasten ab und kramte eine Ukulele hervor, eine kleine Gitarre. Jim zupfte das Instrument, spontan fielen die Mädchen, Frauen, ein anderer Fischer ein und summten zärtliche Weisen. Vielleicht alte Liebeslieder? Mädchenstimmen sangen jetzt, es klang wie:

»Aloha oe, Aloha oe,
E ke onaona no ho ika lipo.
Ein süßer Kuß, ahoi ae au,
bis wir uns wiederseh'n...«

Aloha oe und die Kelemania

Etwas ratlos saß ich am Kalapaki-Strand von Lihue, dem größten Ort Kauais. Sehnsüchtig verfolgte ich das Ein- und Auslaufen der Segelschiffe. Um diese Jahreszeit waren nicht viele unterwegs, meist nur ein- oder zweirümpfige Yachten, die für einen Tagestörn in See stachen und Touristen an Bord hatten. Ich brauchte ein größeres Boot, ein Schoner mußte es schon sein. Vor allem einer, der die Westküste der Vereinigten Staaten als Ziel hatte. »Kommen Sie nur her«, hatten mir Eigner, Chartergesellschaften und Veranstalter geraten. »Wenn Sie etwas Zeit mitbringen, wird sich bestimmt eine Gelegenheit bieten – notfalls nehmen Sie einen Dampfer.« Aber ich wollte segeln, und damit sah es schlecht aus.

Mittlerweile hatte ich auf Kauai alle Häfen abgeklappert. Nichts. Seit gestern dehnte ich den Aktionsradius auf Molokai, Maui und Hawaii aus. Sprach per Telefon mit Hafenmeistern, Kapitänen und jedem, der sonst in Frage kommen konnte. Bald hatte ich sämtliche Schiffsbewegungen im Kopf, nur keine passenden gefunden. In den Häfen Maalaea und Lahaina auf Maui lagen geeignete Schiffe: Die ADVENTURE I zum Beispiel oder der Trimaran LANAKILA, der den Nordpazifik bereits viermal überquert hatte. Dann die Schoner SPIRIT OF WINDJAMMER, PRIDE OF MAUI und SILENT LADY.

Die »Schweigsame Dame« war mir nicht unbekannt. Vor geraumer Zeit hatte ich auf ihren Planken einen Abstecher zur Lava-Felsensichel Molokini und einen Schlag an der Küste entlang zum alten Walfangort Lahaina gemacht. An den Captain konnte ich mich gut erinnern, er nannte sich Skrip. Ein verrückter

In der Takelage der SILENT LADY flattert der Totenkopf wie eine Provokation.

Typ, bärbeißig, mit einer enormen Wampe. Im Mast ließ er immer eine Piratenflagge wehen.

Von der SILENT LADY hatte ich noch niemanden erreicht, ansonsten aber überall erzählt, was ich vorhatte, und als Kontaktadresse das Kauai-Surf-Hotel hinterlassen. Nun hieß es warten. Glücklicherweise war Warten auf der »Insel der Gärten« alles andere als langweilig. Wieder voller Hoffnung und Tatendrang, stemmte ich mich aus dem Sand. Noch ein Blick hinüber zum Nawiliwili-Hafen, in dessen Kaischuppen Berge von Rohrzukker lagerten. Auf Zucker war viele Jahre hindurch Kauais Wirtschaft gegründet. 1835 begann die »süße« Geschichte mit einem gewissen William French, der mit Erlaubnis Kamehamehas III. Zuckerrohr in großem Stil anbaute. Die Insulaner kannten die Pflanze als *Pua laukona*, hatten sie aber nicht kultiviert. Mit dem Goldrausch an der Westküste der USA stieg der Zuckerbedarf sprunghaft an, und bald wogten auf Hawaii die grünen Felder von über 90 Zuckerrohrplantagen. Tag und Nacht mahlten die Fabrikmühlen, und über die Insel trieben Schwaden weißen Dampfes. Viel Geld floß in die Taschen der Zuckerbarone, auch durch den Anbau von Ananas. Hawaii war zur Plantageninsel geworden, die die Großmächte mit Naturprodukten versorgte. Die »Großen Fünf« – der hawaiianische Geldadel – kassierten.

Um unter sich zu bleiben, betrieben die Familien eine geschickte Heiratsstrategie. Zwei Unternehmen, Castle & Cook Ltd. und Alexander & Baldwin Inc., waren von Mitgliedern der presbyterianischen Mission gegründet worden. C. Brewer entstammte einem alten Handelshaus und Theo H. Davies einer englischen Textilfabrik. Dann war da als fünfter der deutsche Reeder Henry Hackfeld mit dem Unternehmen Hackfeld & Co. Seine Flotte befuhr die Bremen-Honolulu-Route.

Unvermutet störte ein anderer Deutscher die Kreise der »Big Five«: Claus Spreckels, ein gebürtiger Niedersachse, kam 1876 an, stampfte eine große Zuckerrohrplantage auf Maui aus dem Lavaboden und baute den »Sugar Cane Train«, eine Schmalspurbahn, die noch heute existiert. Obendrein gründete er eine Bank, die eine eigene Münze, den Kalakaua-Taler, prägen durfte. Fortan hieß Spreckels »Sir Silvergilt«, der Mann, der sich mit Silber eine goldene Nase verdiente. »Silvergilt« war der König des Zuckers und Inselkönig Kalakaua sein bester Schuldner. Als Spreckels jedoch den »Großen Fünf« zu mächtig wurde, inszenierten sie einen Putsch und jagten ihn außer Landes.

»König Zucker« verliert nach fast hundertjähriger Herrschaft mehr und mehr an Einfluß. Auf den Philippinen und anderswo wird billiger produziert. Wirtschaftsfaktor Nummer eins ist heute der Tourismus. Rund 4,5 Milliarden Dollar werden jährlich durch Feriengäste »hereingeflogen«. Und die großen Investoren sind die Japaner. Ihnen gehören die meisten bedeutenden Hotels.

Dennoch, die Spuren, die Deutsche auf Hawaii hinterließen, bleiben. Ich begegnete ihnen auf Schritt und Tritt, auch in der idyllisch gelegenen Holzkirche, westlich der schmauchenden Zuckermühle Lihues. The Lihue Lutheran Church wurde 1883 von der deutschen Gemeinde Kauais erbaut. 1982 zerstörte sie ein Wirbelsturm. Ein Jahr später wieder aufgebaut, wurde sie im letzten Jahr abermals stark ramponiert. Einer ihrer Pastoren war Hans Isenberg, der Bruder eines legendären Plantagengründers und der Ehemann von Dora Rice, einer Prinzessin aus der einflußreichen Kamaaina-Familie. Der Isenberg-Clan hat sich um Lihue und Kauai sehr verdient gemacht. Paul Isenberg entwickelte ein Bewässerungssystem und amtierte als Präsident des Verwaltungsrats der Firma Hackfeld & Co. Gedenktafeln fand ich an verschiedenen Plätzen der Insel.

Die Kirche am Rand Lihues bildete Jahrzehnte das religiöse Zentrum der deutschsprachigen Bevölkerung. Interessant war auch der Friedhof nebenan. Ich staunte über die vielen vertrauten Namen auf den Gräbern. Das Isenberg Memorial war es wert, näher betrachtet zu werden. Es war schon spannend zu verfolgen, wie die deutsche und deutschsprachige Präsenz bis zum Beginn der geschriebenen Geschichte Hawaiis zurückreichte. In Cooks Gefolge befand sich Heinrich Zimmermann aus der Pfalz, dessen heimlich notiertes Buch: »Reise um die Welt mit Kapitän Cook« drei Jahre vor dem offiziellen Expeditionsbericht erschien. Sein

Herausgeber war Christian Friedrich Schwan, der auch Schillers »Die Räuber« veröffentlichte. Dann begegnete uns John Webber, Zeichner und Landschaftsmaler. Er hieß eigentlich Johann Wäber, wurde 1750 in London geboren, entstammte aber einer Familie aus Bern. Johann studierte Darstellende Kunst in Paris, kehrte nach London zurück, wo ihn Joseph Banks und Dr. Daniel Solander, Wissenschaftler auf Cooks erster Reise, »entdeckten« und dem Kapitän als Kunstmaler vorschlugen.

Ein weiterer epochemachender Name ist Admiral Adam Johann von Krusenstern. Der Baltendeutsche aus Reval steuerte Hawaii auf der ersten russischen Weltumseglung an. Und Kommandant Otto von Kotzebue – auf seinen Namen sollte ich noch in Alaska stoßen – hatte Adelbert von Chamisso an Bord. Der Dichter und Naturkundler war nur kurz auf Hawaii, dennoch verband ihn eine tiefe Freundschaft mit den Insulanern. Seither waren die »Kalemania« auf Hawaii gern gesehen. Schließlich hatten sie sich im Archipel nicht nur »goldene Nasen« verdient, sondern auch die Kultur gefördert. Chamisso beispielsweise legte 1837 ein wichtiges linguistisches Werk mit dem Titel »Über die hawaiische Sprache« vor. Und die Musik zur hawaaiianischen Nationalhymne »Hawaii Ponoi« brachte Heinrich Berger aus Potsdam mit, denn König Kalakauas Text »Aloha oe...« wurde nach dem Motiv von »Heil dir im Siegerkranz« geschmettert. Der Preuße dirigierte die Royal Hawaiian Band 40 Jahre lang. Hoch dekoriert, erwarb er noch den Titel »Vater der haiwaiianischen Musik«. Die Band aus dem fernen Stillen Ozean machte übrigens 1983 in der Bundesrepublik Furore. Ja, man schätzte die Leute aus dem Reich von König Friedrich Wilhelm IV. Kamehameha III. hatte es 1846 aktenkundig gemacht, als er schrieb: »Keine Ausländer in meinem Imperium sind ordentlicher, fleißiger, in ihrem Benehmen korrekter als die Untertanen Eurer Majestät...«

Aber es gab auch Deutsche, die waren überkorrekt und zu ordentlich, ließen die Mentalität ihrer Angestellten außer acht oder verlangten zuviel. Am Ende gab's Revolten. Wer gemeint war, erfuhr ich auf kuriose Weise in Koloa, einem historisch interessanten Plantagenörtchen. Wo früher viele große Firmen den Zucker raffiniert hatten, produzierte jetzt nur noch die McBryde Sugar Co. Ich saß mit Dennis O'Brain in Fez's Pizza in der Koloa Road, wir hatten etwas gegessen, nun genossen wir in der Mittagshitze ein kühles Budweiser. Dennis war Empfangschef im repräsentativen Kilohana-Anwesen, einem Herrenhaus im Tudorstil, das der ehemalige Zuckerbaron Wilcox erstellt hatte und seit einigen Jahren als Museum, Galerie und Restaurant betrieb.

Dennis kannte sich in der Szene erstaunlich gut aus und erzählte mir allerhand Interessantes. Irgendwann erwähnte er auch die Koloa Sugar Plantation, die 1835 als größte der Region gegründet wurde. Das einzige, was noch an sie erinnerte, war ein Monument aus Stein und Bronze. Wir sahen es vor uns stehen, keine dreißig Schritte entfernt. Plötzlich fiel der Name Cropp. Ich fragte nach. »Anton Wilhelm Cropp war Direktor von Mühle und Plantage, außerdem Hauptaktionär.« Die Story machte mich neugierig.

»Er kam aus Deutschland, war Kaufmann, blieb einige Jahre hier und verschwand wieder.«

»Weiter nichts?« fragte ich.

»Doch, doch, es ging rund, als sein Neffe um 1885 erschien, ich glaube, er hieß Ernst. War ein strammer Offizier, außerdem hatte er Chemie studiert. Damals arbeiteten über 2000 Mann im Zuckerrohr. Hundearbeit, sage ich dir: Staub und Hitze von morgens bis abends. Wie auf den meisten Plantagen fand Cropp ein ethnisches Kaleidoskop vor: Hawaiianer, Chinesen, Japaner, Philippinos, Puertorikaner und Arbeiter aus den meisten europäischen Ländern. Ernst war Direktor und Anteilseigner, wollte mehr aus der Plantage herausholen. Die Arbeiter ließ er antreten und ins Rohr marschieren, ließ ihnen von ein paar Antreibern Beine machen. Er hieß der ›Schleifer‹. Die ersten Revolten ließen nicht lange auf sich warten. C. Glade, der deutsche Konsul, hatte eine Menge Beschwerden zu schlichten. Im allgemeinen schaffte es der Konsul, und die Leute arbeiteten weiter. Cropp zahlte nämlich gut. Doch einmal riß ihn 'ne Handvoll Chinesen im hohen Rohr vom Pferd, und sie hätten ihn auch mit Macheten traktiert, wenn nicht die Aufseher dazwischengegangen wären... Das erzählte man sich wenigstens«, sagte Dennis.

Als ich O'Brian meinen Nachnamen nannte, grinste er verlegen und meinte: »Aber er bezahlte die besten Löhne!«

Die Geschichte, daheim nachrecherchiert, ergab, daß sich aus der Familie tatsächlich Anton und Ernst auf Kauai mit Zuckerrohr beschäftigt hatten. Ernst stammte aus Oldenburg, heiratete in Koloa ein bildhübsches Mädchen mit einem Schuß Insulanerinnen- und Prinzessinnenblut. Lulu, so hieß seine Frau, folgte ihm nach Kalifornien, wo beide noch einige schöne Jahre in Calistoga verbrachten.

Das Kauai-Surf-Hotel hatte noch keine Nachricht für mich. So beschloß ich, nach Hanalei zu fahren, um mit Captain Zodiac eine Schlauchboot-Tour entlang der berauschenden Na-Pali-Küste zu unternehmen. Mit zehn anderen Touristen saß ich auf dem Schlauchbootwulst, wir klammerten uns an Tauen fest – so ritten wir eine beachtliche Dünung ab. Nach wenigen Minuten hatten wir keinen trockenen Faden am Leib. Als wir um Kailio Point brausten, warfen sich noch wildere Wogen gegen unser Boot, und es gab Momente, da schnappten wir regelrecht nach Luft.

Die wahre Schönheit der Küste genossen wir erst nach drei Stunden, als wir in ruhigen Buchten dümpelten, uns vorsichtig in bizarre Grotten schoben oder durch enge Felsfurten tasteten. In den Höhlen am Kalalau-Strand sprangen wir über Bord und ertauchten uns eine herrliche Unterwasserwelt. Wer die Na-Pali-Küste beschreibt, gerät ins Schwärmen und verliert sich in Superlativen. Man kann sie nicht schildern, nur erleben.

Ich wollte sie auch von Land her auf mich wirken lassen. Die Zeit für den 18 Kilometer langen Kalalau Trail mußte ich mir einfach nehmen, er ist die Krönung jeder Wanderung. Es gibt nur wenige Bergtouren, die ich nie mehr vergessen werde, und der Drei-Tages-Marsch oberhalb der Küste gehört dazu. Er führte in die Vergangenheit und in die Erhabenheit der Natur. Die Begegnung mit den ins Meer stürzenden Bergen war eine Selbstbegegnung, ein Erlebnis von ungeheurer Spannung.

Hanakoa war die erste Etappe, ein Tal mit Wasserfällen und kleinen Talmulden, in denen ich badete. Es brodelte und rauschte. Während ich mein Zelt aufschlug, dachte ich an ein Goethewort: »Es schäumt das Meer in breiten Flüssen am tiefen Grund der Felsen auf, und Fels und Meer sind fortgerissen in ewig schnellem Sphärenlauf.«

Im Kalalau-Tal erwartete mich ein herrlicher Sandstrand. Ich schaute an den Lavawänden empor. Irgendwo dort oben, fast in den Wolken, mußte sich der Aussichtspunkt befinden, von dem aus ich vor einigen Tagen ins Tal geschaut hatte. Eine wahre Filmkulisse! In »Jurassic Park« und »South Pacific« ging diese Kulisse um die Welt. Von Zeit zu Zeit verkriechen sich Eremiten in Höhlen an der Na-Pali-Küste, um Gott näher zu sein. Wo, wenn nicht hier, ist ein Mensch der Schöpfung am nächsten? »Erhabene Bahn der Natur, die Wahrheit, zu der du führst, ist Kraft und Tat, Quelle, Füllung und Stimmung des ganzen Wesens der Menschheit«, schrieb Johann Pestalozzi in seiner »Abendstunde eines Einsiedlers«.

Der Weg zurück führte mich wieder an Bergapfel-, Kukui- und Nußbäumen, Mimosen, Agaven und Orchideen vorbei. Verlassene Taro-Felder erinnerten daran, daß schon die alten Hawaiianer diesen schlüpfrigen, beschwerlichen Pfad beschritten.

Ich trug in mir das Urbild einer vollkommenen Landschaft, deren Abbild ich in der Welt gesucht hatte. An der Na-Pali-Küste fand ich es. Trotz körperlicher Erschöpfung ergriffen Trauer und Unbehagen, ja Mißmut Besitz von mir, als ich am Abend des dritten Tages den Pfad am Kailio Point verließ und mich an den Autos des übervollen Parkplatzes vorbeidrückte. Was ist Zivilisation, nur eine Antithese zur Natur? Oder eine Beleidigung?

Auf See

Ich traute dem Anruf nicht, auch nicht dem Telefax und kaum meinen Augen, als ich den schwarzen Rumpf sah, die beiden Masten mit den dunkelbraunen Segeln. Achtern flatterte die Flagge der USA, darüber ein Totenkopf. Sie mußte es sein, die SILENT LADY. Und sie war es auch! Das Schiff schwebte heran wie ein Schwan. Im Fockmast stand jemand und machte sich am einzigen Rahsegel zu schaffen.

Im Glas erkannte ich den Captain und Steuermann in einer Person, er stand halbnackt am Rad und schien noch fetter geworden zu sein. Nun beschrieb die LADY einen eleganten Bogen und steuerte auf die Mole von Nawiliwili Harbor zu, die Lihue vorgelagert ist. Der junge Mann im Fockmast kam mir bekannt vor, er hantierte jetzt gemeinsam mit einem Mädchen am laufenden

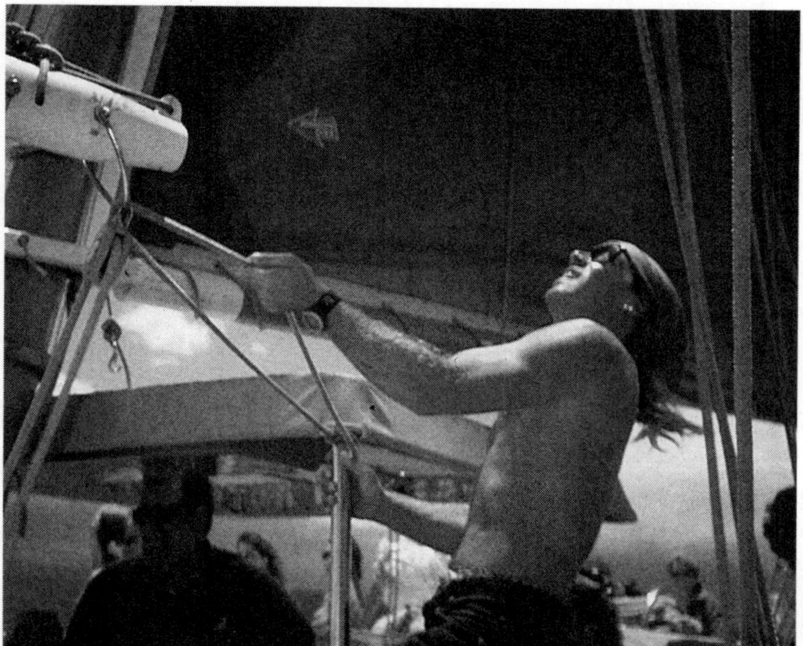

Maat George braßt das Großsegel an.

Gut. Groß- und Schonersegel kamen nieder. Die Vorsegel folgten, die Lady tuckerte an den Steg. An Bord befanden sich mehrere Touristen, die die Manöver geduldig über sich ergehen ließen. Das war das Schöne an den Schonern, einst im 18. und 19. Jahrhundert in Amerika entwickelt: daß sie mit kleinster Besatzung gefahren werden konnten, dazu schnell und beweglich waren.

Mit dem kleinen Rahsegel war die Silent Lady strenggenommen ein Toppsegelschoner. Bei uns werden Schiffe diesen Typs auch Marssegelschoner genannt. Sie war rund 20 Meter lang und knapp fünf Meter breit, bei einer Segelfläche um die 250 Quadratmeter.

Die Gangway wurde ausgeschoben, Touristen kamen an Land, denen man eine bewegte Überfahrt anmerkte. Einige sahen grau aus und waren verdammt wackelig auf den Beinen. Aber es blieben auch noch Passagiere an Bord. Als sich der Aufbruchstrubel etwas gelegt hatte, arbeitete sich der Skipper ans Heck und rief: »Ist da noch einer für die Westküste?« Es hörte sich an, als riefe er eine Hafenrundfahrt oder eine Kaffeefahrt aus. Als er mich sah, schob er seine schwarze Brille auf die Stirn und grunzte: »Den kenn' ich doch?«

»Na klar, Skrip, vor einem Jahr war ich auf deiner Lady. Dein Maat ist ja auch noch der alte.« Unter ebenfalls schwarzer Brille, mit Piratenkopftuch, hatte ich George erkannt.

»Komm an Bord, Junge. Morgen stechen wir in See«, rief Skrip. »Aber die Schuhe ausziehen!«

Ich hatte meine Siebensachen beisammen, von mir aus konnte es gleich losgehen. Auf der Lady bezog ich Koje drei. Der Bauch der »Dame« war fein mit Mahagoni ausgelegt und alles noch so gepflegt wie damals. Ich verstand, warum uns Skrip sein Schiff nur barfuß betreten ließ.

Auf dem Achterdeck genehmigten wir uns einen Begrüßungstrunk: weißen Rum mit Cola. Skrip stellte mich der Crew und den Passagieren vor. Es schien ein ganz passabler Haufen zu sein, der da von Kauai durchs Nordostpazifische Becken an die US-Westküste wollte – immerhin ein Schlag von gut 2000 Seemeilen – und vielleicht noch weiter die Küste hinauf. Bis Sonnenuntergang hatten wir Trinkwasser und Verpflegung für 15 Personen und 14 Tage gebunkert. Der Schoner lag bis zur Binde im Wasser. Ich war gespannt, wie er sich in aufgebrachter See verhalten würde, schließlich mußte man auch mit rauhem Wetter rechnen.

Noch am Abend traf Skrip Vorbereitungen zum morgigen Auslaufen: Schwimmwesten wurden verteilt, die Wachen bestimmt. Meine ging von 8 bis 12 und von 20 bis 24 Uhr. Die SILENT LADY konnte selbst auf großer Fahrt mit acht Mann – Skipper eingeschlossen – gesegelt werden. Dennoch legte der Alte Wert darauf, daß die Passagiere sich auf dem Schoner auskannten und mit Hand anlegten. Allmählich kehrte Ruhe ein, und die LADY dümpelte mit quietschenden Fendern im ruhigen Hafenwasser.

Frühmorgens gellte die Trillerpfeife. Der Alte befahl alle an Deck. Er wurde förmlich: »Tag, Leute, gleich legen wir ab, und vor uns liegt ein ziemlicher Törn. Den macht die SILENT LADY, wenn's hochkommt, alle drei Jahre für 'ne Überholung. Wir laufen San Francisco an, und ich hoffe, daß wir euch und das Schiff gut durch Wind und Wetter bringen. Ab jetzt gehören auch die Gäste zur Mannschaft und hören auf die Befehle des Kapitäns, das bin ich, und meines Vertreters, Steuermann George Baxter. Der Schoner ist eng und die Fahrt lang, deshalb verlange ich Rücksichtnahme und Hilfsbereitschaft. Wir werden an der Ostküste Kauais entlang nach Norden segeln, dann stramm gegen Nordostpassat, Nordäquatorialstrom und Kalifornischen Strom ankreuzen. Das wird ein ordentliches Stück Arbeit. So, Leute, das war's. Der Wind steht günstig, wir laufen aus.«

Damit warf er den 200-PS-Hilfsdiesel an, während es achtern »Leinen los!« hieß. Die LADY schob sich aus dem Hafenbecken. Draußen erfaßte sie eine frische Brise und ließ sie ordentlich durch die anrollende Dünung schaukeln.

»Hißt Schoner- und Großsegel!« rief der Alte. Im Handumdrehen stand das braune Tuch, und der Schoner neigte sich nach Lee. Der Motor erstarb. Jetzt war nur noch das beruhigende Plätschern der See und das Knattern der Segel zu vernehmen. Als auch die Vorsegel und das Rahsegel standen, pflügten wir gut und gern mit sechs Knoten durch den frühen Morgen. George ging hart an den Wind, Gischt brach sich am Bug und fegte übers Deck. Herrlich, so über den blauen Acker zu gleiten, nur von der Kraft des Windes getrieben. Was für ein Gefühl von Freiheit und Abenteuer!

Ich stand am Heck, als sich die Sonne mit Macht aus dem Ozean stemmte und den schummrigen Tag in strahlendes Licht tauchte. Meine Gedanken schweiften zurück ins Jahr 1778, und ich »sah« zwei Whitby-Kohlenschiffe sich mühsam nach Norden kämpfen. Das Nordostpazifische Becken hatten RESOLUTION und DISCOVERY längst durchsegelt – ohne besondere Vorkommnisse. Neu-Albion hieß das Etappenziel, die Westküste der heutigen

Mit prallen Segeln pflügt der Schoner SILENT LADY den blauen Acker zwischen Hawaii und Amerika.

Vereinigten Staaten. Am 6. März wurde zwischen dem 44. und 45. Breitengrad ein sturm- und regenumtostes Vorgebirge erreicht. Cook nannte es Cape Foulweather (Schlechtwetter-Kap), der Expedition wurde dort ein rauher Empfang bereitet. Die Rahsegler waren in denkbar schlechtem Zustand, so kreuzte man volle drei Wochen vor gefährlichen Leeküsten, immer auf der Suche nach einem geschützten Liegeplatz. Im Nootka Sound, auf Vancouver Island, fand Cook ihn endlich. Außer der Fockmaststenge mußte auch der verfaulte Besanmast der RESOLUTION ersetzt werden.

Menschen mit breiten Gesichtern und starken Backenknochen traten aus dem Wald, um bei der Arbeit zuzusehen oder um Waren zu tauschen. Sie sahen verwegen aus, trugen im Nasenknorpel lange, dünne Knochen und stanken barbarisch nach Fisch und Tran. Heinrich Zimmermann, von den Nootkaindianern fasziniert, schrieb: »Die Einwohner schnitten sich an der Unterlippe noch einen Mund und setzten sich auch Zähne von Verstorbenen kunstvoll ein. Diese Leute mit zwei Mündern, die zu beiden die Zunge herausstreckten, waren abenteuerlich anzusehen.«

Cook trieb zwar Handel mit dem urigen Indianervolk – er erstand wertvolle Seeotterpelze, mit Öl gefüllte Tierblasen und Totempfähle, auch wurden nicht restlos vom Fleisch getrennte Menschenschädel angeboten –, doch in erster Linie drängte der Kapitän weiter. Er war unwirsch über den Zustand der Schiffe und mit sich uneins, wo er mit der Suche nach der Nordwest-Passage beginnen sollte.

»Das Deck klavieren!« bellte die Stimme des Skippers. Ich wurde aus Gedanken gerissen, die sich mit einer ganz anderen Welt beschäftigt hatten.

»Aye, aye, Sir!« gab ich zurück, ging nach mittschiffs und half, die Wuhling (Tausalat) ordentlich aufzuschießen. Kauais Küste war nur noch ein schmaler, grüner, von Wolken verhangener Landsaum an Backbord. Bald würden wir nur noch vom Ozean umgeben sein.

Kurz vor 12 Uhr mittags war das Land längst außer Sicht. Skrip breitete die Seekarte auf dem Kartentisch aus. Er war dabei, die

Schiffsposition und den neuen Kurs zu bestimmen. Natürlich gab es Satellitenpeilung und andere Erleichterungen, aber der Alte der SILENT LADY liebte seinen Sextanten und bestimmte den Winkel zwischen Sonne und Horizont um 12 Uhr. Mit der gemessenen Gradzahl errechnete er den Breitengrad, auf dem sich sein Schoner befand. Zur Berechnung der geographischen Länge nutzte Skrip den Zeitunterschied auf den verschiedenen Längengraden. Zwei Chronometer halfen ihm dabei. Der eine zeigte die Uhrzeit von Maui an und war nach dem Auslaufen vor drei Tagen nicht verstellt worden. Der zweite Chronometer wurde nun zum Zeitpunkt des Sonnenhöchststandes auf 12 Uhr korrigiert. Aus der Differenz der Uhrzeiten errechnete Skrip den Längengrad, auf dem sich die LADY befand. Tabellen eines nautischen Handbuchs gaben ihm dabei die notwendigen Informationen.

»Wir befinden uns auf 158° westlicher Länge und 22° nördlicher Breite«, sagte der Alte und trug die neue Position auf der Seekarte ein und natürlich auch ins Logbuch. Es enthielt alle Vorkommnisse und Beobachtungen des Tages, zum Beispiel Windstärke, Windrichtung, Stärke des Seegangs, Barometerstand, Kompaßkurs, Veränderungen der Besegelung und die zurückgelegte Strecke zwischen zwei Mittagspositionen, das Etmal. So weiß der Kapitän durch Addition am Ende der Reise, welche Distanz sein Schiff bewältigt hat.

An Bord herrschte wohltuende Lethargie. Wir glitten selig durch die nächsten Tage und Nächte. Der Kurs war Nordost, und der Wind kam munter aus allen Richtungen. Zwei Tage konnten wir raumen Wind genießen, dann kam er von vorn, und das ständige Kreuzen hielt uns mächtig in Gang. An Lesen und Dösen war nicht mehr zu denken. Jede Hand wurde gebraucht – und wenn es nur um profane Kombüsendienste ging. Befehle wurden per Megaphon nach vorn gegeben, anders kamen sie bei dem Gegenwind nicht an.

Am nächsten Tag wehte ein laues Lüftchen von achtern. Skrip ließ Groß- und Schonersegel weit auffieren, der Wind griff in die Flügel der LADY, um sie recht munter vor sich herzuschieben. So ging es Stunde um Stunde. Peter, ein Journalist aus Los Angeles, hatte sich auf die Planken gesetzt und ließ seine Beine an Backbord über die Bordkante baumeln. Ausgelassen sang er in den Wind: »An die Gangspill, an die Schoten,/ in die Wanten jeder Mann,/ und wir singen unser Shanty,/ und wir hieven mächtig an ...«

Da erschien der Alte mit einer tiefen Sorgenfalte auf der Stirn. Kaum hatte er den Niedergang erklommen, befahl er lautstark: »Rah- und Schratsegel bergen!« Wir glotzten uns verwundert an. Die Sonne brannte aus wolkenlosem Himmel, die Brise wehte eher flau.

»Ich schätze, das Barometer fällt«, erklärte George und enterte behende in den Fockmast. Oben belegte er das Rahsegel mit Zeisingen. Wieder unten, half ihm Susan beim Bergen der Schratsegel. Fern über der Kimm wurde ich eine kleine, schwarze Wolke gewahr, nichts Außergewöhnliches. Doch das Wölkchen wuchs und damit auch der Wind.

Ich stieg in die Kajüte und bekam einen Schreck. Das Barometer stand auf 1000 Millibar, mit fallender Tendenz. Oben vernahm ich Skrips bestimmte, aber ruhige Stimme: »Wir stehen vor einem Sturmtief. George und Carl, riggt Strecktaue auf. Die anderen laschen alles fest, was nicht niet- und nagelfest ist. Und das Ganze mit etwas Tempo!«

Im Nu spannten sich Strecktaue in Schulterhöhe waagrecht an Deck.

»Schonersegel bergen!« donnerte der nächste Befehl übers Deck. Das Tuch rauschte abwärts und wurde von flinken Händen geborgen.

Gespanntes Warten. Nachmittags ging's los mit einem Windsprung, dann folgten peitschende Regenböen. Der Himmel war schwarz geworden, und ein strammer Wind jagte uns nach Norden. Alle Wellen hatten Schaumkronen, die der Sturm zu Gischtfahnen zerstäubte. Die LADY krängte jetzt gewaltig nach Lee. Wir waren froh, an dem Strecktau Halt zu finden. Zusätzlich zwängten wir uns in die Schwimmwesten, die an Deck arg behinderten. »Alle Mann Rettungsgurte anlegen!« schnarrte Skrips Stimme. Die schränkten uns noch mehr ein, hatten aber schon manchen Seemann vor einem nassen Abgang bewahrt. Die ersten Passagiere übergaben sich, anfangs artig über die Reling oder in eine Pütz, später wo sie gerade gingen oder standen. Die Brocken flogen den Nachbarn nur so um die Ohren.

Im Rigg knatterte nur noch eine Sturmfock, die das Schiff manövrierfähig hielt. Alle Luken waren geschlossen, und die meisten Passagiere saßen in der stickig schwülen Kajüte. Ich stand am Großmast und beobachtete die hochgehende See. Der Sturm nahm zu, weiß schäumende Wellen brachen sich am Bug, das Deck wurde überspült. Der Alte stand wie eine Eiche, das Rad fest im Griff. Der Hilfsdiesel nagelte unhörbar. »Wir müssen die Seen von vorn nehmen«, brüllte Skrip mir zu. »Kommen sie quer ein, werden wir Kleinholz.«

Souverän nickte ich, aber in Wirklichkeit hatte ich die Hosen ganz schön voll. Was wir da abritten, war ein Orkan, der uns auf den Grund schicken konnte. Rasmus tobte sich schrecklich aus.

»Mach dich darauf gefaßt, daß die Hölle losbricht!« Der Alte stemmte sich ins Rad. Und dann brach sie los: In der nächsten Sekunde stürzte die SILENT LADY vornüber in ein gähnendes Tal, ihr Heck stand senkrecht in der Luft. Als sie tatsächlich mit dem Bug wieder zum Vorschein kam, fand ich mich außerhalb der Reling wieder. Mein Lifebelt hielt, es kam mir wie ein Wunder vor. Kaum war ich an Deck, drehte sich die LADY wieder in den Sturm, und wieder tauchte sie so tief ins Meer, daß ich dachte, sie käme nie mehr zum Vorschein.

Das Steuerrad wurde von Sturzseen eingedeckt. In solchen Momenten sah ich mich allein mit dem Chaos, allein mit dem Zorn der Naturgewalten. Doch dann tauchte das Rad wieder auf und dahinter Skrip, die Hände um die Speichen gekrallt, den Schoner auf den Kurs zwingend, den er bestimmte. Noch war ich nicht allein. Die LADY stemmte sich aus dem Meeresschlund, hob ihr Deck aus dem Wasser und galoppierte vor dem Sturm dahin, neuen Tälern und Bergen entgegen. Luft und See waren weiß, man glaubte, weißes Salzwasser zu atmen. Für Sekunden wurde die Luke aufgestoßen, in einen Schwall Wasser hinein rief einer: »Das Barometer steigt!« Doch der Sturm tobte noch die ganze Nacht.

Als der Tag dämmerte, war der Alte fix und fertig. Mit George schleppte ich ihn zum Niedergang, ließ ihn abwärts rutschen und packte ihn in seine Koje. Skrip hatte ganze Arbeit geleistet und uns sicher und gesund durch einen mächtigen Sturm gebracht. »Wenn da nicht Windstärke 12 über uns orgelte, freß ich ’n Besen«, meinte George, als er die Beine des Alten hochlegte.

George beorderte Jim ans Rad und bestimmte den Standort, dann wurde der Kurs festgelegt. Zwei Stunden später war die Kajüte wieder aufgeräumt, und der Smutje brachte das erste heiße Getränk an Deck: schwarzen, dampfenden Kaffee. Unter vollen Segeln kreuzten wir mit halbem Wind den 26. Breitengrad. Der Wind blieb konstant, und in den nächsten Tagen machten wir gute Fahrt.

Endlich kam die amerikanische Küste in Sicht. Langsam glitten wir an der Santa Lucia Range entlang. Wo sie endete, lag Monterey. Dann mußte Santa Cruz folgen, und schließlich würden die Wolkenkratzer von San Francisco erscheinen. Drei Tage später segelten wir unter der Golden Gate Bridge hindurch und in die Bay von San Francisco hinein. Bei strahlendem Wetter vertäuten wir die LADY am Hyde Street Pier, gleich neben der PRIDE OF BALTIMORE, einem ebenfalls schmucken Schoner. Mit Seebeinen torkelten wir an Land, unten bei Fisherman’s Wharf, wo San Francisco am schönsten ist.

Ich blieb nur zwei Tage in der Stadt, aber nicht etwa, weil sie mir nicht gefiel. Nein, ich halte sie für die tollste Stadt der Welt – aber ich mußte weiter, auf Cooks Kurs nach Norden, um irgendwo in einem Sund von Vancouver Island seine Spur aufzunehmen.

5. Die Suche nach der Nordwest-Passage

Mit notdürftig überholten Schiffen tastete sich Cooks Expedition durch den Golf von Alaska, einen grandiosen Irrgarten aus Fjorden, Inseln, Klippen und ins Meer reichenden Gletschern. Zusätzlich erschwerten Nebel, Schnee- und Regenschauer das Vorankommen. Ein Orkan brach los. Die RESOLUTION wurde erst leckgeschlagen, dann in den Pazifik hinausgetrieben, und für lange Tage verlor man die Küste aus den Augen. Die Orientierung bereitete ungeahnte Probleme. Um die schwere Havarie zu beheben, war Cook gezwungen, rasch eine geschützte Bucht zu finden: eine verteufelte Situation, die den Kapitän an den Rand der Verzweiflung und Leistungsfähigkeit brachte. Erschöpft lag er in voller Montur unter einem Stapel Wolldecken in der Koje, fror erbärmlich und war unfähig, einen klaren Gedanken zu fassen. Dafür lief William Bligh zur Höchstform auf, verteilte warme Wolljacken und hielt die Crew mit einer Extraration Rum bei Stimmung.

Cook wurde klar, daß er auf die falsche Karte gesetzt hatte. Die Küste im Nordwesten Nordamerikas war längst kein unbekanntes Land mehr. Das Seegebiet zwischen Amerika und Asien war bereits von russischen Seefahrern erforscht worden, die Peter der Große ausgesandt hatte. Ihnen waren Pelzhändler und Jäger aus Sibirien gefolgt. Cook hatte eine englische Übersetzung der Rei-

Kapitän Vitus Bering (1680–1741), dänischer Seemann in russischen Diensten, entdeckte und erforschte das nach ihm benannte Randmeer zwischen Asien und Alaska.

sen von Kapitän Vitus Bering gelesen. Außerdem war 1774 eine Seekarte des pazifischen Nordmeers von einem Herrn Stählin angefertigt worden. Cook schenkte dieser Karte Glauben, und das war falsch. Sie erschwerte seine Suche nach der Nordwest-Passage, weil sie Alaska als Insel darstellte, die vom nordamerikanischen Kontinent durch eine breite Meeresstraße getrennt war.

Eine andere Merkwürdigkeit verwirrte Cook in jenen Tagen: Juan de Fuca, ein Grieche in spanischen Diensten, sollte angeblich schon im Jahre 1592 auf 48° nördlicher Breite eine quer durch Nordamerika in den Atlantik verlaufende Passage gefunden und diese selbst befahren haben. Doch wo war sie? Cook fand sie nicht. Oder hatte er sie im Küstennebel übersehen? All diese Ungewißheiten machten dem Entdecker schwer zu schaffen.

Stählin ein Scharlatan? Oder ein ernstzunehmender Geograph? Kapitän Cook grübelte in seiner Kajüte über dessen Kartenmaterial. Kam er sich getäuscht vor wie damals sein Landsmann Francis Drake? Cook hatte natürlich auch die Aufzeichnungen zu Drakes spektakulärer Weltumseglung studiert und sann darüber nach. Den Auftakt dazu bildete der 1566 heftig diskutierte »Discourse for a Discovery of a New Passage to Cathay« eines gewissen Sir Humphrey Gilbert: eine Science-fiction-Story, die die Suche nach einer Nordwest-Passage beflügelte. Sir Richard Grenville erarbeitete einige Jahre später einen Expeditionsplan, der vorsah, daß nach Beutezügen gegen die Spanier an der Westküste Amerikas durch die Nordwest-Passage zu entwischen sei. Die Verbindung Pazifik–Atlantik wurde in der Höhe von 40 Grad nördlicher Breite vermutet, also zwischen Eureka und der Hudson Bai.

Francis Drake vertraute man das Unternehmen an, das die englische Königin Elizabeth I. mitfinanzierte. Mit Kapergut befrachtet, suchte die GOLDEN HIND 1579 die amerikanische Westküste ab und geriet dabei weit über den 40. Breitengrad hinaus, ohne eine Durchfahrt zu finden. Drake stellte fest, daß sich Gilbert geirrt hatte, und drehte nach Westen ab.

Welche Ironie. Kam Cook 200 Jahre später zur gleichen Erkenntnis? Er war Stählin, Drake war Sir Humphrey auf den Leim gegangen. Die Nordwest-Passage: verhext oder ein Hirngespinst, mit dem »Südland« vergleichbar? »Solange man nicht aufgibt, hat man nicht verloren.« Vielleicht riß Cook diese Erkenntnis aus seiner Lethargie.

Es klarte endlich auf, die Küste kam in Sicht. Kopfschüttelnd konnte er ihr nur westwärts folgen. Damit mußte Cook einsehen, daß Stählins Karte tatsächlich nicht stimmen konnte. Im Prince William Sound fanden die Schiffe ein Plätzchen, wo die RESOLUTION vor Anker gekrängt und das Leck gedichtet wurde. RESOLUTION und DISCOVERY lagen am Ufer eines großen, von Inselgruppen abgeschirmten Sunds, der im Norden von den mächtigen Gletschern der Chugach Mountains gesäumt wurde.

Wer heute mit dem Schiff Alaskas Gletscherküste bei schönem Wetter entlangfährt, wird von der Urnatur aus Eis, Schnee und Gebirge in den Bann geschlagen. Allein der Malaspina-Gletscher östlich des Prince William Sound ist größer als die Schweiz. Gerade hatten wir den nicht minder kleinen Bering-Gletscher passiert und berauschten uns an den Farben, die Eisflanken entwikkeln können, wenn sie die Sonne bescheint. Ständig hatte ich das Fernglas an den Augen, weil es in den dichten, schwarzen Wäldern am Fuß des Gebirges so viel zu sehen gab. Da brachen Elche

Auch auf einer Seereise mit etwas Glück zu beobachten: der Braunbär im seichten Flußwasser.

mit schweren Schaufeln aus dem Gehölz, äugten neugierig übers Wasser und glotzten dem Schiff nach. Da trottete eine Bärenfamilie am schmalen Ufersaum dahin, drei ausgelassene Grizzlies. Hirschrudel zeigten sich, und in den Wipfeln uralter Tannen saßen Weißkopfadler. Unter dem »Ah« und »Oh« der Passagiere – wir hingen alle an der Steuerbordreling, so daß unser Schiff, die SPIRIT OF ADVENTURE, ordentlich Schlagseite bekam – balgten sich zwei Schwarzbären auf einer Landzunge.

Was überragte da einen Erlenbusch? Es war ein etwa 12 Meter hoher, geschnitzter und reich bemalter Zedernpfahl, ein Totem-, besser Wappenpfahl, der mit einem symbolisierten Adler abschloß. Darunter erkannte ich Schnitzereien, die einen Menschen, einen Bären und einen Raben darstellten. Der Pfahl stand nicht allein. Jetzt sah ich einen kleineren, dessen Figuren anthro-

Ein Totem – oder Wappenpfahl vor dem wilden Bergmassiv Südalaskas.

pomorphe Wesen zeigten. Übereinander angeordnet, repräsentierten diese Wesen einen Sippenstammbaum. Totempfähle stehen nicht wahllos im Gelände. Irgendwo mußte sich ein Dorf, zumindest ein bemaltes, zedernholzbeplanktes Giebelhaus befinden. Richtig, da lugten auch mit Tierfiguren geschmückte Hauswände durch den Wald.

Der Südosten Alaskas ist die Heimat der Tlingit-, Haida- und Tsimshian-Indianer, und dies war der Küstenabschnitt der Tlingit. Als die Russen nach Alaska kamen, waren diese die reichsten Ureinwohner des Landes. Die wirtschaftliche Basis bildeten Edelhölzer und Felle. Flüsse und die Küste boten ihnen das ganze Jahr über Nahrung.

Cook hatte flüchtigen Kontakt mit den Tlingit gehabt. Im guten Einvernehmen wurden Waren getauscht. Mit den Russen standen sie allerdings auf Kriegsfuß, sie überfielen deren befestigte Siedlungen und leisteten den Eindringlingen bei jeder Gelegenheit heftigen Widerstand. Schließlich wurden sie wie alle Naturvölker von den besseren Waffen der Fremden besiegt, ihre Kultur verkümmerte und ging verloren.

In Alaska leben noch etwa 9000 Tlingit. Die Mehrheit hat sich nach dem Inkrafttreten des ureinwohnerfreundlichen »Native Claims Settlement Act« in der Genossenschaft Sealaska Corporation organisiert. Unter dem Dach dieses Verbandes operieren Mittelstandsunternehmen mit beachtlichem Erfolg. Ihre hauptsächlichen Betätigungsfelder sind die Holz- und Fisch-, insbesondere die Lachswirtschaft. Tlingit-Indianer leiten in Juneau eine Aktiengesellschaft, die zu den 50 erfolgreichsten der USA gehört.

Mit dem wirtschaftlichen Erfolg regte sich auch das Interesse an der verschütteten Kultur. Tanz-, Theater- und Singgruppen treten heute in verschiedenen Städten Südostalaskas auf und stärken das kulturelle Bewußtsein der Indianer. Die Industrie fördert Künstler, die sich als Bildhauer einen Namen gemacht haben. Nathan Jackson zum Beispiel stellt große Tanzmasken, Holzfiguren und monumentale Totempfähle her, Kunstwerke, die sich auf Dorfplätzen, in Foyers oder in Museen bewundern lassen.

Eine Indianerin vom Prince William Sound unweit von Valdez heute – und einst, von J. Webber festgehalten.

Wir glitten an Pfählen vorüber, die zu einem Potlatschfest in Ufernähe aufgestellt worden waren. Sie berichteten von Familien- oder Clanereignissen. Wird ein neuer Totempfahl errichtet, lädt der Sippenchef zu einer Zeremonie. Künstler oder das Clanoberhaupt erklären zu diesem Anlaß die Reihenfolge und die Bedeutung der Symbole. Somit stellen bestimmte Totems eine öffentliche Familienchronik dar.

Ein Spektakel besonderer Art erlebten wir am Nachmittag: Im Copper River Delta brach unverhofft das Meer auf, und mit einem gewaltigen Rauschen katapultierte sich der 30 Tonnen schwere Leib eines Buckelwals in die Luft. In Kaskaden floß das Wasser von seinem seepockenverkrusteten Körper. Wie ein untergehendes Schiff versank er wieder. Minuten später blies er an anderer Stelle, weiter weg, und kaum war die Fontäne verflogen, zeigte sich sein Rücken. Zum Abschluß hob er, ungeheuer gravitätisch, seine riesige Schwanzflosse empor, ließ sie wie ein Segel stehen und zog sie hinab in sein nasses Element.

Wie ein großes Segel steht die Schwanzflosse des Buckelwals über der See. Dann taucht sie ab.

31

32

33

31 Mit ihren Eiszungen lecken die mächtigsten Gletscher der Erde in den Golf von Alaska.

32 Auf der SPIRIT OF ADVENTURE können kalbende Gletscher oder...

33 ...die Luftsprünge der 30 Tonnen schweren Buckelwale aus nächster Nähe beobachtet werden.

34 Otter waren eine begehrte Beute russischer Pelzjäger in Alaska. Cook erwarb einige edle Stücke von Indianern.

35 Barrow im Sommer. Ein Eskimo springt auf gespannter Walroßhaut Trampolin: einst eine Notwendigkeit, um die Eisgrenze auszumachen.

35

34

36

36 Eisfischen im Meer bei Barrow ist heute ein Sport der Eskimos. Einst war es wichtig, um im Norden Alaskas zu überleben.

37 Die britisch-europäische Darstellung der Ermordung Cooks in der Kealakekua-Bucht, 1779 auf Hawaii: der Dolchstoß. (Gemälde von George Carters)

37

38

39

40

38 Die Besatzung der RESOLUTION auf Walroßjagd in der Chukchi-See. (Gemälde von John Webber)

39 RESOLUTION und DISCOVERY kämpfen sich durch das arktische Treib- und Packeis. (Zeichnung: John Webber)

40 Ein Volksfest auf Hawaii 1994. So kann man sich den Menschenauflauf beim Erscheinen Cooks in der Kealakekua-Bucht vor 215 Jahren vorstellen.

41

42

41 Der Priester Toŭahah ist im Begriff, Cook mit der Keule niederzuschlagen. (Darstellung des Polynesiers Herb Kawainui Kāne)

42 Polynesische Krieger verneigen sich vor dem sterbenden Cook. (Gemälde von Johann Zoffany)

43 Die Resolution setzt ihre Fahrt von Hawaii aus ohne James Cook fort. (Zeichnung: John Webber)

43

Wal-Luftsprünge zählen zu den großen Touristen-Attraktionen und werden ganz unterschiedlich gedeutet. Wissenschaftler meinen, daß sich die Kolosse durch den Aufprall aufs Wasser von Parasiten wie Seepocken befreien wollen, die auf ihrer Haut siedeln. Der Laie deutet das Herausschnellen als Freudensprung.

Im letzten Büchsenlicht sprang noch eine Schule schwarz-weißer Killerwale über die Wellen, ausgelassen wie Delphine... Ein Alaska wie zu Cooks Zeiten? Nicht überall. Auch im 48. Staat der USA war die Zeit nicht stehengeblieben. Wir sollten es am nächsten Tag erleben.

Noch in der Nacht hatte die Spirit of Adventure den Prince William Sound erreicht. Im besten Morgenlicht standen wir vor der turmhohen Abrißkante des Columbia-Gletschers. Ich folgte der Eiszunge mit Blicken bis an die Flanken des 4000 Meter hohen Mount Witherspoon. Die Eismassen schoben sich wie auf einer gigantischen Achterbahn zu Tal, nur unendlich langsam: einige Meter im Jahr.

Plötzlich grollte es im Kessel, dann krachte es unglaublich hohl, wie aus dem Bauch der Erde. Schließlich ein Donnern. »Er kalbt!« raunte die Menge ehrfurchtsvoll. An der bizarren Stirn des Gletschers hatte sich ein Eisblock gelöst, groß wie ein zweigeschossiges Haus. Er glitt mit Getöse am übrigen Eis vorbei und schlug aufs Wasser – so hart und mächtig, daß zu allen Seiten Wasser und Gischt in die Luft stoben. »Eine tiefe Stille ließ den Donner der neugeborenen Eisberge noch eindrucksvoller ertönen«, schrieb einst John Muir, der große Gletscherforscher Alaskas.

Kurz darauf ließ eine Flutwelle unser Schiff wie eine Nußschale tanzen. Nun verstand jeder, warum unser Kapitän sein Schiff im Abstand von 750 Metern zum Gletscher hielt.

Wir glitten in den Valdez-Arm, den Cook durch Leutnant Gore und William Bligh hatte erkunden lassen in der Hoffnung, hier die gesuchte Passage zu finden. Gore nannte irgendwann ein Felskap Cape Lost Hope, was das Scheitern des Versuchs dokumentierte.

Wir erreichten Valdez und damit das Alaska des 20. Jahrhunderts. Öl, das schwarze Gold aus der Tundra hoch im Norden, hatte die Natur verdrängt. Der Welt größte Ölkonzerne hatten den Stoff an der Prudhoe Bay in 3000 m Tiefe angestochen und das Ölfeld in Claims abgesteckt. Für einen einzigen Block, also 6000 Hektar, zahlte Getty Oil 72,1 Millionen Dollar – zehnmal soviel, wie hundert Jahre zuvor ganz Alaska gekostet hatte!

1970 war für Alaska der Dornröschenschlaf vorbei. Unter dem Permafrost schlummerten 80 Milliarden Barrel Rohöl, eine gewaltige Menge. Die Industrie blies zum Ölrausch, nach dem Pelztier- und Goldrausch der größte und nachhaltigste des Landes. Unter dem Protest von Natur- und Umweltschützern wurde quer durch den Staat eine Pipeline gebaut. Fast 1300 Kilometer windet sich die stählerne Boa im Zickzackkurs, mal unter-, mal überirdisch, durch unberührte Natur, um am Ende in Valdez täglich 400 Millionen Liter des braunen Safts in ganze Batterien riesiger Öltanks zu spucken. Der Ölhafen von Valdez ist geballte Technik,

Der Ölhafen Valdez mit seinen Tankbatterien ist die Endstation der …

logistische Finesse und Energiezentrum in einem. Ich sah das Röhrenwerk und die Tankanlagen, deren Stahldächer wie überdimensionale Spiegel in der Sonne blitzten. Schaute zur Kopfstation hinüber, den Verladerampen fürs Öl, wo Supertanker lauerten, um nur rasch mit vollen Rümpfen zurückzudampfen, nach San Francisco, Los Angeles und anderswohin.

Aber ich hatte auch die schlimmen Bilder der Ölkatastrophe von 1989 vor Augen. Damals manövrierte Kapitän Joseph Hazelwood seinen Supertanker EXXON VALDEZ mit 200 Millionen Litern Öl durchs Schärengewirr des Prince William Sound. An einem Freitag, vier Minuten nach Mitternacht, rammte der Tanker die Felsen von Bligh Island und blieb leckgeschlagen liegen. 44 Millionen Liter Erdöl strömten aus, trieben durch den Sund und verursachten Amerikas schlimmste Ölpest. Seither hatten 40 000 Seevögel, fast 2000 Seeottern, 100 Robben, um 50 Grauwale, ebenso viele Seelöwen und natürlich abertausend Fische, vor allem Lachse, den Tod gefunden. Die Kette von Fehlern und

... 1300 km langen Pipeline, die Alaska mal über-, mal unterirdisch durchschneidet.

Versäumnissen, die zur Katastrophe führte, war haarsträubend: Auf dem Tanker führte ein Mann mit Alkoholproblemen das Kommando, der seinen Führerschein wegen Trunkenheit am Steuer verloren hatte; den Großtanker aber durfte er weiterfahren.. In der Unglücksnacht lag er angetrunken in der Koje, am Ruder stand ein inkompetenter Offizier. Die Hilfsmaßnahmen kamen erst 18 Stunden nach dem Unglück in Gang. Im Hafen von Valdez gab es nur eine einzige Barkasse zur Bekämpfung von Ölunfällen, obwohl dort Tag für Tag zwei Millionen Barrel (1 Barrel hat 159 Liter) verladen werden. Und diese einzige Barkasse war in der Nacht des Unfalls defekt. Meeresforscher Jacques Cousteau vor Ort: »Diese Katastrophe wird die Natur im Sund erst in 50 oder 100 Jahren verkraftet haben.«

In Valdez gingen wir an Land. Selbst Jahre nach der Ölpest gab es noch häßliche Spuren am Strand, unter dem Sand, im Wasser. Ein Fischer – ein Zehntel der Bevölkerung lebt vom Fischfang – klagte: »Das Öl auf dem Wasser ist ein Problem, aber das aufgelöste, im Wasser treibende, ein schlimmeres. Plankton, Krebse, Muscheln sterben ab, die großen Fische finden keine Nahrung mehr... Längst hat die gefährliche Emulsion Kodiak 600 Kilometer südöstlich erreicht.«

Auf Cooks Kurs umfuhren wir die Halbinsel Kenai. Eine weite Bucht, nach Nordosten verlaufend, hatte seine Offiziere glauben lassen, daß es sich dabei um die Nordwest-Passage handelte.

James Burney und Charles Clerke von der DISCOVERY wollten es genau wissen. Gemeinsam mit Bligh schlugen sie Cook vor, die Meerenge zu untersuchen. Der Kapitän war skeptisch, Tide und andere Anzeichen sprachen nicht für eine Passage. Schließlich war er doch mit einer Erkundung einverstanden.

Clerkes Gesundheitszustand war beängstigender denn je, er hustete fast ununterbrochen in sein blutgetränktes Taschentuch. »Wenn das die Verbindung zur Baffin Bay ist, haben wir geschafft, was niemandem vor uns gelungen ist«, sagte er.

»Ehre, Ruhm und Geld für die Entdeckung«, sagte Burney.

»Was nützt Geld, wenn man tot ist?« fragte Bligh die Runde.

»Unterlassen Sie Ihre vorlauten Anspielungen, Mr. Bligh!« tadelte Cook.

In Clerke flackerten noch einmal Begeisterung und Tatendrang auf. »In nächster Zeit beabsichtige ich nicht zu sterben, falls Sie das meinen, Steuermann!«

Die Schiffe segelten über 300 Kilometer ins Land hinein, bis auch der letzte Zweifler feststellte, daß die Expedition zwischen den Bergmassiven eines landumschlossenen Fjords stand. 16 Jahre später sollte er von Cooks Midshipman George Vancouver näher erforscht werden. Vancouver taufte den Meeresarm »Cook Inlet« und ließ seinen Anker ins Wasser rauschen, wo sich später Anchorage, Alaskas größte Stadt, entwickelte. Vancouver war es auch, der als erster Weißer einen Blick auf den Denali warf, Alaskas höchsten und Amerikas kältesten Berg, und von »gewaltigen, firnbedeckten Bergen in der Ferne« berichtete. Er sah die Alaska Range, über der der Denali thront. Athabasken-Indianer haben den 6200 Meter hohen Berg »den Großen« genannt. Uns ist er als Mount McKinley, benannt nach dem amerikanischen Präsidenten William McKinley, geläufiger.

Die Indianer an den Ufern des Yucon und Tanana glaubten, daß der Berg beim Kampf zweier berühmter Krieger entstand, die des Zauberns mächtig waren. Totson, der Rabenkriegshäuptling, hatte seinen Feind Yako am Kantishnafluß gestellt und schleuderte ihm seinen Zauberspeer entgegen. Yako ließ eine Wasserwelle zu Stein erstarren, an der der Speer abprallte. Aus der Steinwelle erwuchs der Denali, der große Berg.

Rund um das Massiv erstreckt sich der Denali-Nationalpark, eines der schönsten und tierreichsten Gebiete der Erde. Auf einer Rundreise bekommt man Karibus, Elche, Dall-Schafe, Bären, Wölfe und allerhand Niederwild zu Gesicht.

Doch zurück zum Cook Inlet, dessen Küstenregion vermutlich bis ins 18. Jahrhundert von Eskimos bevölkert wurde. Die Tanainas, ein Stamm des indianischen Athabasken-Volks, verdrängte diese lose organisierten Eskimogruppen. Cook trieb auf seiner Suche nach der Passage regen Pelz- und Fischhandel mit beiden Völkern. Erstaunt gewahrte er deren Waffen aus Eisen und Kupfer, was auf Kontakte zu den Russen schließen ließ. Zum Verdruß der Briten waren auch die Indianer auf Mehrung ihres Besitzes aus. Eines Morgens enterte eine Horde die DISCOVERY und bedrohte die Wachen. In Windeseile stahlen sie alles, was erreichbar war, und flüchteten erst, als der Rest der Mannschaft bewaffnet anrückte.

Die Russen unterhielten bereits seit einigen Jahren Handelsposten auf Kenai und der Insel Kodiak. Mit den Tanainas lebten sie in Fehde, bis es Alexander Baranow, dem Erforscher, Eroberer und Gouverneur – »in Alaska bin ich Zar« – gelang, Alëuten und Indianer gleichermaßen für seinen Pelztierhandel einzuspannen, was allerdings nicht ohne Blutvergießen erzwungen wurde. Russischer Einfluß läßt sich noch heute an vielen Orten im Golf von Alaska feststellen, nicht nur in Sitka, der Hauptstadt des einstigen Russisch-Amerika auf Baranow Island. Kodiak City beispielsweise ging aus einer von Baranow gegründeten Siedlung hervor. Russische Kolonialisten heirateten Frauen aus dem friedlichen Koniag-Indianerstamm und gründeten Familien, deren Namen wie Panamaroff, Kvasnikoff, Pestrikoff, Chichenoff in den Clans prominenter Koniag-Familien weiterleben. Viele Straßen haben russische Namen, unter denen Baranow und Schelnikow natürlich nicht fehlen dürfen. Auch die idyllische Holzkirche mit dem Doppelkreuz auf dem Zwiebelturm war ein russisches Vermächtnis.

Vor uns lag jetzt die Großtadt Anchorage, ein Wirtschaftszentrum mit 250000 Einwohnern. Das ist die Hälfte von Alaskas Gesamtbevölkerung. Aus einem Arbeitercamp ist es 1914 entstanden. Damals wurde die nach wie vor einzige Eisenbahnstrecke von Seward nach Fairbanks gebaut, im Volksmund »Elchschlächter« genannt. Längst erfüllt Hektik die Stadt: Täglich landen 100 Maschinen in Anchorage, 17 Gesellschaften fliegen 40 Städte außerhalb des 49. Staates an. Als Drehscheibe der nördlichen Hemisphäre ist Anchorage nicht wegzudenken.

In der Bar des Cook-Hotels verschaffte ich mir einen Überblick, denn sie lag im 20. Stockwerk. Von hier aus wurde die besondere

Lage der Stadt zwischen den schneebedeckten Chugach-Bergen und dem tiefblauen Wasser des Knick Arm deutlich. Unbedeutend erschienen mir Verkehr und Betriebsamkeit. Hinter den letzten Häusern begann die Wildnis, aus der gottlob noch 90 Prozent des Landes besteht. Noch ist Alaska Amerikas »last frontier«, etwas für Pioniere, die dem Lockruf der Wildnis folgten: »Go north, young man, go north to the future!« Wie lange noch?

Mein Blick schweifte nachdenklich über Earthquake Garden, jenes Viertel, das 1964 von Erdstößen der Stärke 8,7 auf der Richterskala vollständig vernichtet wurde. Ein bestimmtes Areal davon wurde nicht wieder aufgebaut, als Warnung vor den Kräften im Inneren, die Alaska zu einem seismisch hochaktiven Land machen. Man stelle sich das Desaster vor, von einem Erdbeben ausgelöst, das die Pipeline zerfetzt.

Turnagain heißt der Punkt, an dem Cook seine Schiffe umkehren ließ. Ab 1867, die USA hatten den Russen Alaska gerade abgekauft, schürften Goldsucher an den Ufern von Turnagain nach dem gelben Metall. Tatsächlich wurde Gold gefunden, und das Fieber breitete sich nach Norden, über den Knick Arm hinweg, aus. Das ehemalige Versorgungscamp der Goldschürfer, Knick, konnte ich von oben mit dem Fernglas erkennen. Einige Blockhäuser standen noch.

Iditarod heißt das härteste Hundeschlittenrennen der Welt. Es führt von Anchorage – hier am Start – 1200 Meilen durch Alaska bis nach Nome.

Mit Knick verbinden die Alaskaner das berühmte Hundeschlittenrennen »Iditarod«, das alljährlich an dieser Stelle startet. Es ist das härteste der Welt. Der Trail führt 1200 Meilen durch die weiße Hölle Alaskas, von Anchorage-Knick nach Nome an den Polarkreis. Immer Anfang März erinnert sich Alaska seiner wilden Jahre, an die Goldrauschzeiten. Harte Nordmänner haben dann das Wort und unbeugsame Schlittenführer aus der Welt Jack Londons. In Kälte, Einsamkeit und unwirtlicher Landschaft bestehen nur die besten von ihnen. Wer von der Piste abkommt, im tückischen White Out oder Blizzard die Orientierung verliert, der setzt sein Leben aufs Spiel. Das Heulen hungriger Wölfe, angriffslustige Elche und das ständige Hecheln abgehetzter Huskies begleiten die Teams auf ihrem schier endlosen Weg nach Nome.

Nome! Der Ort am Norton Sound erinnerte mich an die große Suche nach der Nordwest-Passage. Ich mußte weiter.

In der Beringsee

Mit fast schlafwandlerischer Sicherheit durchsegelte Cook das gefährliche Seegebiet in Richtung Westen, haarscharf an Klippen vorbei, bisweilen wurde auch mal eine touchiert. Vor wirklicher Gefahr bewahrte ihn sein innerer Seismograph aus Intuition, Beobachtung, Erfahrung und Umsicht in unbekannten Gewässern. Für Heinrich Zimmermann grenzte Cooks Orientierungskunst an Hexerei: »Er wußte jene, uns verborgen bleibenden geheimen Zeichen zu deuten.«

Vor der Küste der Alëuteninsel Unalaska wurde eine kurze Rast eingelegt. Wieder von Zweifeln geplagt, stieß Cook dann doch durch das Labyrinth von Untiefen, Felsen und Schären nach Norden in die Beringsee vor. Auf diesem Kurs erreichte er den Norton Sound auf dem 64. Breitengrad. Der erste Schiffsarzt Anderson starb auf diesem Abschnitt an Tuberkulose.

Resignierend schrieb Cook in sein Tagebuch: »Der breite Strom der Hoffnung ist zu einem Rinnsal der Enttäuschung geworden. Wir müssen bald wenden und nach Süden zurücksegeln, bevor das Eis und der arktische Winter uns daran hindern. Wenn es eine Nordwest-Passage gibt, werden wir sie in diesem Jahr nicht finden... Wir brauchen dringend einen sicheren Ankerplatz für Reparaturen und um uns auszuruhen. Die Schiffe sind ebenso erschöpft wie ihre Mannschaften.«

Im Norden wird der Norton Sound von der Seward-Halbinsel begrenzt. Cook taufte das Vorgebirge Prince-of-Wales-Kap. Die Landnase ist der westlichste Punkt Alaskas und der dem asiatischen Kontinent nächstgelegene. Während die Rahsegler Asien ansteuerten und in einer geschützten Bucht vor Anker gingen, die Cook St.-Lorenz-Bay nannte, nahm ich Kurs auf Nome, den von Sturm, Eis, Schnee und Regen geschundenen Ort am Norton Sound. Starke Erinnerungen verbanden mich mit dem verlassenen Kaff am Ende der Welt. Erinnerungen an verlorene Nuggets und ausgelaugte Musher.

Nome entstand in einem Sommer des Jahres 1899 auf einem Uferstreifen am Rand der matschigen Tundra und wuchs aus dem Nichts zu einem Wildwest-Camp von zwanzig-, dreißigtausend

Nichts Außergewöhnliches in der Umgebung von Nome: Goldsuche wie in alten Zeiten.

Menschen, die nicht mehr besaßen als Waschpfannen, Schießeisen, was sie am Leib trugen – und einen verzweifelten Glauben ans Gold. In einem schweren Sturm war das Schiff des Prospektors Byrneson vom Kurs abgekommen und zufällig an Nomes Gestade geraten. Byrneson inspizierte den Strand und entdeckte vielversprechende Spuren gelben Metalls. Im Jahr darauf erwarb er mit einem Partner Claims an der Küste. Man schwor strengste Geheimhaltung. Doch die Angelegenheit kam heraus, und damit hob ein unvorstellbarer Run an – nicht geringer als jener auf die Klondike-Region zuvor. Im Digger-Camp Nome gedieh das Verbrechen, denn so mancher, der auf seinen Claims nicht reich wurde, versuchte auf unredliche Weise das Glück zu erzwingen. Zwischen 1900 und 1902 gehörte Nome zur gesetzlosesten Stadt, die es im amerikanischen Westen gab. Wer den Ort betrat, hörte als erstes Schüsse – und dann gab's Tote. Revolverheld Will Ballon soll geklagt haben: »Jeden Morgen zum Frühstück Leichen, Himmel, das ist zuviel!« Er verließ den Sündenpfuhl am vierten Tag.

Am Strand und in den Creeks gibt es immer noch Gold. Einzeln oder in kleinen Gruppen wird eifrig geschürft. Mit einem Partner hatte ich in den 70er Jahren hier wochenlang die Waschpfanne kreisen lassen. Ich hatte Glück und bald Nuggets im Werte von 10000 Dollar in der Tasche. Aber auch verdammtes Pech: Ein gewisser Frank Cleary nahm mir bis auf den letzten Cent alles ab.

Alaska fesselt uns durch seine rauhe Struktur, überwältigt uns durch seine Dimensionen und packt uns durch seine Menschen, die in erbarmungsloser Natur leben, in ihr hart werden oder jämmerlich zugrunde gehen. Als ich Nome verließ, hatte ich verloren, war aber nicht kaputtgegangen. Schon damals fühlte ich, daß es mich gepackt hatte, das Alaskafieber. So kam ich wieder.

1980 stand ich in der Front Street, auch Leonhard-Seppala-Boulevard genannt. Plötzlich heulten Sirenen, Böllerschüsse ertönten, das Volk schrie: »Mushers are coming!« Aus den Saloons quollen die Fans, um ein dichtes Spalier zu bilden. Scheinwerfer tauchten die Zielgerade in grelles Licht. Der erste Hundeschlittenführer fuhr ein, die Menge geriet außer Rand und Band. Startnummer 7, Joe May, der Fallensteller aus Trapper Creek, war allein auf weiter Flur – der Sieger. Die Menge tobte: »Bravo, bravo, Joe!« May kam näher, er taumelte, auch seine Hunde torkelten an den Zuschauern entlang, als brächen ihnen gleich die Beine weg. Mühsam stolperte der Musher neben dem Schlitten her, zerrte an ihm, hielt ihn fest. Doch das Gespann kroch vorwärts, weiter, wie durch einen Schlauch dem Ziel entgegen. Noch wenige Schritte, nur drei, vier Meter. Joe schwankte, setzte mühsam Fuß vor Fuß. Sein Körper pendelte in der arktischen Kleidung wie ein Klöppel – geriet durch den Zielbogen... Geschafft!

»Joe May ist der Sieger im Iditarod-Rennen 1980!« verkündete der Lautsprecher. »Genau nach 14 Tagen, 7 Stunden, 11 Minuten und 51 Sekunden. Ein neuer Rekord!« Alaska hatte seinen Nordlandhelden. Aber der war ausgelaugt, fix und fertig wie seine Hunde. Ein Bündel Mikrophone hingen May am Mund. »Wie fühlt man sich als Sieger?«

Joe verdrehte die Augen und röchelte: »Als Überlebender – und verdammt müde!«

Wenn der Leithund die Orientierung verliert, wird es für den Musher ernst in Alaskas Schnee- und Eiswüste.

Später zog der Indianer Emmitt Peters, genannt Yukon-Fox, ein. Zuerst sah man nur den Scheinwerfer einer Kopflampe, dann die phosphoreszierenden Augen der Huskies, schließlich sein Gesicht, schwarz von Frostbeulen. »Der Trail«, keuchte er am Ziel, »ist der schlimmste, den ich je gefahren bin! Aber ich komme wieder, mit besseren Hunden und besseren Schlitten. Dann fahre ich jeden in Grund und Boden.«

Mit Vasily Zamitkyn an 36. Stelle war das Rennen zu Ende. Auf der Strecke – irgendwo zwischen Anchorage und Nome – blieben 23 Gespanne.

Schließlich kehrte jeder wieder in seine Welt zurück, einige in die Städte im Süden, viele in die Einsamkeit ihres Trapperdaseins. Für Nome war der Spuk vorbei, zurück blieb ein trauriges Kaff in der Tundra, gezeichnet vom Verfall und vom Alkohol.

So fand ich Nome auch jetzt vor, doch ich liebte die Erinnerung an Iditarod und an meinen Goldrausch. Bevor es weiterging, genehmigte ich mir im »Nugget Inn« einen Separator. Der Cocktail hieß so, weil er gewissermaßen den Kopf vom Körper trennte. An der Bar hingen einige glasig dreinblickende Typen herum, meist Eskimos, kaum Weiße, die hielt um diese Jahreszeit nichts in Nome. Eine alte Eskimofrau mit Stirnglatze kippte Bier in sich hinein. Dann wandte sie sich mir zu, um mir etwas zu erzählen, aber ich verstand nichts. Sie versuchte es weiter. Schließlich griff sie sich in den Mund und holte ihr Gebiß heraus, das sie auf den Tresen legte. Sie beugte sich dicht an mein Ohr, und aus dem Schwall ihrer feuchten, übelriechenden Worte verstand ich nur »shit«. Auf einmal wurde ihr Kopf schwer und glitt auf die Theke. Tom Baxter, der Barkeeper, räumte mit der einen Hand die Flasche ab, mit der anderen drückte er der Alten das Gebiß zwischen die Kiefer. »Normak ist in Ordnung, auf die laß ich nichts kommen«, meinte er. »Nur mit dem Alkohol kann sie nicht umgehen, aber wer kann das schon von den Eskimos und Indianern?«

Alkohol und Zivilisation erobern Jahr um Jahr mehr von Arktis und Subarktis. Menschen, die in ihr ohne technische Hilfsmittel zu überleben vermochten, die Eskimos, werden verdrängt oder assimiliert und verlieren damit ihre Fähigkeit, sich im Reich Nanoks zu behaupten. In Alaska sind es die Yupik im Westen und die Inuit im Norden, bei denen Jagd- und Überlebensinstinkte verlorengehen.

Wo vor sechzig Jahren drei, vier Inuit-Sippen in Zelten oder winterfesten Grassodenhütten dank der Karibus, Eisbären, Polarfüchse und Robben durchhielten, herrscht jetzt die Technik der Weißen mit Computern, Fernsehen, Telefon, Baumaschinen und Snowmobils. Gemeint ist Barrow, die nördlichste Stadt Amerikas, am Arktischen Ozean gelegen.

Sie hat 3000 Einwohner, einen Bürgermeister, Stadträte und ist Regierungssitz der North Slope, des Tundragebiets mit den großen unterirdischen Ölfeldern. Zur Zeit ist Barrow eine Großbaustelle. Trotz des ewigen Bodenfrosts fräsen Bagger tiefe Gräben für die Kanalisation. Es entstehen Büros, Verwaltungsgebäude und Hotels.

»Die haben 'nen Polarkoller!« schimpfte Tom Baxter, als wir über die rasante Entwicklung Barrows sprachen. »Der Native Claim Settlement Act brachte den Inuit Landrechte über 20000 Quadratkilometer ein und dazu 'ne Bande gewissenloser ›Berater‹ aus den unteren Staaten. Da tummeln sich jetzt Glücksritter und Bankrotteure.«

»Ich würde den Ort wohl nicht wiedererkennen«, sagte ich.

Tom bediente einen anderen Kampftrinker. »Wann warst du oben?«

»Vor zwanzig Jahren, wohnte bei Harry Akkuput. Mit Jackson Walluk war ich auf Jagd.«

»Feine Kerle. Leider nicht mehr da, haben sich totgesoffen. Ich bin zweimal im Jahr in Barrow, und ich sage dir, was da oben aus der uralten Siedlung gemacht wurde, ist heller Wahnsinn. In Wirklichkeit ist in Barrow nicht mehr los als hier in Nome, in Kotzebue oder einem andern Nest. Gegen jede Natur und Vernunft wird da etwas aus dem Frost gestampft, das ich noch als größten Schrottplatz der Arktis erleben werde.«

Wo bleibt, was die Eskimos stark gemacht hat? Ihr Kampf mit den Elementen, ihre Urteilskraft in Kälte, Schnee und Eis. Ihr

Geschick, unter widrigsten Umständen zu jagen, satt zu werden, sich warm zu halten. Alles ist verkümmert. Damit haben sich auch die Inuit, die härtesten ihres Schlages, fremden Mächten ausgeliefert.

Ich erinnerte mich an den Überlebenskampf eines Jägers in der Nähe von Point Hope, 500 Kilometer nördlich von Nome. Matohok, so hieß der Inuit, verfolgte den Eisbären auf dem zugefrorenen Meer. Viele Tage vergingen. Schließlich war die letzte Kugel verschossen und der letzte Proviant verbraucht. Matohok mußte aufgeben, und der Nanok entkam. Des Jägers Nahrungsreserven waren die Hunde vor seinem Schlitten. Ein Schneesturm zwang ihn, langsamer zu gehen und zu rasten. Er baute sich eine Notunterkunft, ein Iglu. Um seinen Hunger und den der stärkeren Hunde zu stillen, schlachtete er die schwächeren Tiere. Dann zog er weiter, bis er nur noch den Leithund besaß. Schließlich mußte er auch diesen töten und aufessen. Ohne Schlitten wanderte er durch die konturlose, weiße Tundra. Bis zum Dorf war es noch

Eskimojäger mit reicher Beute im aufbrechenden Eis der Bering-See.

sehr weit. Schwäche und Hunger drohten ihn zu besiegen. Er begann, einen Teil seiner Lederkleidung zu essen. Eines Tages schnitt er seine Robbenfellstiefel in Streifen und aß auch diese. Die Füße in Lappen gewickelt, schaffte er noch drei Tagesmärsche. Dann versagten ihm die erfrorenen Füße den Dienst. Hätte Matohok noch einen Hund gehabt, wären die Füße zu retten gewesen. Er hätte ihm den Bauch aufgeschnitten und die Füße in den warmen Eingeweiden auftauen können. So aber waren sie zu nichts mehr nütze. Matohok aß seine Füße auf, Stück für Stück, in kleinen Portionen. Am Ende entging er doch noch dem Hungertod, denn einige Tage später nahm ein anderer Jäger seine Fährte auf und fand ihn. Matohok wurde auf dem Schlitten des Retters nach Hause gebracht.

Auf der asiatischen Seite hatte Cook Kontakt mit Tschuktschen aufgenommen, die im Golf von Anadyr hausten. Sie trugen warme Jacken, Beinkleider und Stiefel aus Rentierfell. Cook war von ihrer höflichen und zurückhaltenden Art angetan und kam zu dem Schluß, die Tschuktschen seien so ziemlich die am höchst entwickelte Rasse des pazifischen Raums. Fuchs- und Seeotterfelle wechselten die Besitzer, und nach den Tauschgeschäften wurden die Briten mit Tanzdarbietungen unterhalten.

Die Zeit drängte. Es war bereits Mitte August, und das Wetter konnte stündlich umschlagen. Langsam glitten die Schiffe aus der Beringsee in die Ungewißheit des Arktischen Ozeans. Die Luft war schneidend kalt, der Himmel von dunklen, drohenden Wolken verhangen. Voraus beobachtete Cook eine Erscheinung, die er aus der Antarktis kannte, den Eisblink.

Am 18. August 1778 erreichte die RESOLUTION die Packeisgrenze. Lückenlos erstreckten sich Eisfelder von einer Mächtigkeit, die drei Meter übertraf. Der Horizont schien von den Eismassen regelrecht abgeriegelt zu sein. Die Expedition befand sich auf 70° 44′ Nord. Offiziere und Mannschaften wurden unvermittelt von einer geheimnisvollen Unrast gepackt. Ein letztes, großes Aufbäumen, um den Naturgewalten zu trotzen, verzweifelt gegen sie anzurennen?

Cook kreuzte zwischen der Ostküste Sibiriens und dem Westteil Alaskas hin und her, auf der Suche nach einer Durchfahrt. Einige Male lief er Gefahr, von driftenden Eismassen eingeschlossen und erdrückt zu werden. In Booten wurden Erkundungstrupps ausgesetzt. Es mußte doch eine Fahrrinne geben! Um die Verpflegung aufzufrischen, wurde Jagd auf Walrosse gemacht, aber keiner mochte das zähe, tranig schmeckende Fleisch. Cook erzwang den

Cooks Schiffe kämpfen sich durch das Pack- und Treibeis der Arktis. Zerhackte Eisbrocken spenden Trinkwasser. William Hodges zeichnete diese Szene während Cooks zweiter Reise.

Verzehr, um seine Mannschaft im Eis gesund und leistungsfähig zu erhalten. Doch längst fühlte auch der einfache Seemann, daß der Kampf mit dem Packeis nicht mehr lange währen konnte. Bären, weiß und groß, erschienen immer häufiger an den Abbruchkanten und bauten sich drohend auf, als wollten sie klarmachen, daß sie in ihrem Revier keine Eindringlinge duldeten.

Ein Eisbär ruht auf einer mächtigen Eisscholle in der Chukchi-See, Nordwestalaska. Als grimmigen Wächter der Arktis empfand ihn J. Webber (rechts).

Unheimlich waren die Nächte. In das Krachen der schweren Schollen mischte sich lautes, heiseres Walroßgebrüll. Die Matrosen im Ausguck schauderten, horchten gebannt in die Finsternis. Mit einem Mal schienen die Sterne blasser zu werden, an der Kimm tauchte ein heller Streifen auf. Morgenrot? Unmöglich! Unruhe packte die Männer. Der Himmel geriet in Aufruhr, Schleier huschten über ihn hinweg. Ein Vorhang aus den Farben des Regenbogens wuchs und schwoll und spannte sich wie eine Brücke von Ost nach West. Strahlenbündel züngelten, überfluteten in berauschender Pracht das Gewölbe. Wie es flammte und knisterte! Wirklich knisterte, sogar raschelte, als würde Seidenpapier zerknüllt. Stimmen aus dem Kosmos? Schrecken packte die Männer im Mast. Sie erlebten ihr erstes Polarlicht: Aurora borealis. Subatomare Teilchen waren in das Magnetfeld der Erde eingedrungen und erzeugten die farbenprächtigen Lichtschleier. Aber für die Fahrensleute spukte es am Himmel, und sie hatten Angst.

Ureinwohner der Halbinsel Kamtschatka beim Feuermachen.

Am 29. August gab Cook auf: »Die Jahreszeit war jetzt so weit fortgeschritten, daß ich es nicht für klug hielt, in diesem Jahr weitere Versuche zur Auffindung einer Passage zu unternehmen, so gering war die Hoffnung auf Erfolg.«

Er befahl seine Schiffe auf Südkurs, an der Küste Alaskas entlang. Aber anstatt auf der Halbinsel Kamtschatka bei Petropawlowsk zu überwintern, wie es die Instruktionen der Admiralität vorsahen, faßte der Kapitän einen folgenschweren Entschluß: Er wollte in wärmeren Regionen, auf den Sandwichinseln, die Wintermonate verbringen, um dann im nächsten Sommer einen zweiten Versuch zu wagen.

Wieder wurde die Alëuteninsel Unalaska angelaufen. Man brauchte Trinkwasser, außerdem mußten die Schiffe überholt werden. Die RESOLUTION bedurfte dringend einer Kalfaterung, auch waren die Segel auszubessern. Drei Wochen dauerten die Reparaturen. Cook studierte in der Zwischenzeit das Leben der Alëuten und nahm Kontakt zu den russischen Pelzhändlern auf. Gregoriew Ismailow, der Anführer der Russen, war ein ausgezeichneter Landeskenner. Bereitwillig korrigierte er mit Cook die fehlerhafte Seekarte Stählins. Doch von einer Passage im Norden wußte Ismailow nichts.

Kurz bevor die Schiffe wieder in See stachen, übergab Cook dem Russen einen Brief an Lord Sandwich, der über Sibirien nach England gelangen sollte. Ismailow stopfte den Umschlag in seine Felltasche. Ob er den Empfänger jemals erreichen würde? Cook hatte ernste Zweifel daran. Doch der Brief erreichte London tatsächlich, allerdings anderthalb Jahre später.

In wütendem Sturm segelte Cook nach Süden. Schnee, Hagel und Regen peitschten die Rahen und richteten auf den Schiffen schwere Schäden an. Auf der DISCOVERY brach Feuer aus, ein Stag riß im Sturm, dabei wurde ein Seemann getötet, mehrere andere wurden verletzt. Endlich war das Schlimmste überstanden. So glaubte Cook wenigstens, als ihm vom Ausguck »Laaand – Steuerbord voraus!« gemeldet wurde.

Tod und Triumph

James Cook hatte sich also entschieden, die weitere Suche nach der Passage auf das nächste Jahr zu verschieben. Treib- und Packeis hatten ihm den Weg verbaut, und es war nur eine Frage der Zeit, wann er mit seinen Schiffen einfror und zermalmt wurde. Beim Studium der Quellen drängt sich die Frage auf, ob er überhaupt eine Passage im Eis suchen wollte. Hatte er sich nicht vielmehr, gestützt auf die falsche Stählin-Karte, eine Durchfahrt in gemäßigten Breiten vorgestellt und erhofft? Hatte er selbst überhaupt noch die Kraft und den Willen für eine arktische Expedition? Welcher Entschluß, welcher Kampfgeist stand hinter seiner Eintragung, einen zweiten Versuch unternehmen zu wollen?

Längst wissen wir, daß Cook die Nordwest-Passage nie gefunden und nie bezwungen hätte. Es fehlte an allem: an physischer und psychischer Konstitution; an der Vorstellung, was es heißt, nach der Umrundung Point Barrows nochmals 3000 Meilen durch einen gigantischen Irrgarten bis in den Atlantik zu segeln. Es mangelte an Erfahrung, an den geeigneten Schiffen, an Verpflegung.

Das Ziel war für ihn unerreichbar. Vielleicht fühlte er seine Ohnmacht und überwinterte aus diesem Grund nicht auf Kamtschatka, wie ihm befohlen worden war, und um Erfahrungen beim Winterlager im Eis zu sammeln, sondern zog sich bewußt in vertraute Regionen zurück, um seine Karriere als Entdecker zu beenden? Sein Leben war eine ewige Suche nach fernen Zielen, das Streben, Ungeahntes zu finden oder zu beweisen, daß Vermutetes nicht vorhanden war. Konnte ein Mann dieses Charakters von einer Expedition heimkehren und zugeben, daß er versagt hatte? Die Passage hätte seinem Ruhm als Entdecker die Krone aufsetzen sollen. Doch auf der dritten Reise stieß er an seine Grenzen. Diesmal war der Ehrgeiz größer als sein Können – in London erwartete ihn nicht die Krone des Ruhms, nein, seiner Vorstellung nach erwartete ihn Mitleid, wenn nicht sogar Tadel. So wollte Cook nicht in die Entdeckergeschichte eingehen. Ich bin überzeugt, der Kapitän suchte für sich und Britannien in seiner »Heimat« Ozeanien den heldenhaften Abgang, wenn nicht bewußt, so doch unbewußt. Nur der Tod konnte ihn von der Last der Verantwortung und von der Bürde der Erwartung befreien. So ließ er fremde Hand an sich legen: »Selbstmord« aus Ehrgeiz, der nicht mehr befriedigt werden konnte?

Um ein Idol zu bleiben, mußte er sterben. Vielleicht hätte ihn eine intakte Familie daran hindern können, doch die gab es nicht mehr. Elizabeth, seine Frau, war von ihm tief enttäuscht worden. Für seine Karriere hatte er sie verraten. Seine Kinder waren gestorben oder wuchsen ohne Bindung an ihn, den Vater, auf.

Cook mußte sich auf seiner Rückreise zu den Sandwich-Inseln wie ein entwurzelter, bindungsloser Versager fühlen. Menschen haben sich schon für weniger umgebracht. Cooks Ende war die Rettung vor dem Freitod oder einem zweiten, tödlichen Versuch, gegen das unbezwingbare Eis anzurennen. Damit wäre nicht nur sein Leben vernichtet worden, sondern auch das seiner Männer und der Bestand seiner Schiffe. Dies alles in den eisigen Tod schicken, das konnte er nicht.

Hawaii wurde erreicht, wo der erfahrene Südsee-Experte die Gefahr provozierte und Fehlentscheidungen traf, als habe alles in einer Katastrophe zu enden. War es nüchternes Kalkül oder innerer Drang? Das ist die Frage.

Und die Nordwest-Passage? Sie war nicht nur für Cook ein Alptraum.

William Scoresby, ein Walfangkapitän, erzählte 1817, daß die arktischen Gewässer eisfrei seien. Die Information ließ aufhorchen, schließlich suchten europäische Entdecker und Seefahrer seit über 300 Jahren nach einem befahrbaren Seeweg zwischen Atlantik und Pazifik – bisher erfolglos. Der Brite John Barrow traf umgehend Vorbereitungen für zwei Polarmissionen, während das Parlament eine Belohnung von 5000 Pfund (das Zehnfache eines Kapitänsgehalts) für den aussetzte, der mit seinem Schiff als erster nördlich des Polarkreises über den 110. westlichen Längengrad hinaus vordrang (Cooks Erfolgsprämie belief sich auf 15000 Pfund).

Der Forscher John Ross machte sich ein Jahr später mit den Schiffen ISABELLA und ALEXANDER auf die Suche nach der Passage – und scheiterte. Sein Offizier W. E. Parry, von der Existenz einer Durchfahrt überzeugt, kämpfte um ein neues, eigenes Kommando, das er auch erhielt. Mit den Schiffen HECLA und GRIPER stach er in See. Im September 1819 erreichte er die Melville-Insel bei 110° westlicher Länge und kassierte 5000 Pfund Belohnung.

Auf dem Landweg erkundete John Franklin das Umfeld der vermuteten Nordwest-Passage. Zwischen 1819 und 1822 legte er fast 9000 Kilometer zurück, davon 850 im arktischen Eis. Die Forscher Parry und Franklin verfügten nun über Erkenntnisse, die es endlich möglich machen mußten, die Durchfahrt zu finden.

Der ehrgeizige Franklin wollte der erste sein. Er brach 1845 mit den Schiffen EREBUS und TERROR sowie 129 Mann zu einer weiteren Expedition auf. Dieser letzte und teuerste Versuch der Briten, die Nordwest-Passage zu finden und zu nutzen, endete als Tragödie im Eis und blieb über viele Jahre ein Mysterium. Mannschaften und Schiffe verschwanden spurlos.

1847 begann eine großangelegte Rettungsaktion. Jahrelang suchten 40 Schiffe nach den Spuren Franklins und der Besatzung – ergebnislos. Am hartnäckigsten war Lady Franklin, die Frau des Kommandanten. Sie rief zu einer nationalen Sammlung auf, so daß Kapitän F. McClintock die Fox für eine Suchexpedition ausrüsten konnte. Nach zehn Jahren konnten endlich Spuren aufgenommen werden, die etwas Licht in das arktische Drama brachten: Sir John Franklin war 61jährig als erster gestorben, vermutlich an einem Hirnschlag im Juni 1847. Im April 1848 wurden die Schiffe aufgegeben, die Überlebenden begaben sich zu Fuß zur Mündung des Great Fish River. Man fand ihre gefrorenen Leichname, zum Teil schaurig gut erhalten, im Eis konserviert. Aber von den Schiffen fehlt noch heute jede Spur. Es wird angenommen, daß sie von nomadisierenden Eskimos zerlegt und die Einzelteile weggeschafft worden sind.

Erst 58 Jahre nach Franklins Tod erfüllte sich der Norweger Roald Amundsen einen Kindheitstraum, er wurde Polarforscher. Mit einem alten Fischkutter und Vorräten für drei Jahre begab er sich auf die Beechey-Insel und studierte die Lebensweise der Eskimos, um wie sie in polarer Kälte überleben zu können. Mit diesem Wissen begab sich Amundsen 1905 mit dem rumpfverstärkten Fischkutter GJOA auf westlichen Kurs. Ende August begegnete er einem Segelschiff aus San Francisco. Damit war klar, Roald Amundsen hatte mit seinem Kutter als erster die ganze Länge der Nordwest-Passage durchsegelt.

Nach vielen Opfern und Leiden war die Verbindung zwischen Atlantik und Pazifik hergestellt, doch sie blieb kaum genutzt. Noch heute ist sie ein Abenteuer und eine nautische Herausforderung. Kaum 50 Schiffe haben sie bewältigt. Nach dem zweiten Anlauf gelang es unlängst dem Kreuzfahrtschiff HANSEATIC mit Touristen an Bord, von Eisbrechern eskortiert, die Passage zu bezwingen. Nur russische 30000-PS-Eisbrecher sind stark genug, um eine Fahrt durch die Nordwest-Passage garantieren zu können. Und auch das natürlich nur im arktischen Hochsommer, wenn das rund einen Meter dicke Packeis für wenige Wochen zu knacken ist.

6. Cooks Ende auf Hawaii

Was der Mann in Cooks Krähennest gesichtet hatte, war der 3000 Meter hohe Vulkankegel Haleakala von Maui, der zweitgrößten der Sandwich-Inseln. Beim Näherkommen erkannte man strohgedeckte Hütten, Anpflanzungen, Boote. Dazwischen, und auch sonst am Strand, waren aufgeregt umherlaufende Insulaner zu beobachten.

Kurz vor Sonnenuntergang kamen die ersten Auslegerboote längsseits. Die Insulaner tauschten Ferkel, Früchte, Yams und allerlei andere Nahrungsmittel gegen Nägel und Geräte aus Eisen. Cook erließ Befehle: »1. Kein privater Handel. 2. Kein Landgang, es sei denn, es liegt ein besonderer Auftrag vor. 3. Frauen ist es verboten, die Schiffe zu betreten.«

Nach diesen klaren Anordnungen begann die endlos lange Suche nach einem geeigneten Ankerplatz. Die Mannschaften murrten. Sie sahen in dem fast zwei Monate währenden Kreuzen vor Maui, Molokai, Lanai und Hawaii, der Hauptinsel, kein gezieltes Suchen, sondern ein orientierungsloses Umherwandern ihres Kapitäns – das sie angesichts der traumhaften Inseln und der verführerischen Frauen in Sichtweite als quälende Schikane werteten. Hinzu kam, daß der Alte Rum und Brandy verschließen ließ. Statt dessen wurde ab und zu billiges, übles Zuckerrohrbier ausgeteilt.

Erstmals äußerte sich Cook abfällig über seine Leute: »Meine meuterische, aufrührerische Besatzung weigerte sich, auch nur davon zu kosten, und verlangte ihren Grog...« Diese Andeutungen lassen ahnen, daß die Stimmung an Bord auf dem Nullpunkt war. So erhielt William Griffiths ein Dutzend Hiebe mit der neunschwänzigen Katze, weil er das Faß mit Zuckerrohrbier ausgoß.

Zusehends verschlechterte sich der Zustand von RESOLUTION und DISCOVERY: Segel rissen, Tauwerk brach, auch die Verpflegung wurde immer eintöniger. Aber Cook ließ unentwegt und planlos vor den Inseln kreuzen. Das war Schwerstarbeit unter der sengenden Sonne Hawaiis. Seinen Offizieren gegenüber gab er sich wie eine Sphinx: verschlossen, autoritär, unnahbar. Wenn je der Gedanke an Meuterei aufkam, so jetzt, vor den Sandwich-Inseln.

Um sich abzulenken und um die Last der Verantwortung zu mindern, verkroch sich Cook bisweilen mit mürrischen Offizieren in seine Kajüte und spielte »The Captain's Mistress«, sein Lieb-

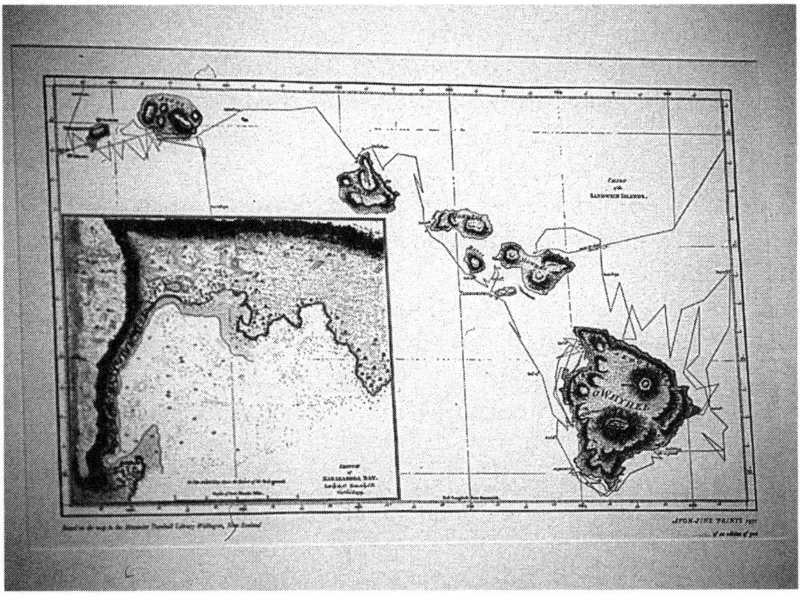

Cooks langes Kreuzen vor der Hauptinsel Hawaii hätte leicht zur Meuterei führen können. Endlich ließ er in der Kealakekua-Bucht (Ausschnitt links) ankern. Die Karte ist nach Vermessungsskizzen des Kapitäns angefertigt worden.

lingsspiel. Es bestand aus einem Holzkasten mit 21 schwarzen und 21 weißen Holzkugeln und sieben, im Deckel vertikal angeordneten Fächern. Wem es als erstem gelang, fünf gleichfarbige Kugeln im Deckel über- oder nebeneinander zu plazieren, hatte gewonnen. Das Spiel erinnerte den Yorkshiremann an seine Kindheit. Wenn er den Kasten aufklappte, vergaß er die rauhe Wirklichkeit. Der Name »The Captain's Mistress« rührt von einer Erzählung her, die nach seiner ersten Reise entstand. Cook spielte auf dem Törn von Neuseeland an die Ostküste Australiens damals so besessen, daß er den Kurs zu bestimmen vergaß, sogar nicht mehr wußte, wo er hinwollte.

Mitte Januar sah der Kapitän endlich ein, daß eine Entscheidung überfällig war. In einer Bucht im Südwesten Hawaiis wurde William Bligh zur Erkundung an Land geschickt. Er kehrte mit der Nachricht zurück, daß es sich um einen geeigneten Platz handelte. Es gäbe reichlich Trinkwasser und zwei Dörfer, die den Bedarf an Nahrungsmitteln decken könnten.

Was sich dann am Morgen des 16. Januar ereignete, als Cook mit den Rahseglern in der Kealakekua-Bucht ankerte, übertraf alles bisher im Pazifik Erlebte: die Bucht, die Orte Kekua und Kavarna füllten sich mit herbeiströmenden Menschenmassen, einer Armada von kleinen und großen Kanus. Welch ein Empfang! Welch grandiose Szene unter dem riesigen, schneegekrönten Zwillingsgipfel des Mauna Loa, dessen Flanken schwarze, erstarrte Lavaströme bis ans Meer geschickt hatten. Dunkelgrüne Wälder, Palmenhaine in Ufernähe und überall Mädchen – es war einfach traumhaft, unwirklich. Etwas Besonderes begab sich in der Bucht, das spürte auch der verwegenste, kaltschnäuzigste Matrose.

Im wahren Triumphzug begab sich der Kapitän aus seiner Schaluppe und schritt ans Ufer. James King, der Zweite Offizier der RESOLUTION, schätzte, daß 1500 Kanus und rund 15 000 Eingeborene zur Begrüßung erschienen waren. Hunderte trafen mit merkwürdigen Brettern ein, mit denen sie zuvor auf den Wellen geritten waren. Zwei Offiziere der RESOLUTION zählten gar 2500 bis 3500 Kanus. Kapitän Cook hielt im Logbuch fest: »Nirgendwo auf diesem Meer habe ich so viele Menschen auf einem Platz versammelt gesehen; außer denen in Kanus war die Bucht mit Menschen umsäumt, und Hunderte schwammen… wie Schwärme von Fischen.« Der größte Ansturm mußte von Priestern und Häuptlingen gewaltsam abgedrängt werden. Der Häuptling Parea und besonders der Hohepriester Touahah, von dem wir noch hören werden, begegneten Cook mit devotem Respekt, der wie Anbetung wirkte. Cook: »Sobald wir landeten, ergriff Touahah meine Hand und führte mich zu einem großen Morai (Kultstätte). Die übrigen Herren folgten mit Parea und anderen Eingeborenen.« Wo Cook auch ging oder stand, huldigten ihm die einfachen Insulaner und fielen auf die Knie.

Dann mußte er einer langen, seltsamen Zeremonie beiwohnen, die ganz offensichtlich religiösen Charakter hatte. Cook war verwirrt. Konnte er ahnen, daß er seiner eigenen Deifikation beiwohnte? Er wurde an den Empfang auf Kauai erinnert. Doch das hier war ungleich pompöser, mystischer, ja unentrinnbar.

Was ging hier vor? Dem Glauben nach war Lono, Gott des Ackerbaus, des Glücks und Friedens, einst auf einem Regenbogen zur Erde herabgestiegen, um sich mit einer Sterblichen zu vermählen. Nach anfangs glücklichen Jahren fühlte sich Lono betrogen und segelte über das Meer davon. Eines Tages aber wollte er auf einer schwimmenden, mit Reichtümern beladenen Insel wiederkommen. Zufällig war Cook an einem heiligen Platz gelandet, zu einer Zeit, da die Hawaiianer in der Kealakekua-Bucht das *makahiki*-Fest zur Huldigung Lonos feierten. Cook war für sie der heimgekehrte Lono und die RESOLUTION sein Insel-Tempel. Die Nachricht seines Erscheinens vor einem Jahr auf Kauai hatte sich über alle Sandwich-Inseln verbreitet, und das »göttliche« Ereignis fand jetzt in dieser Bucht auf Hawaii seinen Höhepunkt.

Natürlich war der betagte König Terreeo-boo eigens zur Begrüßung angereist, und am nächsten Tag empfing ihn Cook auf der RESOLUTION in Privataudienz. Umgeben vom engsten Hofstaat, ließ er sich in prächtigen Kriegskanus zu den Schiffen bringen. Im ersten stand der König, von Häuptlingen flankiert, die in lange rote und gelbe Federmäntel gehüllt waren. Im zweiten saßen die Hohenpriester, die Fetische von Gottheiten mitführten, grimmig anzusehen: Köpfe aus Holz oder Flechtwerk, darin große, mit Perlmutt eingelegte Augen. Die geöffneten Münder, eher Rachen, waren mit Zähnen von Hunden und Haifischen besetzt. Ein drittes Kanu war mit Nahrungsgeschenken schier überladen. Während der Visite wurde Cook mit einem Fliegenwedel, dem Federmantel Terreeo-boos und einem Federhelm beschenkt – alles Symbole königlicher Macht.

Bei dieser Gelegenheit lernte der Kapitän einen jungen, verwegen dreinschauenden Krieger kennen, der nach Auftreten und Ausstrahlung etwas Besonderes zu sein schien. Leutnant King nannte ihn Maiha-maiha: »Seine Haare waren mit einer schmutzigbraunen Paste beschmiert, die seinen Gesichtsausdruck noch wilder machte... Sein Verhalten war allerdings etwas hochmütig, er schien im Gespräch mit Cook zu dominieren.« Tatsächlich war

In der Schicksalsbucht wohnt Cook seiner Deifikation zum Lono (Gott der Ernte) bei (nach einer Zeichnung von J. Webber).

Krieger der Sandwich Islands (Hawaii) mit Kürbismaske (nach einem Original von J. Webber).

Maiha-maiha ein außergewöhnlicher Insulaner. Er stammte von großen Häuptlingen ab. Hawaii sollte in gar nicht langer Zeit nach seinem Willen verändert werden.

In den nächsten zwei Wochen lebten die Briten, dank des Kults um ihr Oberhaupt, wie im Garten Eden. Alles gab's im Überfluß: Köstliche Speisen, im Erdofen gegart, auf Blättern serviert, wurden von hilfsbereiten Händen angeboten, und die Salzbuckel streiften waffen- und sorglos mit willfährigen Mädchen im Arm umher.

An einem jener friedlichen Tage wurde Pele, die Vulkangöttin, zornig. Sie spie Feuer und schleuderte glühende Lava zu Tal. Die Menschen hielten ergriffen den Atem an und wandten sich demütig nach Osten, wo rote Glut den Himmel verfärbte. Die »Große Insel« Hawaii ist eben die jüngste und mit ihren drei Vulkanen die aktivste. Das hat sich bis heute nicht geändert.

Der Schein von Frieden und Freundschaft jedoch täuschte. Anfang Februar waren die Überholungsarbeiten an den Schiffen abgeschlossen, die Ladeluken mit Proviant zum Bersten vollgestopft, und just in dieser Zeit schlug die Stimmung um. Die Hawaiianer gaben zu verstehen, daß für ihren »Gott« die Zeit der Abreise gekommen war.

Für den Sinneswandel gab es Erklärungen: In den Schiffsbäuchen waren Unmengen von Nahrungsmitteln verschwunden, die Gastgeber fühlten sich regelrecht ausgeplündert. Hinzu kam die Skepsis der Priester, die um ihre geistige und weltliche Macht fürchteten. Zwei Ereignisse halfen ihnen, bei Volk und König Stimmung gegen die Weißen zu machen: der Tod des Seemanns William Watman und eine Grabschändung.

Cook ließ Watman nahe ihrer Kultstätte mit christlichem Zeremoniell begraben, unter den Augen der Insulaner. Die Weißen waren demnach auch sterblich, warum ihnen also in Ehrfurcht huldigen? Die Gräber der Insulaner schmückten kleine Steinpyramiden und verzierte Holzstangen, die wahrscheinlich die Symbolkraft christlicher Kreuze besaßen. Zumindest hingen an mehreren Opfergaben. Heinrich Zimmermann hatte beobachtet, daß jede Familie, ihren Verstorben zu Ehren, solche Holzstangen in die Erde stach. Aus unbegreiflichen Gründen brach Cook nun ein wichtiges Tabu: Er ließ die Holzstangen entfernen und zerkleinerte sie zu Feuerholz. Hinzu kam, daß er zuvor den nicht mehr allzu rüstigen König mit sechs Beilen bestach, um sich das Holz zu sichern. Es hieß, die Grabstangen wären bequemer zu verarbeiten als frisches, oben in den Bergen gefälltes Holz.

Das Volk zeigte seinen Verdruß durch gelegentliche Unmutsäußerungen. Heiterkeit, gepaart mit Unterwürfigkeit, waren verflogen. Cook verstand die Zeichen. Nicht unzufrieden mit dem Verlauf der Dinge, machte er eine seiner letzten Eintragungen ins Schiffsjournal: »Freue mich, unsere Reise um eine Entdekkung bereichert zu haben, die, obwohl die letzte, in vieler Hinsicht die wichtigste zu sein scheint, welche Europäern bisher im Bereich des Pazifiks gelang.« Am Morgen des 4. Februar segelte er davon, in der Absicht, die übrigen Sandwich-Inseln zu vermessen. Am Ufer wurde der Abschied gefeiert. Ob aus Freude, die Weißen endlich los zu sein, oder aus Herzlichkeit? Wir wissen es nicht.

Der Kampf am Strand

Eine Woche dauerte die Reise, dann ankerte die RESOLUTION mit gebrochenem Fockmast erneut in der Kealakekua-Bucht. Neben ihr lag die DISCOVERY. Die unverhoffte Rückkehr der Weißen war zwar von Spannung begleitet, wurde aber nicht feindselig aufgenommen. Erst allmählich vergiftete sich die Atmosphäre, besonders als die Eingeborenen mit dreisten Diebstählen Cooks Nerven strapazierten. Der göttliche Kredit war verspielt, warum sich also nicht am Hab und Gut der Weißen bereichern? Mit dem Diebstahl eines Beiboots trieben die Ereignisse in der Bucht ihrem dramatischen Höhepunkt entgegen, den nur Cook selbst hätte aufhalten können. Doch er machte sich zum Hauptakteur und Initiator des Dramas.

Die Bucht wurde abgeriegelt, alle dort liegenden Kanus konfisziert. Cook wollte ein Exempel statuieren und den König als Geisel in Haft nehmen, so lange, bis das Beiboot wieder auftauchte. Eine Geiselnahme in dieser Situation? Wie konnte der erfahrene Cook so etwas in Erwägung ziehen? Natürlich kam es dabei zu einem Tumult. Nach anfänglicher Bereitschaft wollte sich Terreeo-boo dann doch nicht in Gewahrsam nehmen lassen. Schüsse krachten, tödliche, verhängnisvolle Schüsse, von Bligh und Williamson abgefeuert.

Kanonendonner grollte in der Bucht, ein wildes Handgemenge entstand am Ufer. Steine flogen durch die Luft, Verwundete wälzten sich in ihrem Blut. Tot stürzten Seesoldaten und Insulaner ins Wasser. Cook stand im Chaos wie ein Baum, winkte eines seiner Boote heran. Brüllte Befehle, das Feuer einzustellen – da krachte eine Keule auf seinen Schädel nieder. *Da bist du endlich!* Der Hohepriester Touahah hatte sie geschwungen, Cooks Gedanke hatte die Keule geführt. Er taumelte, stürzte, *pahooas* wurden in seinen Rücken gestoßen. Cook brach im flachen Wasser tot zusammen. Wie im Rausch fielen die Insulaner über ihn her, durchbohrten seinen Körper mit Dolchen, jenen Geschenken aus britischem Stahl.

Der Entdecker starb mit 50 Jahren, morgens um acht Uhr, und trieb jetzt dicht neben den Leichen von vier seiner Seesoldaten. Beobachtet wurde der Kampf in der Kealakekua-Bucht von Leutnant Philips, der die Seesoldaten kommandierte und selbst verwundet wurde. Charles Clerke, Kommandant der DISCOVERY, und Schiffsarzt Samuel Samwell von der RESOLUTION verfolgten die Ereignisse durch ihre Fernrohre aus gut 400 Metern Entfernung. Der Zweite Offizier, James King, vollendete das Logbuch der dritten Entdeckungsreise und verfaßte auch den offiziellen Bericht zum Tode Cooks.

Sehr detailliert stellte Heinrich Zimmermann die Geschehnisse dar. Sein Standort konnte nur die DISCOVERY gewesen sein. Es lag also nahe, daß er Beobachtungen und Augenzeugenberichte mit etwas Phantasie kombinierte. Zimmermanns Version vom Tode

Kapitän Cooks Tod in der Kealakekua-Bucht auf Hawaii, nach einer Zeichnung von J. Webber. Sie stellt die offizielle britische Version von Cooks Ermordung dar.

Cooks: »Einer, der gleich hinter Herrn Cook stand, stieß ihm einen eisernen Dolch ... zur rechten Schulter hinein und vorne auf der linken Seite zum Herzen hinaus. Herr Cook fiel tot zur Erde, und unsere Mannschaft auf dem Lande gab auf das Volk Feuer. Dieses stürmte gleich auf sie los, erschlug noch drei Männer von ihnen und drei wurden verwundet.«

Und die offizielle Darstellung Kings: »... Es war nämlich bemerkt worden, daß keiner der Eingeborenen ihm so lange ein Leides getan, wie er ihnen sein Gesicht zugewandt hatte, daß jedoch, sobald er den Rücken gewandt hatte, den Männern in den Booten die Feuereinstellung zu befehlen, er in den Rücken gestoßen ward und mit seinem Gesichte in das Wasser fiel. Sobald sie ihn fallen sahen, stimmten die Insulaner ein großes Geschrei an, und sein Körper ward sogleich an den Strand gezogen und von den Feinden umringt, welche sich einer nach dem anderen den Dolch aus der Hand rissen. Sie alle schienen eine große Angst zu haben, an diesem Mord einen Anteil zu haben.«

Die Feinde rissen sich den Dolch aus der Hand? In dem Kampfgetümmel war das sehr unwahrscheinlich, ebenso unwahrscheinlich wie Kings Bericht, was sich allerdings erst später herausstellte. Er wußte, daß die Admiralität – und irgendwann die Öffentlichkeit – das Logbuch lesen würden. Folglich starb Cook wie ein Held, und ein solcher wird nicht mit einer Holzkeule erschlagen, zumindest nicht in damaliger Zeit.

Es gibt also viele Versionen vom Tod des Entdeckers, auch überlieferte von den Hawaiianern, und Nacherzählungen von Missionaren, die je nach Konfession ätzend-bissig bis verklärt-wohlwollend ausfielen. Wie er wirklich starb, werden wir zweifelsfrei nie erfahren. Um große Gestalten ranken sich nun mal Geschichten, die Tatsachen entstellen und verschleiern.

Ich habe vor Ort Menschen gesprochen, die sich mit Cook jahrzehntelang befaßt hatten. Auch studierte ich Veröffentlichungen von Professor Beaglehole, der sein Schaffen der pazifischen Entdeckungsgeschichte widmete und als profundester Cook-Forscher gilt. Deshalb kommt meine erste Darstellung der Wirklichkeit wahrscheinlich am nächsten.

Höchst merkwürdig war auch die Rolle Leutnant Williamsons. Der Dritte Offizier galt als furchtsam, faul und reizbar. William Bligh hielt ihn für einen unfähigen Schlappschwanz. Gegen Cook hegte er einen bitteren Groll, weil er seiner Meinung nach auf den Tongas und vor Kauai ungerecht behandelt worden war. Er hätte den Kapitän retten, zumindest seinen Leichnam bergen können. Warum hatten er und Bligh auf einen Insulaner geschossen und dadurch das Chaos erst verursacht? In der Stunde der Not spielte Williamson plötzlich den Teilnahmslosen, obgleich er mit zwei Beibooten und einer bewaffneten Mannschaft in der Bucht unmittelbar am Geschehen lag. Seine Leute wollten eingreifen, um den Bedrängten zu helfen. Er befahl bei Strafe, nicht einzuschreiten. Aus Feigheit oder Berechnung? Die Historiker streiten sich heute noch über Williamsons Verhalten.

Und was notierte der Deutsche als Augenzeuge auf sein geheimes Schreibtäfelein? »Herr Leutnant Williamson machte bei diesem Vorfall in den nächsten zwei Booten nur den Zuschauer; die Mannschaft wollte gleich näher an Land rücken, auf das Volk feuern, um dadurch den notleidenden Kameraden zu Hilfe zu kommen und auch den Tod ihres Kommodore auf der Stelle zu rächen. Er ließ es aber nicht zu, sondern drohte, daß er den, der einen Schuß täte, selbst erschießen wollte. Seltsam war diese Weigerung, und ich weiß nicht, war es Zaghaftigkeit oder wollte er mit Fleiß die doch schuldige Hilfe nicht leisten.«

Auf der RESOLUTION verfolgte Kapitänleutnant John Gore die Szene und ließ das Ufer mit einer Breitseite seiner Kanonen bestreichen. Der Eingriff verbesserte die Situation der Briten. Molesworth Phillips, ziemlich schwer an der Schulter verwundet, hatte sich mit knapper Not in ein Boot hieven können. Als er einen verletzten Seesoldaten im Wasser treiben sah, sprang er über Bord und rettete den Mann. Unterdessen zogen sich die Insulaner mit Cooks Leiche unter wildem Siegesgeheul zurück.

Auf den Schiffen herrschte Wut und Verbitterung. Leutnant Gore machte den Vorschlag, RESOLUTION und DISCOVERY so nahe wie möglich ans Ufer zu segeln, um dann die beiden Dörfer mit Kanonen zu beschießen. Doch Clerke lehnte einen Vergeltungsschlag ab. Er wollte Cooks Leiche auf dem Verhandlungsweg bekommen und sich mit den Insulanern aussöhnen, sofern das überhaupt möglich war.

In der Nacht brannten mehrere Feuer auf der Kultstätte, und über die Bucht drangen laute, schaurige Gesänge an die Ohren der Briten. Was stellten sie dort mit Cooks sterblichen Überresten an? Am nächsten Tag begannen die Verhandlungen mit den Eingeborenen. Sie schleppten sich endlos hin. Daran war der geheimnisvolle Maiha-maiha nicht unschuldig. Er hatte mit Steinen beladene Pirogen in die Nähe der Weißen bringen lassen. Als die ersten Wurfgeschosse durch die Luft flogen und keck mit Cooks Hut gewedelt wurde, war auch Clerkes Geduld am Ende. Er ließ die Geschütze in Position bringen und beschoß das Dorf Kavarna von See her. Zimmermann berichtet, daß dabei zwei- bis dreihundert Insulaner, darunter dreißig Würdenträger, getötet wurden. Ein Stoßtrupp Seesoldaten ging an Land, verwüstete mehrere Hütten und schoß auf Fliehende. Unter den Flüchtenden befand sich Maiha-maiha, der verwundet wurde.

Am 18. Februar war eine Abordnung von Hawaiianern endlich bereit, Cooks »Leiche« herauszurücken. Übergeben wurden dann Stücke seines Kopfes, abgenagte Beine und die rechte Hand. Daß es sich um Cook handelte, war nur an der noch mit Fleisch versehenen Hand zu erkennen. Sie wies die Verwundung auf, die sich der Kapitän an der Küste von Neufundland zugezogen hatte. Entsetzt übernahmen die Briten das Bündel verstümmelter Körperteile. Tags darauf brachte eine andere Delegation weitere Portionen, die angeblich von Verwandten gesammelt worden waren. Dazu Leutnant King in seinem Logbuch: »Einige Teile fehlten, denn sie waren in Stücke geschnitten und verbrannt, andere zu Kaoo geschickt worden, um für religiöse Feiern verwendet zu werden.« Ein Paket mit Überresten war in feines Rindentuch und einen schönen Schal aus schwarzen und weißen Federn gewickelt worden. Fehlende Teile, hieß es, seien unter die Häuptlinge verschiedener Inseln verteilt worden.

Hatten die Hawaiianer Cook die Ehre erwiesen, die Königen gebührte, nämlich das Fleisch bestimmter Körperteile säuberlich von den Knochen gekratzt und gegessen, einige Knochen verbrannt und die Asche als heilige Relique aufbewahrt? Auf Hawaii sollte ich etwas anderes hören.

An Bord der Schiffe mischte sich in die allgemeine Bestürzung auch Trauer und Niedergeschlagenheit. Die Besatzung glaubte, ihren Vater verloren zu haben. Über beiden Schiffen wehten die Flaggen auf Halbmast. Offiziere und Mannschaften hatten an Deck der Resolution Aufstellung genommen. Kurz rasselten die Trommeln. Der Sarg, mit dem Union Jack bedeckt, wurde behutsam an die Reling geschoben. In die atemlose Stille hinein sprach Charles Clerke die bewegten Worte: »Gott der Herr hat ihn zu sich genommen. Übergeben wir die sterblichen Überreste Kapitän James Cooks der Ruhe des Meeres...«

Das Gebet war gesprochen, unter dumpfem Wirbel der Trommeln glitt der mit Steinen beschwerte Sarg auf den Grund der Kealakekua-Bucht. Der Stille Ozean hatte seinen größten Entdecker in sich aufgenommen.

Nach dem Seebegräbnis wurde der Besatzung die geänderte Führung bekanntgegeben: Der todgeweihte Charles Clerke übernahm die Resolution und damit das Kommando der Expedition. Leutnant John Gore befehligte die Discovery. »Anker auf!« hieß es am 22. Februar. Nur raus aus dieser Unglücksbucht.

Das Monument

Kealakekua, im Juni 1994

Henry Simpsen sprach mich in Napoopoo an, als ich mit dem Fernglas die Küste nach einem weißen, hohen Obelisken absuchte. »Captain Cooks Monument können Sie von hier aus nicht sehen«, sagte er. »Es liegt hinter der Felsnase, in der anderen Bucht.«

»Und wie komme ich hin?«

»Mit einer Motoryacht von Kailua Kona aus oder mit Captain Zodiac, der fährt in Schlauchbooten hin.«

»Keine andere Möglichkeit?«

»Zu Fuß. Sie fahren auf der Straße 11 bis zur Abzweigung Napoopoo Road und klettern den Hang zur Küste runter. Bißchen beschwerlich, der Weg. Wenn Sie Pech haben, geraten Sie ins Lavafeld, da geht's dann nicht weiter. Sie können sich aber auch 'ne Piroge leihen und selbst hinüberpaddeln.«

Wir schlenderten zur Mole, wo einige kleine Auslegerboote festgemacht lagen. Ich hatte Zeit und Henry nichts Bestimmtes vor. So lud ich ihn zu einem Bier ein.

Ich erfuhr, daß der Amerikaner aus Texas stammte und nun schon 30 Jahre auf Hawaii lebte, davon 16 in Napoopoo. Er hatte sich in der Bucht als Fischer niedergelassen, eine Einheimische geheiratet und vier Kinder mit ihr. »Für mich ist jeder Tag ein schönes Geschenk«, sagte er. »Ich bin alles andere als reich, und doch lebe ich wie im Paradies.«

»Keine Bedürfnisse, kein Heimweh?«

»Keinen Augenblick. Ich bin Insulaner geworden. Sorgen kenne ich nicht.«

An einer Mauer aus Lavasteinen tobten drei Mungos.

»Schauen Sie sich die Amerikaner an«, fuhr er fort. »Um die Ratten zu dezimieren, führten sie Mungos ein. Dabei übersahen sie, daß Mungos tags, Ratten aber nachts unterwegs sind. Nun haben sie eine Mungo- und eine Rattenplage! Es stimmt schon, mit den Weißen ist nichts Gutes über die Inseln gekommen. Sie sehen es an Cook: Krankheiten und Schießeisen brachte er mit, sonst nichts.«

Wir sprachen über den Entdecker, und Henry Simpsen meinte: »Alles Quatsch, was ihr über Cooks Tod zu hören bekommt.« Und dann erzählte er seine Version – oder die der Hawaiianer.

»Ein Seemann verschenkte das Beiboot der DISCOVERY für ein Liebesabenteuer. Cook, der das Boot wiederhaben wollte, wandte sich an den König und bezeichnete diesen als Dieb. Der König, tief beleidigt, schalt auch Cook einen Dieb, falls er das Boot gewaltsam zurückhole. Schließlich sei es seinem Untertan geschenkt worden. Nach einem heftigen Wortwechsel wurde Cook mit Steinen erschlagen. Einen besseren Tod hatte der Dieb und Lügner auch nicht verdient. Sein Körper wurde in Stücke zerhackt und den Haien in einer anderen Bucht zum Fraß vorgeworfen.«

Nachdenklich setzte ich mich in eine der Pirogen und paddelte in der Mittagshitze hinüber in die Kealakekua-Bucht, an die Stelle, wo Cook den Tod fand. Nach drei Stunden strammen Paddelns machte ich an einem Lavasteg fest. Ich war nicht allein. In der Bucht lagen zwei Yachten, außerdem zogen einige Schnorchler ihre Bahnen im klaren Wasser. Ich betrat das von Buschwerk und Felsbrocken befreite Plätzchen und näherte mich einem soliden Lavasockel, auf dem der gut acht Meter hohe, blendendweiße Marmorobelisk ruhte, 1874 von England errichtet. Es ist das einzige öffentliche Bauwerk der Briten auf Hawaii. Ich las die Inschrift auf der dem Meer zugewandten Seite: »In Erinnerung an den großen Weltumsegler Kapitän James Cook, der diese Inseln am 18. Januar 1778 entdeckte und in der Nähe dieses Ortes am 14. Februar 1778 fiel.«

Es war, als quelle die Hitze von den Hängen der Berge herab. Ich setzte mich auf eine Stufe des Monuments, ließ die Bucht, das Ufer auf mich wirken. Im Geiste versuchte ich mir auszumalen, wie Cook inmitten der tobenden Menge stand, stürzte und die Insulaner über ihn herfielen. Aber es gelang mir nicht, zu unterschiedlich waren Fiktion und Wirklichkeit. Es hieß, vor über 200 Jahren seien die Hänge kahler gewesen, dennoch war kaum vorstellbar, wie sich an diesem engen, felsigen Ufersaum der Kampf der Briten gegen die Hawaiianer abgespielt hatte. Zu wild, zu felsig schien mir die Bucht. Allerdings mochten sich in den vielen Jahren seither Lavaströme herabgewälzt und das Ufer gehörig umgestaltet haben.

Ein Windhauch ließ eine hohe Kokospalme rascheln. Ihre Krone stand wie ein Scherenschnitt vor dem blauen Himmel. Allerlei grünes Buschwerk säumte das Gestade, und türkisfarbenes Wasser umspülte schwarze Lavabrocken. Die Bucht war schön und von erhabener Ruhe. Ich stieg in die Piroge und stieß ab, um nach Südosten zu paddeln, an jenen Platz in der Kealakekua-Bucht, an dem eine quadratische Lavakonstruktion, das Hikiau Heiau, stand.

Kurz vor Dunkelheit traf ich dort ein. Es war genau die richtige Tageszeit, um die mystische Kraft zu spüren, die von dem Komplex und der Umgebung ausging. Hier also wurde Cook in einer einzigartigen Zeremonie als Gott Lono gefeiert und nicht weit entfernt davon die erste christliche Messe zum Begräbnis des Quartermasters William Watman zelebriert. Ich schritt über das quadratisch angelegte Bauwerk. Es klang eigentümlich hohl und knöchern, als schlügen die Gebeine vieler tausend Menschenopfer aneinander. Große Fledermäuse taumelten wie ruhelose Seelen über das Heinau. Ruhelos, weil Weiße die Ahnen geschändet hatten...

Noch in der Nacht paddelte ich zur Mole zurück und fuhr mit dem Wagen nach Puuhonua o Honaunau. Den Tagesanbruch wollte ich an diesem eindrucksvollen Ort erleben.

Ein Napoleon der Südsee

Ganz leise, ganz sanft plätscherten kleine Wellen an den Strand von Keonele Cove. Es war still. Ich war der erste Besucher. Nun schrie ein Apapane aus dem Dickicht. Vom großen Versammlungshaus her vernahm ich das dumpfe Schlagen einer Axt in hartes Koa-Holz. Lange konnte die Ruhe nicht währen. Puuhonua o Honaunau ist seit 1961 ein attraktiver Nationalpark. Er liegt nahe dem Ort Hookena an der Kona-Küste. Von dem Leben auf den Sandwich-Inseln kann sich der Besucher nirgends ein eindrucksvolleres Bild verschaffen als in diesem Tempeldorf. Entsprechend wird der Ort angepriesen und frequentiert.

Ich schlenderte in aller Beschaulichkeit durch das 73 Hektar große Areal, vorbei an einstigen Palästen zu den Fischteichen, die hinter dem Anlegeplatz der königlichen Kanus lagen. Ungeheuer eindrucksvoll war der Haleokeawa Heinau, ein mächtiges Nurdachhaus aus Holzgeflecht, mit Blättern und Farnen gedeckt. Den Tempel umgab ein Palisadenzaun, hinter dem hohe, schlanke, aus Holz geschnitzte »Götter«, sogenannte *kii*, das Heiligtum bewachten. Bis 1829 lagerten in dem vor 350 Jahren angelegten Tempel die Gebeine von etwa 25 Königen, berühmten Häuptlingen und Hohepriestern, darunter auch Knochen der Familie Kamehamehas. Die mystischen Kräfte der Könige haben den Tempel so gut erhalten, sagen die Hawaiianer.

Im Wasser der Bucht befindet sich eine kleine Figur, ein göttlicher Grenzstein, der das Tabu zum Meer hin symbolisiert. Ich folgte der großen Steinmauer. Sie wurde 1550 angelegt, um die heilige Zufluchtstätte von Land her zu sichern. Die Mauer ist 300 Meter lang, drei Meter hoch und fünf Meter breit, eine solide Anlage aus Lavabrocken.

Landeinwärts, unter Palmen und vor einem imposanten Schuppen, schwangen zwei Hawaiianer ihre Äxte. Der junge krausköpfige Paaoh war im Begriff, einen Bootskörper zu zimmern, und der ältere Kaheunah, mit markantem, kahlgeschorenem Schädel, ließ aus einem unförmigen Ohia-Holzbalken ein *kii* entstehen. Kaheunah hatte eine stattliche Figur und arbeitete barbrüstig, nur einen Schurz um die Lenden. An seiner Brust hing ein Halsband mit einem Knochen. Ich gesellte mich zu ihm und sah ihm bei der Arbeit zu. Erstaunlich, wie präzise die Schläge der Axt saßen. Nach einer Weile hielt er inne, musterte mich und fragte: »Von England?« Ich sagte ihm, wo ich herkam. Er machte einige weitere Schläge und fragte: »Tourist?«

»Wie man's nimmt. Ich interessiere mich für das alte Hawaii und suche nach Spuren Cooks.«

Ein Blitzen trat in seine Augen. »Captain Cook? Wir Hawaiianer haben keine gute Meinung von ihm.«

»Warum nicht? Er hat die Sandwich-Inseln ins Bewußtsein der Welt gerückt. Ohne ihn wäre Hawaii nie ein so mächtiges Inselreich geworden.«

Kaheunah stutzte, dann meinte er: »Cook hat uns betrogen und ausgebeutet. Er brachte uns die Englische Krankheit, die Männer und Frauen verseuchte und umbrachte. Und weil er Menschen tötete, wurde auch er von uns gnadenlos getötet. Seine Gedärme nahm man, um beim Hahnenkampf den Kampfplatz einzugrenzen, und seine Hände dienten uns als Fliegenklatsche.«

Wir schwiegen. Dann wagte ich noch einen Vorstoß: »Das ist doch lange her.«

»Er hat uns vor der Welt gedemütigt, das können wir nicht vergessen.«

»Und Kamehameha?«

»Der hat uns groß und stolz gemacht.«

»Mit den Waffen der bösen Europäer.«

Er grinste schelmisch. »Er hat das Handwerkszeug der Weißen zu nutzen gewußt.«

Kaheunah arbeitet an einem Ohia-Holzbalken aus dem ein kii (geschnitzter Gott) entstehen soll.

Kaheunah legte seine Axt aus der Hand, wir setzten uns auf einen Baumstamm und redeten über dies und das. Ich mußte ihm von Deutschland erzählen, und dann kamen wir wieder auf den Napoleon der Südsee, augenscheinlich sein Lieblingsthema. Der Mann hielt den dünnen Knochen auf seiner Brust hoch: »Das ist der Zeigefingerknochen von Kamehameha I.«

Ich schaute ihn entgeistert an.

»Natürlich nur symbolisch«, räumte er lächelnd ein.

Leutnant Kings Maiha-maiha sollte rund zehn Jahre nach Cooks Tod der mächtige König Kamehameha I. werden. Mut, Entschlossenheit, Brutalität und gute Beobachtungsgabe hatten den »Einsamen«, wie der Name übersetzt heißt, an sein Lebensziel gebracht: über alle Hawaii-Inseln zu herrschen. Nach RESOLUTION und DISCOVERY kamen eine Reihe anderer Schiffe aus Europa. Interessiert betrachtete er sich die Waffen der Fremden und erkannte rasch, daß nur sie der Schlüssel für seinen Plan sein

König Kamehameha I. auf der Höhe seiner Macht in wertvoller Federschmuckkleidung mit Cape und Helm (Gemälde von Herb K. Kāne).

konnten. Mit einer Kanone war er Kriegern mit Keulen und Speeren haushoch überlegen. Er wies seine Gefolgsleute an, von den »Donnermaschinen« so viele wie möglich zu ergattern. Dabei waren alle Mittel recht. 1789 stand der listige Kamehameha auf einem Doppelkanu hinter einem festmontierten, drehbaren Gewehr, mit dem er vor der Küste patrouillierte. Kurz darauf besaß er ein als Schoner getarntes Kriegskanu, das vor Waffen nur so strotzte.

Nun ging es darum, zu günstigen Zeiten Kriege gegen die großen, einflußreichen Inselkönige und Häuptlinge anzuzetteln. Erfolgreich kämpfte er auf Maui 1790 und 1795, auf seiner Heimatinsel Hawaii 1791, auf Oahu 1795. Für den Oahu-Feldzug stellte er ein Heer von 16000 Kriegern auf und landete am Waikiki-Strand, wo heute Honolulu liegt. In den Bergen kam es zur Schlacht, wobei seine Gewehre und Kanonen siegten. Der Feind floh. Am Pali-Felsen fanden viele Krieger den Tod, sie wurden regelrecht in den Abgrund gejagt. Heute noch, so heißt es, kann man im heulenden Wind die Schreie der Stürzenden vernehmen.

In den folgenden Jahren baute der Herrscher an einer Invasionsflotte, mit der Kauai und Niihau im Norden niedergerungen werden sollten. Widrige Stürme vereitelten zweimal Kamehamehas Pläne. König Kaumualii von Kauai und Niihau war ein weiser und friedfertiger Mann, er unterstellte sich dem Eroberer unbesiegt und zollte ihm freiwillig Tribut. Damit herrschte der »Einsame« als erster über den gesamten Archipel.

»Kamehameha war mit den Göttern im Bunde«, sagte Kaheunah. »Pele und Kukailimoku, der Kriegsgott, standen ihm zur Seite. Hier auf Hawaii war sein Hauptgegner Häuptling Keoua von Puna. 1791 sollte es zur Entscheidungsschlacht kommen. Eine Armee Keouas rückte von Hilo über das Vulkangebiet nach Ka'u vor. Plötzlich brach der Kilauea-Krater aus. Die herumfliegenden Lavabrocken töteten viele Soldaten, Keouas Streitmacht wurde aufgerieben. Eilig brachte man Pele Opfer, um sie zu besänftigen. Die Ausbrüche wurden jedoch immer heftiger. Keoua befahl, in drei Abteilungen weiterzumarschieren. Die erste konnte sich retten, die zweite kam um, und die dritte Abteilung stieß auf die 400 verbrannten Leichen der zweiten. In wilder Panik flüchteten Keouas Soldaten. Trotz größter Opfer – Menschenopfer, die die Keouas darbrachten – hatte sich Pele auf Kamehamehas Seite gestellt. Das machte ihn unbesiegbar.«

Der Napoleon der Südsee starb 1819 mit etwa 63 Jahren – sein genaues Geburtsjahr ist unbekannt –, nachdem er sein Reich durch geschickte Handelsbeziehungen mit aller Welt gefestigt hatte. Bis zuletzt galt er als gerechter und weiser König, der Frieden und Sicherheit auf den Inseln zu wahren verstand. Nicht unumstritten allerdings waren seine Geschäfte mit Sandel- und anderen Edelhölzern, denn sie beuteten Land und Leute aus. Auch der Alkohol begann tiefe Wunden in die Gemüter der Menschen zu reißen. »E oni wale no'oukou i ku'u pono a-ole e pau«, waren Kamehamehas Worte auf dem Sterbebett: »Endlos ist das Gute, das ich euch zur Freude vermache.« Mit ihm starb das alte, in Traditionen verharrende Hawaii. Es folgten schwache Herrscher seiner Dynastie und die Auflösung der überlieferten Sitten und Gebräuche. Walfänger, Kaufleute, Missionare und Touristen machten Hawaii mit ganz unterschiedlichen Absichten zu ihrem Tummelplatz. »Wir sind zum Spielball der Mächtigen geworden, das ist bitter«, sinnierte Kaheunah.

»Was bleibt, ist die Macht Peles«, sagte ich.

»O ja, das ist gut. Sehr gut sogar. Wenn alle paar Jahre ihr Glutatem faucht, sich heiße Lavaströme ins Tal ergießen – Straßen, Häuser, Autos erfassen, um schließlich zischend im Meer zu verglühen –, dann verharrt vor soviel Naturgewalt selbst der weiße Mann in Ehrfurcht. Und wir denken an die alte Zeit und an die Macht der Götter.«

Ich dachte an den Verfall der alten Sitten, der mit Kaahumanu, der streitbaren Lieblingsfrau Kamehamehas, begonnen hatte. Sie kämpfte um 1819 gegen die Benachteiligung der Frauen. Es kam zum ersten Bruch eines wichtigen Tabus: Mit einigen Männern veranstaltete Kaahumanu eine Freßorgie mit dem Ergebnis, daß von Stund' an Männer und Frauen gemeinsam essen durften. Der alte Glaube verlor mehr und mehr an Kraft. Gültige Gesellschaftsordnungen brachen zusammen, Tempel und *kiis* wurden zerstört, Verhaltensnormen inhaltslos. Man schwor den Göttern ab.

Langsam und allmählich erinnert man sich nun wieder der alten Werte, insbesondere, was Musik und Tanz angeht. Der Hula feiert auf Hawaii eine große Renaissance. Viel zu lange war er unterdrückt worden. Zu Natur und Umwelt ist ein neues Verhältnis entstanden. Der Hula zum Beispiel ist ein Bekenntnis des Menschen zur Natur. Der amerikanische Lebensstil ist keine Antwort auf die wahren Bedürfnisse der Polynesier…

»Ich gebe zu«, sagte Kaheunah, »ohne Cook hätte Kamehameha sein Reich nicht schaffen können.« Wir waren wieder bei dem Entdecker. »Es gibt so viele Geschichten zu seinem Tod. Manchmal denke ich, er wollte sterben.«

Ich schaute erstaunt auf. »Warum?«

»Er stand am Ufer und hätte sich schwimmend retten können.«

»Kaum zu glauben, aber der größte Seemann seiner Zeit konnte nicht schwimmen«, sagte ich.

Kaheunah schlug sich auf die Schenkel und lachte schallend.

Im Park wurde es unruhig, in Scharen zogen Touristen herein. Der Hawaiianer wurde durch allerlei Fragen in Beschlag genommen. Es wurde Zeit für mich, Kaheunah und das idyllische Fleckchen Erde zu verlassen.

Das Reich Peles

1801 brach der Vulkan Hualalai aus, Magma verschüttete Fischteiche und bedrohte Dörfer. Da ging Kamehameha I. dem Glutstrom entgegen und warf eine Haarlocke, in ein Blatt des Ti-Baums gewickelt, in die Lava – ein Opfer, das Pele besänftigte. Dieser Krater schweigt bis heute, doch Hawaiis übrige Vulkane und Krater schweigen nie. Schließlich war »Big Island« erst vor 700000 Jahren aus den Tiefen des Ozeans gepreßt worden und entstand aus der Glut der Erde. Ganz Hawaii, dreimal so groß wie

Mallorca, ist Lava. Der Riesenvulkan Mauna Loa, über 4000 Meter hoch, und Kilauea gehören zu den aktivsten Feuerspeiern der Erde.

Magma walzt Wälder nieder, verschüttet Straßen und Häuser. Erkaltet ist es amorph wie Koks oder glatt poliert. Dann gibt es unzählige Formationen dazwischen. Am häufigsten kommt auf Hawaii »Aa« vor, nach dem Schmerzensruf beim Barfußlaufen über eine bestimmte scharfkantige Lava benannt. Dieser Typ wird von Vulkanologen überall auf der Erde so genannt.

Der Mauna Kea, das größte alleinstehende Bergmassiv der Welt, bietet wegen seiner momentanen Ruhe ein Kontrastprogramm zu den aktiven Vulkanen. Er wirkt wie ausgebrannt. Auf seinem 4500 Meter hohen, häufig weißen Kegel kann man zwischen Dezember und März Ski fahren.

Im Nationalpark ist Pele allgegenwärtig. »In Gestalt einer alten Frau, die von einem weißen Hund begleitet wird, wandert sie zwi-

Die Vulkangöttin Pele, hier von Herb K. Kāne dargestellt: glühende Augen, den Lei (Blütenkranz) auf dem Kopf, Haare wie erstarrte Lava.

schen der Moku' Awaoweo- und der Kilauea-Caldera hin und her«, heißt es. »Nähert sie sich einem Krater, nimmt sie die Gestalt eines schönen jungen Mädchens an, mit glühenden Augen, einem Lei auf Kopf und Haaren, die ihr wie frische, schwarze Lava über Brust und Rücken wallen. Ihr Schloß ist ein glühender Lavasee im Halemauau-Krater.« Ständig blubberte dort ein See aus rotglühendem Gestein. Nach einer Serie von Eruptionen erstarrte der Tümpel vor einiger Zeit, aber in der näheren Umgebung tritt immer wieder Lava an die Oberfläche. Wird an den Hängen eines Kraters tatsächlich ein streunender weißer Hund beobachtet, bedeutet dies angeblich den baldigen Ausbruch des Vulkans.

So geschehen Ende März 1984: Am 25. öffnete der Mauna Loa röhrend seinen Rachen und spie Feuer auf die Insel. Zwei Tage später folgte der Kilauea. Vor 116 Jahren hielt der letzte Doppelausbruch Hawaii in Atem. Doch die Lavaströme ergossen sich nicht überraschend in die Täler. Vulkanologen, die neuen Priester der Feuergöttin, hatten den Vulkanen den Puls gefühlt, Aktivitäten im Inneren richtig gedeutet und rechtzeitig gewarnt. Aber das ehrfürchtige Staunen vor dem Spektakel der Urgewalten ist geblieben, selbst bei den Wissenschaftlern.

Während des großen Doppelausbruchs beobachtete ein Heer von Vulkanologen die Lavaströme von Hubschraubern aus. Und für Messungen näherten sich die Forscher in Spezialanzügen der 1200 Grad Celsius heißen Lava, die mit 30 Kilometer pro Stunde aus den Kratern strömte.

Die Vulkane von Hawaii schleudern ihr Magma farben- und formenreich aus ihrem Schlund: mal gewunden als rotglühende Schlange, mal wallend wie ein breiter Vorhang, mal spucken und sprühen sie Feuerlanzen dreißig Meter in die Luft. In einem Zukkerrohrfeld brach 1960 die Erde auf. Lava schoß heraus und vernichtete die Vegetation in einer Feuersbrunst. Das Dorf Kapoho wurde vor zehn Jahren unter schwarzem, totem Gestein begraben. Aus dem Halemauau strömte Glutbrei, der bald zu Fladenlava erstarrte. Und ein Wald, von Peles Feuerwalze erfaßt, verbrannte zu verkohlten Stümpfen. Es ist phänomenal anzusehen, wenn

Magma ins Meer fließt. Entweder zerfällt sie gleich zu Gries, oder sie schiebt sich über das Wasser. Obwohl dreimal schwerer, schwimmt sie minutenlang an der Oberfläche. Das war lange Zeit ein Rätsel, bis man dahinterkam, daß sich zwischen Wasser und flüssigem Steinbrei ein tragendes Dampfkissen bildet.

Die Vulkanlandschaft mit dem Kilauea-Krater und die offenen Wunden von Pu'u Oo waren auf Hawaii meine eindrucksvollsten Erlebnisse. Mit Claudia Barns, Rangerin im Nationalpark, startete ich vom Volcano House Hotel. Vor uns lag die Kilauea-Caldera wie eine mächtige Bratpfanne, aus der viele kleine Rauchzeichen emporquollen: heiße, übelriechende Schwefelwolken. »Wenn du die Urlandschaft erfahren willst, mußt du sie zu Fuß erkunden«, hatte Claudia gesagt. Auf dem Halema 'uma 'u Trail stiegen wir den Kraterrand hinab und durchquerten eine Mondlandschaft. Zwei Stunden später hatten wir Halemauau vor Augen, Peles Heimstatt. Am Aussichtspunkt war ein Zaun errichtet, der Tourist darf hier nicht weiter. Jenseits der Absperrung stand ein Schrein mit Leis und Obst. Wer erschien, warf Geldmünzen als Opfergaben zur Besänftigung Peles hinüber. »Madame Pele liebt Gin«, sagte Claudia. »Jemand hat ihr neulich eine ganze Flasche geopfert. Die steht immer noch am Napau-Krater, der Lavastrom ist in einem Bogen an ihr vorbeigeflossen.« Die Vulkangöttin hat mittlerweile ihre Aktivitäten in Richtung Osten verlagert, in die East-Rift-Zone.

Vor uns fauchte es nur noch, und bisweilen entlud sich heißer Dampf. »Erstarrte Lava ist ein guter Isolator, du kannst über ihre Schale gehen, während darunter 800 Grad herrschen und das Gestein flüssig ist.«

»Ist es nicht gefährlich, Touristen und Autos so nahe an den Krater zu lassen und ein Hotel unmittelbar am Rand zu betreiben?« fragte ich.

»Tom Wright da oben hat alles unter Kontrolle«, antwortete die Rangerin und wies in Richtung Kraterrand, wo das Volcano Observatory stand. »Tom leitet die Beobachtungsstation, Seismographen und Bildschirme registrieren alle Veränderungen. Um rechtzeitig zu warnen, bleibt genug Zeit. Außerdem haben wir es auf Hawaii mit gutmütigen Schildvulkanen zu tun.« Claudia erklärte mir den Unterschied zwischen explosiven und effusiven Schloten. Er liegt in der Art der Lava. Die explosiven schleudern hauptsächlich Silikat- und Aluminium-Mineralien, die im Schlot zu Verstopfungen neigen. Entkorkt wird der Vulkan, indem Magma unter hohem Druck den Deckel zerfetzt. Überwiegen die Anteile an Kalzium, Magnesium und Eisen, ist die Lava dünnflüssig wie Blut, und es gibt keinen »Darmverschluß«. Man spricht dann von effusiven, gutartigen Vulkanen wie auf Hawaii.

»So ist Big Island der einzige Platz der Welt, zu dem Menschen bei einem Ausbruch strömen, statt zu fliehen«, sagte Claudia und ergänzte: »So ganz harmlos ist unsere Lava aber auch nicht. Kalapana, eine größere Siedlung an der Südostküste, wurde fast vollständig von ihr begraben, darunter 140 Häuser, ein Supermarkt und eine Kirche. Die katholische Holzkirche wurde auf einen Tieflader gehoben und in Sicherheit gebracht.«

Auf dem Byron Ledge Trail wandten wir uns gen Osten, dem Krater Kilauea Iki zu. Auf dem einsamen Weg dorthin sagte Claudia: »Peles Launen ertragen zu müssen, ist eben der Preis für ein Leben im tropischen Paradies. Ich fühle, daß die Göttin die Insel durch Zerstörung und Schöpfung für einen Neubeginn läutert.«

Abenteuerlich wurde es am Puu Oo, dem »Neuen Berg«, einem Nebenkrater des aktiven Napau. Wie auf heißen Kohlen balancierte ich über Lava, die im Inneren heiß und flüssig war. Aus Spalten und Rissen glühte es, unter uns floß Magma träge dahin. Unerträglich stand die Hitze über dem Niemandsland.

Wer in den Schoß der Erde blicken will, braucht einen erfahrenen Führer. Nur der sieht an der Farbe, welche Magmahaut kühl genug und trittfest ist. Der bekannteste »Vulkantänzer« Hawaiis war der Kalifornier Leimana Pelton, ein Künstler und sicherlich ein bißchen verrückt. Sein Atelier war der Vulkanofen, sein Material flüssiges Magma. Seit 1985 wurde Pelton von glühender Lava magisch angezogen und schöpferisch inspiriert. Seine Kunstwerke formte er wie ein Schmied an der Esse – düstere Motive, die den Untergang eines Volkes beklagen, denn Pelton setzte sich für die Rechte der Hawaiianer ein.

Mein zweiter Führer war Kini Pea, vielleicht der einzige Insulaner, der sich Pele freiwillig so furchtlos und geschickt näherte. Schweiß drang in Strömen aus allen Poren, Hitze- und Angstschweiß. Ein falscher Schritt, einmal stolpern oder fallen... Ich konnte im Feuerbrei verglühen. Ätzende Dämpfe bissen in Hals und Lungen. Man hatte das Gefühl zu verdorren. Pea sorgte mit einem Wasserkanister vor. Hastig tranken wir einige Schlucke, dann wickelten wir uns nasse Tücher um Kopf und Gesicht. Pea eilte leichtfüßig weiter, ich hinterher, verkrampft und unsicher.

Es war, als nähmen die Rauchfahnen, die uns umtanzten, menschliche Gestalt an. Kein Wunder, daß die Hawaiianer glauben, über die Lavafelder schwebten die Geister der Verstorbenen.

Bald hatten wir ein leuchtendes Netz aus unzähligen blutenden Narben erreicht. Das Magma darüber war dünn wie Pergament und konnte unmöglich tragen. Doch Pea hüpfte weiter, von Scholle zu Scholle. »Leichtsinn ist die größte Gefahr«, sagte er. »Du merkst, daß eine Kruste hält, und springst zur nächsten, aber die bricht, und du verbrennst wie ein Stück Holz.« Ich schauderte, hüpfte ihm aber nach, immer auf Schlacken, die er zuvor getestet hatte. Irgendwo vor uns sollte sich ein offener Lavastrom ins Tal wälzen. Ich merkte es an der Hitzewand. »Vielleicht schaffen wir's bis zur offenen Ader«, meinte Pea. Die Hitze stand vor mir wie ein undurchdringliches Element. Ich hatte das Gefühl, zur Mumie zu werden, zu Staub zu zerfallen. Ich sah Gasblasen explodieren, rote Lavaklumpen sprangen empor und verpufften wie Knallkörper. Jäh stoppte mich die Glut. Peles zornig blitzende Augen warnten mich: Keinen Schritt weiter, sonst verschlinge ich dich!

Vorsichtig zogen wir uns zurück. Am Rand der Lavazunge suchten wir einen Weg hinab an die Küste. Einst war Kini Pea Küster an der katholischen Kirche von Kalapana gewesen, jener, die eine Baufirma verfrachtet hatte, um sie vor der Lava zu retten. Er sagte, daß die Zone oberhalb der Kalapana-Bucht seit 1983 nicht mehr zur Ruhe gekommen sei. Unaufhörlich wälze sich mal über-, mal unterirdisch Magma in Richtung Ozean. Als guter Katholik meinte er: »Schlimm, daß unser Dorf vernichtet wurde. Doch Peles Werk war nötig, die vielen Hippiekommunen waren

Während des großen Doppelausbruchs von Mauna Loa und Kilauea wälzte sich ein breiter, glühender Lavastrom zu Tal.

allen ein Dorn im Auge, wahre Pestbeulen. Die sind jetzt verschwunden.«

Ich dachte an Cook und den Tag seiner Ankunft. Wie wohl der Vulkanausbruch auf ihn und seine Mannschaft gewirkt hatte? Er konnte nicht wissen, daß er eine Insel höchst aktiver, aber dennoch gutmütiger Vulkane betreten hatte. Seit 1778 kann man sich an 15 große Eruptionen des Kilauea erinnern. Und die längste Entladungsperiode dauerte von 1823 bis 1924.

Wir erreichten das plötzliche Ende des Highway 130, dort, wo die Lava über die Asphaltbahn geflossen war und diese nun wie ein meterdickes Korsett umklammert hielt. Verlassen in der Landschaft stand die Kirche aus Kalapana, balkengestützt, hochbeinig auf Trägern. Kini Pea ging hinein und steckte vor dem Marienbild eine Kerze an. Draußen wurde es dunkel. Wir setzten uns auf eine Bank und starrten über das riesige Lavafeld und über das Meer, das sich am erstarrten Gestein donnernd brach.

»Pele veränderte das Antlitz der Insel, Cook die Werte«, sagte ich.

Die Lava begrub den Highway 130 im Südosten Hawaiis.

»Cook veränderte Werte und Antlitz!« sagte Pea. »Besuche Hilo oder – noch schlimmer – Honolulu. Das ist nicht unser Hawaii, das sind Inseln der Amerikaner und Japaner mit Schlafsilos, in denen man verkümmert und Selbstmord begeht.«

Wir sprachen über die Christianisierung der Inseln, die 1820 mit dem Eintreffen der THADDEUS begann. Das Schiff kam aus Boston und hatte eine Gruppe engstirniger Missionare an Bord, die die Seelen der ungläubigen Insulaner retten wollten. Auch ihr Verständnis Cooks war merkwürdig verschroben und intolerant. Die Missionare untersuchten die mündlichen Überlieferungen der Hawaiianer und verkündeten, »daß Cook verblendet ward und bei einer göttlichen Vision starb«. Reverend Bingham: »Wie sinnlos, aufrührerisch und zur gleichen Zeit gemein war es doch von einem Menschen, sich zu erdreisten, Ehrungen und Opfer entgegenzunehmen von einfältigen Dämonenanbetern, ohne auch nur das geringste Anzeichen einer Zurückweisung der Mißachtung des allmächtigen Schöpfers.«

Küster Kini Pea meinte zur Beurteilung Cooks durch seine Vorfahren: »Der Kapitän war unmoralisch und ein Heuchler. Er gestattete seinen Seeleuten ein Lotterleben, schlief selbst mit einer Hawaiianerin und war für die Tötung der Eingeborenen verantwortlich.« Das waren exakt die Worte eines gewissen S. Dibbles, Missionar und ärgster Kritiker Cooks.

Langsam verstand ich, wie es zu dem negativen Bild kommen konnte, das die Insulaner von Cook hatten. Die Missionare machten einen großen und von allen bewunderten Engländer verächtlich und verdammten gleichzeitig die Anbetung, deren Objekt er war. Sie unterschlugen, daß es Verehrung war, was während der ersten Wochen des Besuchs den Frieden sicherte. Die Strategie war klar: Cook und seine Zeit mußten verteufelt werden, nur so ließen sich die Missionsziele Keuschheit, Prüderie, absolute Hörigkeit der Kirche gegenüber und das Ersetzen alter Tabus durch neue inhumane Zwänge verwirklichen. Hawaiianische Schriftsteller wie Kamakau halfen ihnen dabei. Kirchenmänner bleuten ihren Schäfchen den Begriff der Sünde ein. »Alles Kunstspiel verstummte, und das Tabu des Sabbats senkte sich still und traurig über die Kinder der Freude«, schrieb der deutsche Dichter und Naturforscher Adelbert von Chamisso nach seinem Hawaii-Besuch. Er hatte recht, auch ich spürte beim Umgang mit den Menschen bisweilen noch eine unterschwellige Melancholie.

»Ich glaube nicht, daß es gut ist, wenn die Kirche versucht, das Wesen der Menschen zu ändern«, sagte ich.

Kini Pea schaute mich erstaunt an. »Nur ein starker Glaube setzt sich durch. Der Glaube unserer Ahnen war falsch und schwach.«

»Wie ein Baum darf auch der Mensch seine Wurzeln nicht verlieren, sonst verkümmert er.«

»Die Zeit kommt, in der wir uns der guten Sitten erinnern werden«, sagte Pea.

Ich sah in die Nacht hinaus. Das Grollen der Brandung wurde lauter und lauter. Meine Gedanken glitten übers Meer... Wurde Cooks Andenken missionarischen Zielen geopfert? Welch irrer Einfall. Im Geist sah ich die beiden Großsegler, wie sie sich mühsam ihren Weg nach Nordosten bahnten, diesmal ohne den Alten, den Seebären...

Epilog

Der alte Bär war tot. Niemals mehr konnte er an Deck erscheinen, gebückt, mit tiefliegenden Augen, finster dreinblickend, furchteinflößend Befehle in den Wind bellen, Meldungen entgegennehmen. Die übertriebene Reinlichkeit hatte ein Ende, das verfluchte Sauerkraut wurde nicht mehr in die Mägen geprügelt. An Bord war die Beschäftigungswut gebannt, Müßiggang wurde nicht mehr durch sinnloses Hantieren bekämpft... Der Bär war tot und sein Brummen verhallt. An Bord weinte niemand, dennoch war die Bestürzung groß. Niedergeschlagenheit hatte sich der Besatzungen wie ein Gespenst bemächtigt, dahin waren Geborgenheit und Sicherheit. Die Leute hatten einen strengen Vater verloren, ihr Vorbild für Entdeckerdrang, Entschlossenheit, Mut, Kraft und Gerechtigkeit.

In diesem seelischen Zustand befanden sich die Seeleute, als der kranke Kapitän Clerke das Kommando über RESOLUTION und DISCOVERY übernahm. Er wollte das Vermächtnis seines Freundes James erfüllen und stieß mit den Schiffen erneut in die Beringstraße vor, begab sich darüber hinaus in die ans Polarmeer grenzende Tschuktschen-See, führte einen verzweifelten Kampf gegen Treibeisschollen und Bluthusten. Kraftlos, entnervt, mit vom Eis eingeschlossenen und fast erdrückten Schiffen befahl Clerke schließlich den Rückzug.

Drei Tage, bevor der Konvoi Kamtschatka erreicht hatte, starb Charles Clerke an der Tuberkulose, die er sich im Londoner Schuldturm zugezogen hatte. Mit einem weniger leichtlebigen Bruder hätte dem 38jährigen Kapitän eine große Karriere offengestanden. Leutnant John Gore übernahm das Oberkommando, und Leutnant James King befehligte von nun an die DISCOVERY. Während die vom Eis übel zugerichteten Schiffe im Hafen St. Peter und Paul auf Kamtschatka repariert wurden, eilte eine Depesche nach England.

Mitte Oktober 1779 trat Gore die Heimreise über Japan, Indien und Südafrika an.

Im November äußerte sich die britische Presse besorgt über Cooks Ergehen, da er sich aus seinem vermeintlichen Winterlager Canton nicht gemeldet hatte. Im Januar 1780 berichtete erstmals eine Zeitung, daß die Spekulationen über Cooks Tod wahr seien. Es stünde fest, daß der größte britische Entdecker von Eingeborenen erschlagen worden sei. Es hieß: »Seine Majestät, welcher allzeit die höchste Achtung für Captain Cook hatte, verlor Tränen, als Lord Sandwich ihn von seinem Tode informierte. Der König befahl, seiner Witwe eine Pension von 300 Pfund zu zahlen.«

Im Hafen von Macao erfuhr die Besatzung, daß zwischen England und Frankreich Krieg tobte. Auf der Weiterfahrt war also Vorsicht geboten, zumal es in Batavia hieß, auch Spanien sei in den Krieg gegen Britannien verwickelt. Nach dem geplanten Zwischenstopp am Kap der Guten Hoffnung begaben sich RESOLUTION und DISCOVERY auf dem Umweg über Schottland zurück in ihren Heimathafen Deptford an der Themse. Kapitänleutnant John Gore traf dort am 4. Oktober 1780 ein, er war fast viereinhalb Jahre unterwegs gewesen.

Ergebnisse:

Cook und Clerke hatten die Vermutung erhärtet, daß es keine für den üblichen Schiffsverkehr geeignete Nordwest-Passage gab.

Cooks Vermessungen und Aufzeichnungen bestätigten die

sehr exakten Vorarbeiten Vitus Berings im Beringmeer und in der Beringstraße. Große Abschnitte der arktischen und nordwestamerikanischen Küstenlinie wurden erforscht und kartographiert.

Cooks Verdienst ist auch die Wiederentdeckung Hawaiis, ebenso die Vermessung der meisten Inseln des Archipels und die ethnologischen Beobachtungen auf Kauai und Hawaii. Auf der dritten Reise vervollständigte er die ethnologischen, geographischen und nautischen Erkenntnisse von Tahiti, den Tonga- und den Cook-Inseln sowie in der Cook-Straße zwischen der Nord- und der Südinsel Neuseelands.

Der offizielle Bericht Cooks, von James King zu Ende geführt, erschien 1784, rund drei Jahre nach Heinrich Zimmermanns geheimen Aufzeichnungen. King selbst starb im Jahr der Veröffentlichung an den Folgen von Überanstrengungen auf der Expedition.

Die Menschen:

William Bligh wurde mit 33 Jahren Kapitän der Bounty. Sein Stellvertreter Fletcher Christian meuterte westlich von Tahiti und setzte den Kapitän in einem Beiboot aus. Bligh rettete sich und einige treu Ergebene durch seine spektakuläre Bootsfahrt von Tofua nach Timor. Wieder in England, gelang es ihm schließlich doch noch, Setzlinge des Brotfruchtbaums von Tahiti in die Karibik zu bringen. Als »Breadfruit Bligh« und despotischer Schiffsführer machte der Kapitän Seegeschichte.

1797 kam es auf seiner Director zu einer zweiten und 1808, als er Gouverneur von Neusüdwales in Australien war, zu einer dritten Meuterei. Der geniale Navigator Bligh war zeitlebens ein Opfer seiner widersprüchlichen Persönlichkeit. 1817 starb er als Vizeadmiral ohne Aufgaben in England.

Heinrich Zimmermann kehrte nach seiner Entdeckungsreise mit der Discovery nach Deutschland zurück, wo er in Kassel mit dem Naturwissenschaftler Reinhold Forster zusammentraf. Forster hatte Cook auf dessen zweiter Reise begleitet und war natürlich an Erfahrungen und Eindrücken der beiden Deutschen Zimmermann und Lohmann interessiert. Nach Erscheinen von Zimmermanns »Reise um die Welt mit Captain Cook« schrieb Forster eine Rezension, in der er bezweifelte, daß Zimmermann den Bericht allein verfaßt hatte. Außerdem ging Forster pedantisch auf den einen oder anderen Fehler ein. Dennoch wurde Zimmermann durch Reise und Veröffentlichung ein bekannter Mann. Er kam nach München und erwarb den Titel eines Kurfürstlichen Schiffsmeisters auf dem Starnberger See (»churfürstlicher Leibschifmeister«). Tatsächlich wurden auch zwei Segelschiffe nach englischem Vorbild gebaut.

Der Binnensee wurde dem »Wandervogel« Zimmermann jedoch bald zu eng. Er ging nach Triest und heuerte als Steuermann auf einem Frachter an, der nach Ostindien bestimmt war. Ob Zimmermann darauf tatsächlich als Steuermann fuhr und wie es ihm nach dieser zweiten großen Seereise erging, bleibt im dunkeln. Bekannt ist nur, daß ihn ein gewisser Friedrich Nicolai einst in einem Wirtshaus traf, sich mit ihm unterhielt und seine Eindrücke von ihm veröffentlichte. Bei diesem Gespräch fertigte Nicolai das einzige von Zimmermann existierende Porträt an, eine kleine Skizze.

Den Briten bereitete die ungenehmigte, inoffizielle Veröffentlichung Zimmermanns ziemlichen Verdruß. Aus London erhielt Forster nach Bekanntwerden seiner Rezension einen Brief mit dem Hinweis, daß in Kürze eine »neue Reisebeschreibung mit eben den typographischen Vorzügen« erscheinen werde: »Herr King, der als Capitain des kleineren Schiffs nach England gekommen, und der Astronom Herr Bayly hatten mit unermüdeter Sorgfalt die Häfen und Orte so genau als möglich bestimmt; man habe es Capt. Gore sehr übelgenommen, daß er nichts für die Wissenschaften getan, nachdem das Commando auf ihn gefallen; er habe sich nicht einmal die Mühe gegeben, die Lage der Insel Formosa zu bestimmen…«

Sir Joseph Banks starb 1820 als einer der berühmtesten und einflußreichsten britischen Naturwissenschaftler seiner Zeit. Viele Jahre war er Präsident der Royal Society (Königliche Gesellschaft für die Naturwissenschaften). Cook fühlte er sich zeitlebens verbunden, denn sein Leben und seine Karriere waren durch die erste Reise mit ihm geprägt worden. An den posthumen Ehrungen Cooks war Banks maßgeblich beteiligt: Verleihung eines Wappens an Cooks Familie und Prägung einer Goldmedaille – von der Royal Society in Auftrag gegeben –, die Cooks Verdienste um die Wissenschaft ehrte. Sir Joseph Banks ließ es sich 1784 nicht nehmen, die Goldmedaille Mrs. Cook anläßlich eines Empfangs persönlich mit den Worten zu übergeben: »Sein Name wird weiterleben im Gedächtnisse eines Volkes, welches voll Dankbarkeit ist für die Dienste, die seine Arbeit der Menschheit als Ganzer erwies.«

Und die Familie Cook?

Der Sohn Nathaniel fuhr auf der Fregatte THUNDERER als Kadett. 1780 kam er in einem Hurrikan vor Jamaikas Küste um. Sein Bruder Hugh, Schüler des Jesus College in Cambridge, starb siebzehnjährig an Fieber. Der dritte Sohn James wurde mit 30 Jahren Kommandant der Sloop SPITFIRE. Kurz danach ließ er sich an einem stürmischen Tag des Jahres 1794 zu seinem Schiff übersetzen, kenterte in aufgewühlter See und ertrank.

Elizabeth Cook lebte von einer Rente und Buchtantiemen aus Veröffentlichungen ihres Mannes. Finanziell war ihr ein sorgloser Lebensabend beschieden. Sie wurde 93 Jahre alt und starb als letzte ihrer Familie.

Längere Zeit hatte sie in einem Stift gelebt, das von einem gewissen Mr. Bennet geleitet wurde. »Sie war bis zu ihrem Lebensende geistig rege«, erinnerte sich dieser, »eine stattliche und ehrwürdige Dame. Sie trug ihr weißes Haar in altmodischer Weise zurückgekämmt und ging immer in schwarzer Kleidung. Von ihrem Mann sprach sie stets mit Hochachtung und maß alles nach seinen Begriffen von Ehre und Moral. Als Ausdruck äußerster Mißbilligung pflegte sie zu sagen: ›Herr Cook hätte niemals so gehandelt.‹«

Und die Schiffe Kapitän Cooks?

Die ENDEAVOUR fuhr viele Jahre als französischer Walfänger unter dem Namen LIBERTÉ. Im Historischen Museum von Newport werden noch Wrackteile von ihr ausgestellt.

Die RESOLUTION wurde als Frachtsegler im Ostindiendienst eingesetzt. Wahrscheinlich endete sie als Kohlenschiff in Rio de Janeiro.

Die ADVENTURE erwarben Reeder aus Whitby. 35 Jahre später wurde die Brigg ein Opfer der Klippen im St.-Lorenz-Strom, den Cook einst vermessen hatte.

Mit der DISCOVERY wurden jahrelang Sträflinge nach Neusüdwales in Australien gebracht.

Buckinghamshire, im August 1994

Zum Abschluß meiner langen Reise stand ich im Vache Park in Buckinghamshire vor einem Marmorquader, der auf der Spitze eine Erdkugel trug. Es war der Park von Sir Hugh Palliser, dem Obersten Aufseher der Navy, Cooks jahrelangem Vorgesetzten, Freund und heimlichem Verehrer. Palliser erkannte Cooks Genie als erster und wußte es zu fördern. Im Park seines Landsitzes ließ er das schlichte Denkmal für seinen Freund und die Nachwelt errichten. Ich trat näher heran, um die vom Zahn der Zeit verblichene Inschrift zu lesen: »Allein durch seine Verdienste erhob er sich aus sehr niedriger Geburt zum Rang eines Kommandierenden Kapitäns der Royal Navy und wurde unglücklicherweise am 14. Februar 1779 von den Wilden der Owhyhee-Insel (Hawaii) getötet; diese Insel hatte er nicht lange zuvor bei seiner dritten Fahrt um den Erdball entdeckt. Er besaß in hervorragendem Maße alle Fähigkeiten, die für seinen Beruf und seine großen Unternehmungen nötig waren, und außerdem die liebenswerten und wertvollen Eigenschaften, welche die Besten unter den Menschen auszeichnen; gelassen und besonnen im Urteil; scharfsinnig im Entschluß; aktiv in der Ausführung; stetig und ausdauernd in seinen von Wachsamkeit und nie nachlassender Vorsicht begleiteten Unternehmungen; unbesiegt von Mühsal, Schwierigkeiten und Enttäuschungen; erfinderisch, wenn ein Ausweg gesucht wurde; immer geistesgegenwärtig; immer beherrscht und in vollem Besitz seiner Verstandeskraft.«

Nachdenklich richtete ich mich auf, als ich die letzten Zeilen gelesen hatte. War James Cook also ein glorifizierter, untadeliger

Übermensch? Kamakaus Worte kamen mir in den Sinn: »Weil er die Menschen tötete, wurde er selbst gnadenlos von ihnen getötet, und seine Gedärme nahm man, um beim Hahnenkampf den Kampfplatz einzugrenzen, und seine Hände dienten ihnen als Fliegenklatsche ...«

Mehr denn je erschien mir Cook als Mensch mit Stärken und Schwächen, wie sie alle Erdenbürger haben. Ausgeprägt war sein Ehrgeiz, mehr zu tun als nur seine Pflicht, und der unbedingte Wille, ein wichtiges Kapitel Seegeschichte als Entdecker mitzugestalten. Das war ihm gelungen, getreu seinem Credo, das er selbst formulierte: »Ich, der ich den Ehrgeiz hatte, nicht nur weiter zu kommen als irgendein Mensch vor mir, sondern auch so weit, wie es einem Menschen nur möglich ist.«

Nachdem ich dem Kapitän im Kielwasser seiner Schiffe kreuz und quer durch den Pazifik gefolgt und schließlich nach England, wo alles seinen Anfang nahm, zurückgekehrt war, hatte sich in mir die Überzeugung gefestigt: Cook suchte auf Hawaii das Ende.

Sein Ehrgeiz – das wirklich Außergewöhnliche an dem Seemann – trieb ihn indirekt in den Freitod. Nicht die Nordwest-Passage, es war der »inszenierte« Mord an dem Gott Lono, der den krönenden Abschluß seiner Entdeckerkarriere bildete. Kann der Mensch am Ende seiner Möglichkeiten einen größeren Abschied nehmen?

Literaturverzeichnis

Beaglehole, J. C.: *The Life of Captain James Cook*, London 1974, *The Exploration of the Pacific*, London 1966

Bisignani, J. D.: *Hawaii Handbook*, Moon Publications Inc., Chico, Kalifornien, USA 1993

Bushnell, O. A.: *The Return of Lono – Captain Cook's Last Voyage*, Honolulu, USA 1971

Cook, James; Price, A. Grenfell (Herausgeber): *Entdeckungsfahrten im Pacific* – Die Logbücher der Reisen von 1768 bis 1779, Edition Erdmann in K. Thienemanns, Stuttgart 1983

Cook, James; King, James: *A Voyage to the Pacific Ocean for Making Discoveries in the Northern Hemisphere*, London 1784

Cordingly, David: *Capt. James Cook – Navigator*, Campbell Publishing, Sydney, and Trustees of the National Maritime Museum, London 1988

Cropp, Wolf-U.: *Mit der Bounty durch die Südsee – Eine Seereise auf den Spuren Käpt'n Blighs*, Pietsch, Stuttgart 1993, *Alaska-Fieber*, 4. Auflage, Frederking & Thaler, München 1994, *Hetzjagd durch Alaska*, 2. Auflage, Copress, München 1990

Ebert, Wolfgang M.: *Abenteuer Südsee*, Umschau Breidenstein, Frankfurt 1991

Eisele, Reinhard; Fiedler, Mathias: *Hawaii*, C. J. Bucher, München 1987

Ellis, William: *An Authentic Narrative of a Voyage Performed by Captain Cook… And the Unfortunate Death of Captain Cook*, London 1782
Gilbert, George: *The Death of Captain James Cook*, Prints Hawaiian Historical Society, Honolulu, USA, 1926
Greenhill, Basil: *James Cook – The Opening of the Pacific*, Her Majesty's Stationery Office, London 1970
Höfer, Hans Johannes (Herausgeber): *Hawaii*, Nelles, München 1989
Hooker, John: *Captain James Cook*, Penguin Books Australia Ltd., Sydney, Australien 1987 und das Drehbuch von Peter Yeldham: *Wind und Sterne*, K. Thienemanns, Stuttgart 1988
Imbert, Bertrand: *Die Pole – Expeditionen ins ewige Eis*, Otto Maier, Ravensburg 1987
Innes, Hammond: *The Last Voyage – Captain Cook's Lost Diary*, Alfred A. Knopf, New York, USA 1979
Kamakau, S. M.: *Kamakau's Account of Captain Cook*, No. 11: Paradise of the Pacific, Honolulu, USA 1935
Kennedy, Gavin: *The Death of Captain Cook*, Gerald Duckworth & Co. Ltd., London 1978
Lange, P. Werner: *So weit wie Menschen möglich… Das Leben des Kapitäns James Cook*, F. A. Brockhaus, Leipzig 1980
MacLean, Alistair: *Der Traum vom Südland – Die Reisen des Captain Cook*, Lichtenberg, München 1973
Rademacher, Horst: *Inseln aus Glut der Erde*. Merian: Hawaii, Hoffmann & Campe, Hamburg 1983
Schweizer, Niklaus R.: *Hawaii and the German Speaking Peoples*, Topgallant Publishing Co., Ltd., Honolulu, USA 1982
Searle, J. C.: *An Hawaiian View of Captain Cook's Death*, Hawaiian Almanac, Honolulu, USA 1920
Speipl, Hubert: *Der König bin ich*, Geo: Südsee, Gruner + Jahr, Hamburg 1990
Zimmermann, Heinrich: *Reise um die Welt mit Capitain Cook*, E. F. Schwan, Mannheim 1781 und Bender, Hans (Herausgeber), Horst Erdmann, Tübingen 1978

Bildnachweis

Schutzumschlag:
Titelseite: 4 Fotos von Wolf-Ulrich Cropp. Das Portrait von James Cook ist ein Ölgemälde des Malers Nathaniel Dance von 1776. Das Original befindet sich im National Maritime Museum in London-Greenwich.
Rückseite: Foto eines Gemäldes von Herb Kawainui Kāne, Hawaii, von Wolf-Ulrich Cropp (Cooks RESOLUTION vor der Küste der Sandwich-Inseln).

Abbildungen: Wolf-Ulrich Cropp, Hamburg (wenn nicht anders vermerkt)
Farbfotos: Nr. 2 bis 7, 19, 36, 37, 38, 41, 42: Die Originale befinden sich im National Maritime Museum, London, und wurden, mit freundlicher Genehmigung, von W.-U. Cropp fotografiert.
Foto Nr. 21: Dixson Library, Sydney.
Schwarz-weiß-Abbildungen: Seite 8: State Library of New South Wales, Sydney; S. 15: Die Bildvorlage stammt aus »Zimmerman's Account of the Third Voyage of Captain Cook«, U. Tewsley, 1926; S. 21, 30 unten, 36, 38 links, 52, 56, 60, 75, 78, 100, 110 unten, 128 links, 130 links, 167 rechts, 184, 185 unten, 196 und 200: National Maritime Museum, London; S. 44: R. D. Bird; S. 110 oben: British Library, London; S. 140, 193: Museum Lihue auf Kaŭai; S. 163, 186: Novosti Press Agency; S. 197: Don Severson Collection; S. 219: J. D. Griggs.

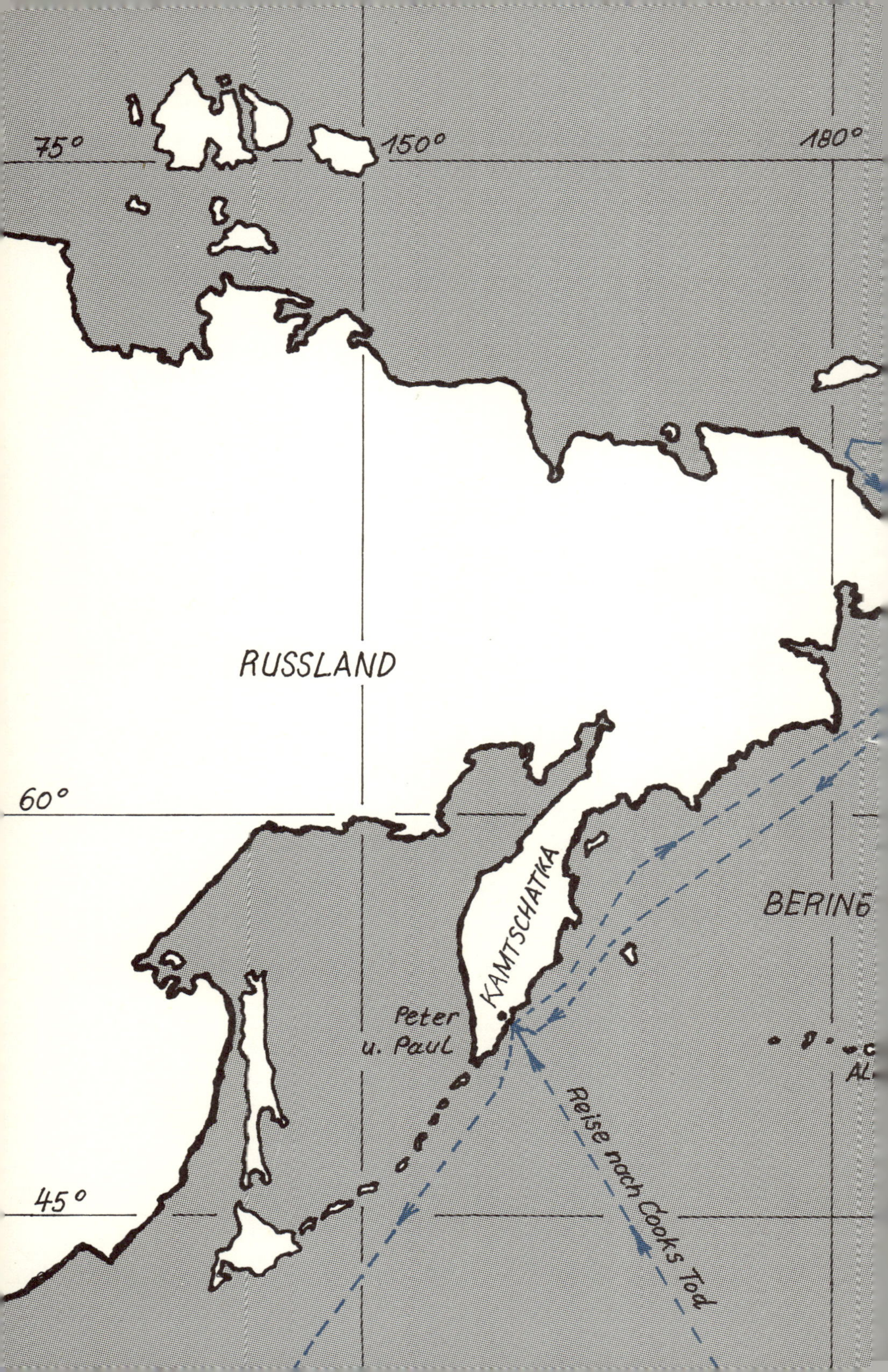
75°
150°
180°
RUSSLAND
60°
KAMTSCHATKA
BERING
Peter u. Paul
45°
Reise nach Cooks Tod